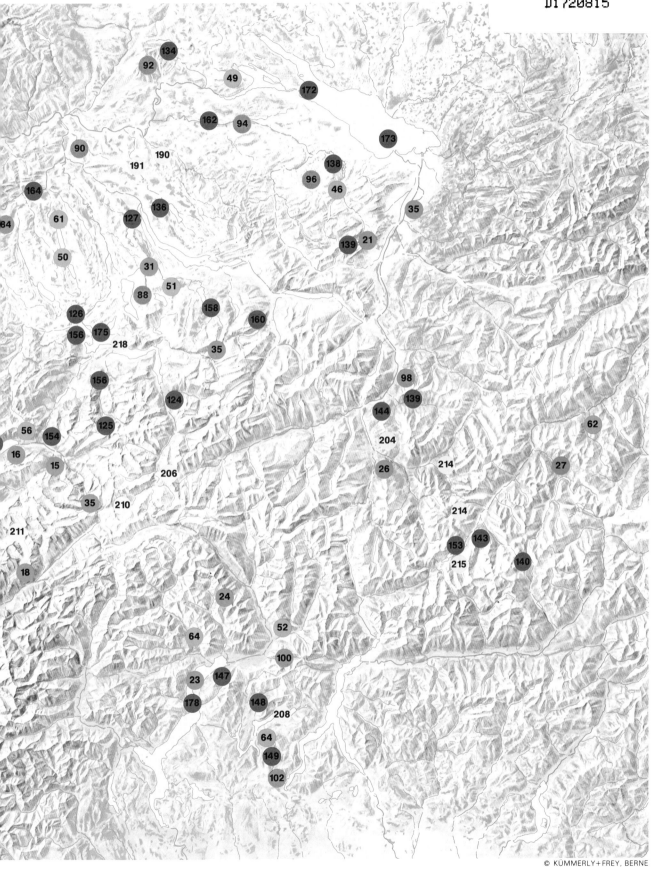

FREIZEIT- UND ERLEBNISBUCH
SCHWEIZ

FREIZEIT- UND ERLEBNISBUCH SCHWEIZ

Inhaltsverzeichnis

Lizenzausgabe 1994
des Europaring, Bern
und des LiveClub, Bern

© Kümmerly+Frey AG
Geographischer Verlag, Bern
Konzept, Redaktion und Gestaltung:
Dr. Urs Walder und Walter Mühlethaler
Lektorat: Dr. Günter Wöllner
Gesamtherstellung: Kümmerly+Frey AG

ISBN 3-259-03231-2

Freiheit der Freizeit.

Freiheit der Freizeit. Zu den Grundwerten der Freizeit gehört die Freiheit, das zu tun, worauf wir gerade Lust haben oder wozu wir sogar ein Bedürfnis empfinden, und das zu lassen, wonach uns nicht der Sinn steht. Auch die zeitliche Freiheit, jetzt oder irgendwann etwas zu tun bzw. zu lassen, gehört dazu. Die Lust des Erlebens solcher Freizeit-Freiheiten setzt selbst etwas in Bewegung, was man die Befreiung neuer Lebensgefühle nennen könnte – Empfindungen, für die es vielleicht unter den einengenden Gegebenheiten des Alltags gar keinen Platz gibt. Persönliche Entfaltung ist hiermit angesagt! Es muss zwar nicht so sein, aber es ist naheliegend, dass beim Wunsch nach der inneren Befreiung auch ein Bedürfnis nach Ortsveränderung erwacht: Dem Alltag entfliehen, heisst das geflügelte Wort. Es ist zweifelsohne schwieriger, in der gewohnten Alltagsumgebung zu diesem Ziel zu kommen – allerdings nicht unmöglich, das ist individuell verschieden. Für alle diejenigen, die den «Alltagskäfig» mit der Hilfe von Ortsveränderungen sprengen wollen, ist dieses Buch realisiert worden: Es vermittelt Anregungen, um die Hausecke zu schauen oder sich in einer anderen Gegend umzutun. Dabei werden sowohl Vorschläge zum geniesserischen Mitreisen als auch für sprudelnde Aktivunternehmungen gemacht, um möglichst viele Bedürfnisse abdecken zu können. Dies gilt auch für die geographische Verteilung. Die Schweiz hat in allen Landesgegenden Schönes, Interessantes oder Prickelndes zu bieten, und vielerlei Einrichtungen sind auf Freizeitbesuche hin orientiert. Das Land hat einen grossen Freizeitwert – es ist fast wie ein grosser Freizeitpark.

Natürlich kann eine solche Zusammenstellung niemals vollständig sein; sie hat auch hierin vor allem anregenden Charakter. Wenn z. B. die grossen Städte nicht in der Liste der Stadtbesichtigungen auftauchen, heisst das natürlich nicht, dass wir sie zur touristischen Wüste zählen: im Gegenteil! Die Fülle der Möglichkeiten ist dort so gross, dass alle Besucher aufs Geratewohl fündig werden.

Das Schlechteste, was man mit diesem Buch tun kann, ist demnach, das zu suchen, was nicht drin ist. Gut ist es, Vorschläge auszuprobieren. Und am besten ist es, sich von diesen Vorschlägen für weitere Ideen inspirieren zu lassen und die Entdeckerfreude zu entdecken! Wir wünschen Ihnen viel Vergnügen und ein beglückendes Auskosten Ihrer Freizeit-Freiheiten!

Ihr Urs Walder

Hinaus in die Natur

Neugierig ins Grüne

Spontan halten wir das Bedürfnis, hinaus ins Grüne, hinaus in die Natur zu ziehen, für eine Reaktion auf unsere technisierte Zivilisation. Die Rückblende in die Geschichte führt uns aber bereits vor rund 200 Jahren den Beginn einer wichtigen lebensanschauliche Entwicklung vor Augen, die stellvertretend mit dem populären Ausspruch «Zurück zur Natur» und mit dem Philosophen J.-J. Rousseau in Verbindung gebracht wird. Die Auffassung von der idealen Natur, der man sich unterordnen möchte, war damals sicher nicht eine Folge der erst in den Kinderschuhen steckenden Industrialisierung, sondern vielmehr eine Reaktion auf die jahrhundertelang zelebrierte Unterordnung der Natur unter den Willen und die Logik des Menschen. Übrigens stellte wenig später auch Schiller die damalige Entfremdung von der Natur in seinen «Räubern» mit dem verächtlichen Schlagwort vom «tintenklecksenden Säkulum» (18. Jh.) an den Pranger. Ähnlich mag es

NATUR BRINGT LEBENSFREUDE

Der Kontakt mit der Natur ist für die Menschen eine Quelle der Erholung, der Freude, der Lebenskraft. Wer die Natur liebt, will sie auch näher kennenlernen. Die abwechslungsreiche Schweiz bietet Kindern und Erwachsenen zahllose beglückende Möglichkeiten, auf Ausflügen unsere Landschaften zu durchstreifen, die mannigfaltige Gestalt unserer Natur zu entdecken. Auf den folgenden Seiten schlagen wir Ihnen einige davon vor.

uns heutigen Erdenbewohnern ergehen, wenn wir unser Bedürfnis nach einem Ausbruch aus dem strengen Rahmen der alltäglichen Abhängigkeiten in der Natur stillen wollen. Die Zeit des edlen «Sturm-und-Drang-Räubers» ist zwar auch für uns verloren, aber der Kontakt mit dem Leben «draussen» verschafft uns das *begehrte Erleben von etwas Neuem und Abenteuerlichem:* Der Mensch ist bekanntlich von Natur aus neugierig. Neugier in der Natur weitet unsere Horizonte, gedanklich wie seelisch.

Wer Zeit hat, nehme sich die Zeit!

Wenn wir Erwachsenen leider meist verlernt haben zu staunen, so können es die Kinder bis zu einer gewissen Altersstufe dafür um so mehr – für sie ist die Begegnung mit den Wundern der Natur noch ein elementares Lebensbedürfnis: Sie brauchen das Spiel mit Erde und Steinen, mit Wasser und Feuer und mit der Luft, und sie suchen Berührung mit Pflanzen und Tieren. Wir Älteren, die wir meist zielgerichtet unsere Ausflüge unternehmen, sollten unterwegs den Kindern Zeit zum Verarbeiten ihrer Eindrücke und zum Spiel lassen! Wenn wir immer drängen, wird unsere Freizeitunternehmung den Kindern zum Stress und uns zum Frust. *Nehmen wir uns aber die Zeit,* entdecken auch wir selbst unvoreingenommen und spontan manches Überraschende und erleben Neues zusammen mit unseren Kindern. Und ohne Kinder? Dann machen wir es zwischendurch doch (fast) wie sie und öffnen geruhsam unsere Sinne. Übrigens: Das gemeinsame Erlebnis ist auch ein wichtiges Ausflugsziel und wird nicht nur bei einem leistungsbetonten Sturm auf einen Gip-

fel erreicht... Selbstverständlich lohnt sich das Mitnehmen von Feldstecher und Lupe für die direkte Beobachtung in der Natur; diese einfachen technischen Hilfsmittel regen auch ältere Kinder an, die anfänglich vielleicht schon etwas «abgestumpft» sein mögen wie wir! Und Plastiksäckchen mitzunehmen ist

EICHHÖRN-CHEN
Kinder sind für die kleinen Kostbarkeiten der Natur besonders empfänglich.

für gewisse Sammelobjekte der Kinder (und von uns?) ebenfalls empfehlenswert.

Wo in die Natur gehen?

Weitgehend unberührte Gebiete sind in unserem hochzivilisierten und dichtbevölkerten Land nur noch in kleinen Resten zu finden. Trotzdem können wir darüber hinaus vielerorts freilebenden Tieren und interessanten Pflanzen begegnen – wenn wir nicht gerade auf den grossen Heerstrassen der anderen Ausflügler unseres Weges ziehen und falls wir Geduld zum Suchen und Beobachten aufbringen. Mit aktivierten Sinnen und mit der inneren Bereitschaft für das Erlebnis begegnen wir der Natur nicht nur im abgelegenen Bergtal, sondern überall: in den Heckensträuchern am Weg, am Bach und auf der Trockenmauer, unter einem Stück Altholz, auf dem Stamm und in den Wipfeln

der Bäume, in einer Wasserpfütze und am Wiesenbord, am Seeufer und in einem Tobel, im Stadtpark... Eine Vertiefung der Eindrücke in der Dimension der Zeit lässt sich durch öfteres Besuchen eines Beobachtungspunkts im Lauf der Jahreszeiten erreichen. Wir kommen dabei dem Wachsen, Blühen und Vergehen auf die Spur und lernen die Pflanzen und Tiere in einem überblickbaren Raum kennen. Besonders dankbare Beobachtungen durchs Jahr lassen sich in der Vogelwelt machen, wo der Standortwechsel zwischen Brutort und Winteraufenthalt mitspielt.

Geschützte Gebiete sind kostbar und empfindlich

Es gibt Hunderte grösserer und kleinerer Naturschutzgebiete in der Schweiz – kostbare Oasen, die mit grossem persönlichem Engagement von Bevölkerung, Behörden und Organisationen geschaffen wurden. Ihre Schutzbestimmungen sind nicht überall in allen Punkten identisch und nicht überall angeschrieben, notwendig sind sie aber allemal! Auch wenn Verbote nicht gerade der letzte Schrei der Lehrmethodik sind – zugunsten der Natur stecken wir unseren Egoismus zurück und befolgen solche, als da etwa sind: Verbot zu campieren, Feuer zu entfachen, Pflanzen zu pflücken und auszugraben, das Gehen neben den Wegen und das Baden oder das Eindringen mit Booten in die Schilfbestände, etc.

Erholungsraum par excellence: der Wald

Letzthin wurde einer Schar von Managern die Frage gestellt, ob sie bereit wären, ein Eintrittsgeld für den Wald zu entrichten. Nach der anfänglichen Verblüffung über diese «verrückte» Frage kamen alle zum Schluss, dass sie zu diesem Obolus bereit wären, wenn damit die Erhaltung dieses einzigartigen Erholungsraums gewährleistet würde. Rumpelstilzchen hin oder her: Auf seine persönlichen Walderlebnisse möchte eben niemand verzichten, auch wenn der Wald nicht einfach so selbstverständlich zu unserer Verfügung stünde wie heute. Neben anderen wichtigen Funktionen – z. B. klimatischer Ausgleich, Holzproduktion, Bodenbefestigung, Schutz vor Lawinen, Luftfilterung, Sauerstoffproduktion – ist der Wald tatsächlich zu einem der beliebtesten Freizeiträume unserer erholungsbedürftigen Gesellschaft geworden. Kommt dazu, dass der Wald insgesamt mit gut 30% der Landesfläche (inkl. Gebüsch und Gehölze) in unserem Land auch die **grösste Erholungslandschaft** stellt. Deshalb sollen hier zum Wald noch ein paar Bemerkungen folgen.
Der Wald liefert uns ein geradezu modellhaftes Beispiel, wie eine Landschaft zugleich bewirtschaftet, gepflegt und dennoch möglichst **naturnah** erhalten werden kann. Völlig naturbelassene Wälder, also Urwälder, gibt es in der Schweiz leider praktisch

keine mehr; Wälder, die mit diesem besonderen Prädikat biologisch geadelt werden dürfen, sind durch naturschützerische Planung im nachhinein wieder langsam zu dem geworden, d.h. nach der vorhergehenden Phase der Nutzung.
Nach der früheren einseitigen wirtschaftlichen Priorität der möglichst grossen Holzgewinnung, die dem ursprünglichen Wesen des Waldes nicht gerecht wurde, hat man diese als Fehler erkannt und die Forstwirtschaft so entwickelt, dass in einem gut gepflegten Wald eine Vielfalt von Baumarten, Wuchstypen und Pflanzengesellschaften vorkommt – von speziellen natürlichen Situationen einmal abgesehen. Die Zusammensetzung des Unterholzes und der krautigen Bodenschicht spielt dabei ebenfalls eine wichtige Rolle. Bei unseren **Beobachtungen im Wald** fällt uns sofort auf, dass sich der Waldcharakter nach den Standortverhältnissen richtet (z. B. Hanggefälle und -ausrichtung, lokale Klimaverhältnisse, Höhenlage, Bodentyp usw.).
Unsere Ausflüge in den Wald bringen uns haufenweise Anregungen zu eigenen Beobachtungen. Ganz besonders, wenn wir der herrlichen herbstlichen Verfärbung wegen den Wald besuchen, fallen uns der Artzusammensetzung entsprechend die folgenden *Haupttypen* von Wäldern auf:
– *reine Laubwälder* z. B. mit Rotbuchen, Hainbuchen, Ulmen, Eschen, Eichen, Kirschen, Ahornen, Erlen, Edelkastanien, Linden usw.
– *reine Nadelwälder* mit Weisstannen, Fichten, Föhren, Lärchen und, in grossen Höhenlagen der inneren Alpen, mit Arven.
– *Mischwälder,* in denen sowohl Laub- als auch Nadelbäume häu-

fig vertreten sind; im Mittelland findet man gebietsweise oft auch exotische, v. a. aus Nordamerika stammende Nadelbäume eingestreut, z. B. Douglasien, Nordmanntannen, Tränenkiefern und gelegentlich sogar Mammutbäume und Sumpfzypressen.
Nach der Wuchsform und der Entstehung des Waldes kann man den *Hochwald vom Niederwald* und von einer Mischung der beiden Typen, dem *Mittelwald,* unterscheiden. Ersterer setzt sich aus lauter stämmigen Bäumen zusammen, die aus Samen oder aus Setzlingen hervorgegangen sind. Vielstämmige, niedrigere Bäume wachsen dagegen im zweiten Typ; sie sind sozusagen

Ein Ausflug in den Wald, die bedeutendste Erholungslandschaft unseres Landes, lohnt sich zu jeder Jahreszeit.

Stehaufmännchen, aus Stockausschlägen nach Hieb entstanden. Hainbuchen oder Edelkastanien zum Beispiel sind häufig unter solchen Überlebenskünstlern.
Die *Begleitvegetation* der Bäume, wie etwa Sträucher, Kräuter, Gräser oder Pilze, setzt sich je nach Waldtyp sehr unterschiedlich zusammen. Dabei fällt uns sofort die Verschiedenartigkeit zwischen dem Inneren und dem Rand des Bestandes auf.
Es versteht sich von selbst, dass auch das *Spektrum der Wald-*

tiere stark mit den verschiedenartigen Lebensräumen im Wald vernetzt ist. Ob man nun z. B. auf die gebietsweise unterschiedliche Fellfarbe des Eichhörnchens aufmerksam wird oder auf das Vorkommen des winzigsten Zwergs unter unseren Vögeln, des Zaunkönigs, ob man sich hoffnungsfroh auf die Suche nach den in die Schweiz eingewanderten Waschbären begibt oder auf die aufregende Rothirsch-«Pirsch»: Es liegt an uns, die Naturbegegnungen im Wald zu suchen, und wir werden dafür Befriedigung mit nach Hause nehmen.

Die grüne und die felsige Schweiz

Etang de la Gruère in den Freibergen

Hinreise:

Mit **Auto** über Tavannes nach Tramelan. Auf der Weiterfahrt gegen Saignelégier bis La Teurre

oder auf einem Parkplatz vorher – z. B. bei Moulin de la Gruère – abstellen.

Mit **Bahn** nach Tavannes (umsteigen)–Tramelan–Les Reussilles. Weiter mit **Postauto** bis zum Etang oder **Wanderung** von Les Reussilles über La Chaux de Tramelan/Le Cernil zur Moulin de la Gruère und zum Etang (45 Min.). Es empfiehlt sich dabei, einen vom Bahnhof bzw. vom Marktplatz in Tramelan ausgehenden Wanderweg über Le Cernil zu benützen. Wer gerne etwas länger wandern will (nur bei trockener Witterung), zweigt in Le Cernil nördlich ab und gelangt über einen Pfad nach Gros Bois Derrière und über La Petite Theurre zum See ($1^3/_4$ Std.). Bereits vor Le Cernil geniesst man eine prächtige Aussicht auf die wellige Landschaft der Freiberge.

«Etang» bedeutet im Französischen Weiher oder kleiner See. So bescheiden die Ausdehnung eines solchen Gewässers auch ist, oft sind gerade sie naturgeschützte Kleinode. Dies gilt auch für den **Etang de la Gruère**, dessen Gebiet eine Fülle von Natur-

Kleinod im Hochmoor: Etang de la Gruère

kostbarkeiten birgt, die das Herz eines jeden Naturfreundes höher schlagen lassen.

Eingebettet in eine Wald- und Weidelandschaft der Freiberge im Südosten von Saignelégier, ist der Etang ein künstlich leicht gestauter Weiher, dessen Abfluss eine Sägerei antreibt, bevor dieser unterirdisch in einem Felsspalt verschwindet. Für die Speisung des Weihers sorgen vier kleine Bächlein im Osten und ein kleiner Zufluss im Westen des Etang. Um diese kleinen Speiseadern ausfindig zu machen, müssen wir vorsichtig vorgehen: Der

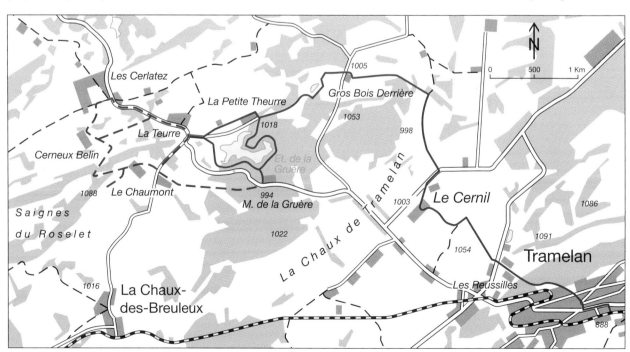

Boden um den Etang herum ist oft sumpfig, und man sollte sich an die angelegten Wege halten. An vernässten Stellen, die nicht begehbar sind, ist ein Weg aus Rundhölzern erstellt worden, so dass man rund um den See gehen kann; so wird einerseits der Zutritt gewährleistet, andererseits die Vegetation geschont. Gutes Schuhwerk ist dennoch empfehlenswert. Über die Naturbeobachtungen hinaus haben wir hier, in dieser ruhevollen Umgebung, Zeit und Musse, weitab vom «Gedränge» des Mittellandes die würzige Luft auf rund 1000 m ü. M. und die besondere Stimmung zu geniessen. Auf die Flora, die dem feuchten Niedermoor oder dem trockeneren Hochmoor angehört, richten wir unser besonderes Augenmerk; sie erinnert uns an den hohen Norden. Die Bezeichnung «Hochmoor» bezieht sich auf die charakteristische Art der Entstehung, nicht auf die Lage über Meer: Unter speziellen Verhältnissen vertorfen die abgestorbenen Pflanzenteile – z. B. des Torfmooses –, und die Mooroberfläche wächst in die Höhe. Föhren, Heidekraut, Bärentrauben und die besonderen Zwergbirken (*Betula nana*) versetzen uns vorstellungsgemäss nach Skandinavien, aber über dem dunkelblauen Wasser einer stillen, warmen Bucht vermittelt das Schwirren glänzender und vielfarbiger Libellen der verschiedensten, z. T. sehr grossen Arten den Eindruck tropischer Fülle. Der nordische Eindruck bestätigt sich wieder im Winter, wenn es des öfteren bitterkalt wird. Gelegentlich werden Tiefsttemperaturen um –30° C gemessen. Die Beckenlandschaft bildet eine Frostmulde, in der sich die kalte Luft sammelt, insbesondere wenn bei wolkenlosem Himmel die nächtliche Wärmeabstrah-

lung in der trockenen Kaltluft besonders hoch ist.

Ein gemütliches Picknick an einem geschützten Plätzchen lässt uns den Besuch des Etang de la Gruère zu einem unvergesslichen Erlebnis werden. Es empfiehlt sich, den Etang sowohl im Sommer wie im Winter zu besuchen. Die Gegend hier ist für Ski-

HEIMTÜCKISCHE SCHÖNHEIT
Die im Sonnenlicht glänzenden Tröpfchen auf den Blatthärchen des Sonnentaus führten zum geradezu poetischen Namen dieser Pflanze. Die Tröpfchen sind aber ein klebriges Drüsensekret, an dem kleine angelockte Insekten haftenbleiben. Die Härchen umschliessen das Insekt, worauf dieses «verdaut» wird. Die freiwerdenden Nährstoffe helfen der Pflanze, im extrem nährstoffarmen Milieu des Torfmooses (Sphagnum) zu gedeihen. Man begegnet deshalb dem Rundblättrigen (Bild) und dem Langblättrigen Sonnentau im Hochmoor.

langläufer ohnehin ein Paradies, sind doch die vielen Loipen des Juras bzw. der Freiberge grossräumig miteinander vernetzt.

Die Freiberge als ideales Wandergebiet erlauben es uns, den angebrochenen Tag voll auszunutzen.

Als nächstgelegenes Ausflugsziel bietet sich der **Chaumont** an

(nicht zu verwechseln mit dem über Neuenburg gelegenen Berg gleichen Namens). Ganz in der Nähe, im Westen des Etang, erhebt sich der Chaumont mit seinem auf 1088 m gelegenen Aussichtspunkt.

Wir besteigen ihn in einer Rundschleife. Die Route führt uns auf der Kantonsstrasse in Richtung Saignelégier bis nach *La Teurre*.

Dort biegen wir auf einen Pfad ab, der uns eine Wanderung durch eine herrliche Weidelandschaft beschert (Alternative: über *Les Cerlatez*). Zwischen vielen in lockerem Verband stehenden Tannen hindurch gelangen wir nach *Cerneux Belin*.

In den Sommermonaten begegnen wir stattlichen Pferden, und das heimelige Gebimmel der Kuhglocken begleitet uns auf diesem Weg. In Cerneux Belin biegen wir nach Südosten ab und folgen einem neuen Weg auf einer Strecke von etwa 250 m, bevor wir uns nach Südwesten wenden. Diesem Weg dürfen wir getrost folgen; er wird uns auf den Chaumont führen, nicht aber ohne vorher – nach einer kurzen Waldpartie – einen Bogen in die Saignes du Roselet beschrieben zu haben.

Vom *Chaumont* erreichen wir dann unseren Ausgangspunkt, sei es den Etang de la Gruère, die Moulin de la Gruère auf einem ostwärts geradeaus führenden Weg oder den Weiler La Teurre.

Creux du Van, Neuenburger Jura

Hinreise zur Ferme Robert:
*Von Neuenburg mit **Auto** oder **Bahn** durch die Areuseschlucht ins Val de Tavers nach Noiraigue. Oberhalb dieses Ortes auf Bergstrasse entweder zur Ferme des Œuillons oder zur Ferme Robert. Am Wochenende **Postautokurse** bis zur Ferme Robert.*

Das alte Gasthaus «Ferme Robert», Eigentum des Kantons Neuenburg, liegt auf 972 m Höhe in einer idyllischen Waldlichtung am Eingang zum Creux du Van (übersetzbar mit «Hohle Wanne»), einem mächtigen halbrunden Felsenkessel, unten von Geröllhalden und Wald gesäumt. Er wurde schon 1882 als eines der ersten Schweizer Gebiete unter Naturschutz gestellt.

Es wundert nicht, dass in dieser Wildnis einer der letzten Bären der Schweiz erlegt wurde: «Daniel Robert tötete 1757 den letzten Bären des Creux du Van»

steht neben den unter dem Vordach der Ferme Robert angenagelten Bärentatzen.

Auch den Luchsen scheint es zu behagen, die 1975 hier ausgesetzt wurden und sich gelegentlich mit einer Fussspur oder einer gerissenen Gemse bemerkbar machen; zu sehen bekommt man die äusserst scheuen Tiere aber

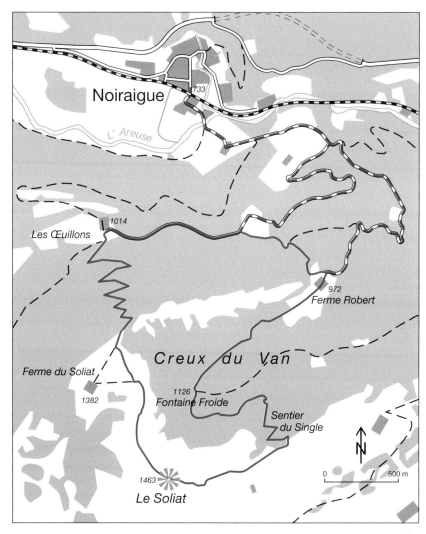

nicht. Hingegen kann man hier Steinböcke beobachten. Sie halten sich gerne in der Nähe des Steilabbruchs auf. Die Kolonie zählt ungefähr 20 Tiere, die im Winter ihre Nahrung mühevoll suchen müssen, da hier die vom Wind kahlgefegten Kreten fehlen, wie man sie in den Alpen über der Baumgrenze stellen-

weise findet. Die Besucher erfreuen sich natürlich an den recht zutraulichen Tieren, besonders im Frühsommer, wenn die Jungen in den Steilhalden spielen. Im Ostteil der Felsarena leben auch Gemsen, die man vorwiegend in der Morgen- und Abenddämmerung zu Gesicht bekommt. Sie waren seit jeher

hier heimisch, wurden aber schon vor Jahrhunderten ausgerottet und erst vor etwa dreissig Jahren wieder angesiedelt. Seither ist das Rudel, das sich tagsüber meist mehr oder weniger im Wald versteckt hält, auf über zweihundert Tiere angewachsen.

Die drei- bis vierstündige Rundwanderung um den Steilabbruch bietet den schönsten Ausblick auf interessante Verwitterungsformen seiner bis 150 m hohen Wände: Wind, Wasser und Frost haben die weichen Gesteins-

schichten zerstört und nur die harten Kalkbänder stehenlassen. Die Rundwanderung kann bei Les Œuillons oder bei der Ferme Robert begonnen werden. Oberhalb von Les Œuillons gelangen wir über 14 steile, an den Bäumen des Wegrandes numerierte Kehren an den Steilrand (Sentier des 14 Contours). Der Weg ist durch ein Steinmäuerchen gesichert, doch mahnt eine Tafel zur Vorsicht, die vom tödlichen Sturz eines im Nebel verirrten Soldaten kündet.

Über offene Alpweiden erreichen wir sodann den höchsten Punkt Le Soliat (1463 m), von wo man an klaren Tagen eine prächtige Aussicht über das Mittelland bis zur Alpenkette geniesst. Im Frühling blühen hier in verschwenderischer Fülle Berganemonen und Enziane und rund um die Schneereste in den Senken Krokusse und Soldanellen. Es ist eine Flora von alpinem Charakter, schlug doch der Rhonegletscher während der Eiszeit eine Brücke aus dem Wallis und dem Mont-Blanc-Gebiet hierher.

Unterhalb der imposanten Felsformation des Creux du Van ist seit 1975 der Luchs wieder heimisch.

Der Sentier du Single führt uns durch den Wald absteigend zur Ferme Robert zurück. Unterwegs machen wir einen kleinen Abstecher zur Fontaine Froide, wo eine Quelle das ganze Jahr mit 4° C aus dem Felsen sprudelt. Und natürlich sehen wir nach, ob die Volieren bei der Ferme Robert wieder einen goldäugigen Falken oder einen blinzelnden Waldkauz beherbergen, und die im Restaurant ausgestellten Antiquitäten und Kuriositäten erwecken unsere Neugier. Doch findet man ein wenig abseits auch ein ruhigeres Plätzchen zum Picknicken und Spielen.

Saut du Doubs, Neuenburger Jura

Hinfahrt:
*Mit **Bahn** oder **Auto** über Le Locle nach Les Brenets.*

Der Doubs hat einen eigenartigen Flusslauf: Er entspringt auf französischem Boden nordwestlich des Mont Risoux, fliesst parallel zur Schweizer Grenze durch Pontarlier und Morteau und bildet dann vom Lac des Brenets an 45 km weit die vielfach gewundene Landesgrenze, wobei er vom Neuenburger Jura in den Kanton Jura gelangt. Hier gibt es Bauern, die ihre Kühe auf dem französischen Ufer halten und mit dem Boot zum Melken hinüberrudern!

Nachdem der Doubs lange in nordöstlicher Richtung parallel zu den Juraketten geflossen ist, biegt er beim alten Klosterstädtchen St-Ursanne unvermittelt nach Westen um, wobei er den Höhenzug des Clos du Doubs in einer engen Schleife umschliesst. Unterhalb von Ocourt verlässt er dann die Schweiz endgültig und strebt der Saône zu. Seine Wasserführung ist stark von den Regenfällen abhängig. Sie wird verstärkt durch im Flussbett hervorbrechende Quellen, Austrittsstellen unterirdischer Bäche, die man bei Niedrigwasser deutlich erkennt.

Am ursprünglichsten ist der Doubs auf dem Gebiet des Kantons Jura – zwischen Biaufond und Goumois –, wobei er sich in

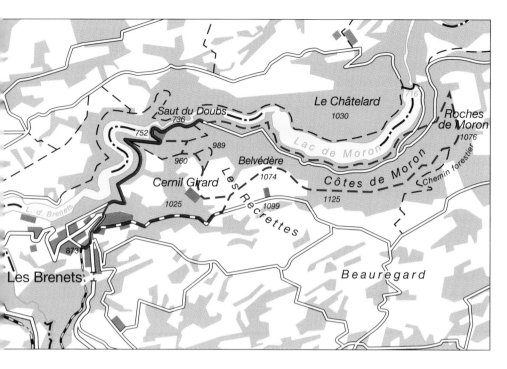

über 300 m tiefen Cañons schäumend zwischen bizarren Kalkfelsen durchzwängt und dazwischen immer wieder durch stille Wiesen plätschert, dunkle Tannen und helle Uferweiden spiegelnd. Wer schwindelfrei genug ist, die «Echelles de la Mort» auf der französischen Seite zu erklettern, geniesst eine unvergessliche Aussicht auf einen der schönsten Schweizer Flüsse, der beiderseits von Wanderwegen begleitet wird.

Viel lebhafter als in dieser abgelegenen Waldlandschaft geht es am **Lac des Brenets** zu, der im Unterschied zum unterhalb anschliessenden Lac de Moron nicht vom Wehr eines Kraftwerks gestaut wird, sondern von einem natürlichen Felsenriegel, über welchen der Saut du Doubs als 27 m hoher Wasserfall stürzt. Diese für die Schweiz einmalige Flusslandschaft können wir auf zwei verschiedene Arten, immer aber auf gemütliche Weise, von Les Brenets aus kennenlernen: entweder auf einer Schiffahrt (s. Schluss der Routenbeschreibung) oder zu Fuss, wobei sich

beides auch kombinieren lässt. Zu Fuss erreichen wir den Lac des Brenets – ausgehend vom Bahnhof von *Les Brenets* – zuerst auf der Strasse, die von Le Locle herkommt, dann über ein leicht abwärts führendes Waldsträsschen auf einem Spaziergang von rund 45 Min. Länge. Bei *Hôtels du Saut* gelangen wir auf die Höhe des

EINMALIGE FLUSSLAND-SCHAFT
Der Lac des Brenets wird von einem Felsenriegel, über welchen der Wasserfall des Saut du Doubs stürzt, gestaut. Der Lauf des Doubs unterhalb vom Lac des Brenets gehört zu den malerischsten Landschaften des Neuenburger Jura.

Seespiegels und erfreuen uns an der Aussicht. Nach weiteren 10 Min. befinden wir uns beim *Wasserfall*. Mit seinen weissen

Gischtkaskaden, auf welche die Sonne kleine Regenbögen zaubert, leuchtet der Fall hell vor der dunklen Waldkulisse.

Statt auf dem Strässchen – wie beschrieben – direkt zum Saut du Doubs zu spazieren, ist auch eine kleine Wanderung von 1½ Std. über die Anhöhe von Les Recrettes empfehlenswert. Dazu folgt

man einer Abzweigung nach rechts, die man ausserhalb von *Les Brenets* nach einem kurzen Wegstück auf der Strasse erreicht. Nach *Les Recrettes* passiert man die Häuser von *Cernil Girard* und wählt zuerst vor der Steilstufe des Doubstales, dann in dieser selbst die Abzweigungen nach *Hôtels du Saut*.

Wer noch weiter wandern will, hat die Möglichkeit, auf einem lohnenden Wanderweg vom Saut aus dem **Lac de Moron** entlangzuwandern, bis etwa 800 m vor der Staumauer ein Fussweg rechts hinauf nach *Roches de Moron* abzweigt. Hoch über dem Fluss, der durch die Tannen schimmert, wandern wir über die Höhe Richtung Les Brenets zurück zum *Belvédère*, von wo der Blick bis weit nach Frankreich hineinschweift, und kehren über das Feriendorf *Les Recrettes*

rei eine echte «flûte», das knusprige französische Stangenbrot, kaufen können oder uns in einem der vielen Restaurants gütlich tun an einer Forelle oder an frischen Morcheln, der berühmten Frühlingsspezialität aus den Uferwäldern des Doubs.

Aareschlucht bei Meiringen

Hinreise:

*Mit der **Bahn** über Spiez oder Luzern (Brünigbahn), mit dem **Auto** im Rahmen eines Ausflugs auch über Grimsel oder Susten.*

Meiringen ist der grösste und wichtigste Ort des Haslitals. Im

desgrenzen hinaus bekanntes Bergsteiger-Institut. Zahlreiche der behäbigen Holzhäuser im Oberländer Stil fielen in den Jahren 1879 und 1891 verheerenden Föhnbränden zum Opfer; insgesamt waren es 110 bzw. 183 Gebäude. In der Nähe der Kirche können wir noch einige Holzhäuser entdecken. Die Kirche wiederum wurde öfters durch die Verheerungen des Dorfbaches in Mitleidenschaft gezogen. Die Ausgrabungen erbrachten, dass die heutige Kirche in sieben verschiedenen Bauetappen immer wieder aus den Trümmern erstanden ist. Der jetzige Dachstuhl wurde 1684 gezimmert und gilt als exemplarisches Meisterwerk. Zur weiteren Information über

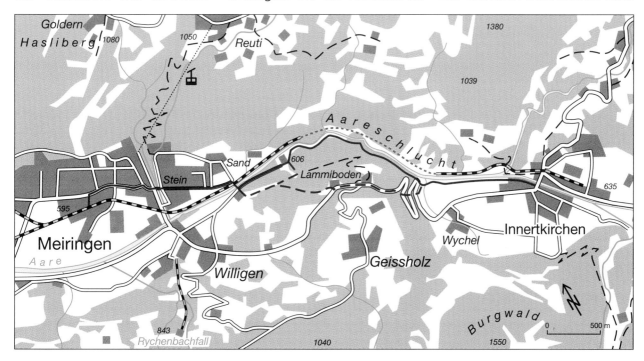

nach *Les Brenets* zurück (Rundwanderung rund 4 Std.).

Die Fahrt zum Wasserfall per Motorboot kann vom Landesteg unterhalb Les Brenets (Rundfahrt 75 Min.) oder vom französischen Villers aus unternommen werden. Dieses ist ein typisches Kleinstädtchen mit viel Touristenbetrieb, wo wir in der Bäcke-

Schnittpunkt von Passübergängen gelegen, ist der Fremdenverkehrsort Mittelpunkt der Oberländer Tourismusregion Meiringen–Hasliberg und Ausgangspunkt für Ausflüge in ein wundervolles Wandergebiet und auf den Aussichtspunkt Planplatten, 2245 m ü. M. In Meiringen befindet sich ein über die Lan-

Dorf und Region besuche man das interessante Museum in der Nähe der Kirche, das aber nur im Sommer, täglich ab 15 Uhr, geöffnet ist.

Nach einem kurzen Streifzug durch *Meiringen* wenden wir uns der Aareschlucht zu, die den Felsriegel des Kirchet durchschneidet. Wir gehen durch die Dorfstrasse ostwärts bis zum Alpbach. Dort biegt die Hauptstrasse Richtung Innertkirchen–Grimsel ab; wir aber überqueren geradeaus den Bach, durchqueren den Dorfteil *Stein* und erreichen *Sand*, wo wir auf dem anderen Ufer der Aare zum Schluchteingang finden. Dort steht den Autofahrern ein Parkplatz zur Verfügung.

Die *Schlucht* ist von April bis Oktober 9–17 Uhr zugänglich, Juli/August 8–18 Uhr und zudem jeden Mittwoch- und Freitagabend bei attraktiver farbiger Beleuchtung 21–23 Uhr. Liegen besondere Verhältnisse vor, wie z. B. Schnee, kann die Schlucht geschlossen werden. Eintritt: Erwachsene Fr. 5.–, Kinder ab 7 Jahren Fr. 3.–.

Der Felsriegel des Kirchet zerschneidet das breite und flache Haslital, das sich von Innertkirchen bis an den Brienzersee hinzieht und nur von diesem Wall unterbrochen wird, in zwei Teile. Vier mächtige Gletscherarme strömten einst bei Innertkirchen zusammen und tieften mit der grossen Kraft ihres Gewichts den Talboden ein. Der quer zum Tal stehende Kalkstein-Riegel wurde vom darüberfliessenden Eis als Härtling herausgearbeitet. Am Ende der Eiszeit, als sich die grossen Alpengletscher zurückzuziehen begannen, musste sich die Aare als Schmelzwasserfluss einen Weg durch den zunehmend aus dem Eis hervortretenden Riegel suchen und schuf dabei im harten Fels mit der Zeit die Schlucht.

Einst wurde die Aareschlucht auf dem Wasserweg von mutigen Flössern bezwungen; zu Fuss waren nur zwei Nebenschluchten erreichbar. Eine davon, die finstere Schlauche, besuchte Goethe im Herbst 1779. 1887 erhielt die Gemeinde Willigen eine Konzession zum Bau von «Galle-

rie und Fussweg durch die sogenannte Aarlamm von der Sandey bis zur finsteren Schlauche». Schon 1888, im Jahr der Eröffnung der Brünigbahn, besuchten auf den Laufstegen 12 000 Personen das faszinierende Naturschauspiel der Aareschlucht. 1898 schliesslich wurden die Stege auch in der zweiten Hälfte

Die Aareschlucht ist stellenweise nur einen Meter breit und wird auf Laufstegen besichtigt.

bis zum Kirchet-Ausgang erbaut. Wir bestaunen auf den gesicherten und regelmässig kontrollierten Stegen die durch die Erosion in Tausenden von Jahren entstandenen Gebilde. Das Wasser der Aare hat Nischen, Grotten, Kessel, Töpfe, Gewölbe und Buchten ausgekolkt, die von eindrücklicher Einzigartigkeit sind. Das Bett ist so tief gegraben, dass sich das Gefälle ausgeglichen hat und somit keine Stromschnellen entstehen. Von Zeit zu Zeit verengt sich die Schlucht auf geradezu unglaubliche Weise, und der Weg schlängelt sich in luftiger Lage den Felswänden entlang. Zwischendurch wird die Schlucht breiter, und das Wasser

erhält durch die Lichtveränderungen eine andere Farbe.

Nach dem grossartigen Naturschauspiel, das uns das Wirken einiger Naturgesetze vor Augen geführt hat, sind wir überrascht von der plötzlichen Öffnung der Schlucht hin zum nächsten Talboden, demjenigen von *Innertkirchen*. Diese Ortschaft, die in alten Reiseberichten «Hasle im Grund» genannt wird, können wir in einer Viertelstunde auf dem Wanderweg der Aare entlang erreichen (ganze Wanderung Meiringen–Innertkirchen ca. 1½ Std., Schluchtwanderung in beschaulichem Tempo ca. 1 Std.). Denjenigen, die nach Meiringen bzw. zum Parkplatz Sand zurückkehren wollen, bietet sich zur Rückwanderung durch die Schlucht eine historische Alternative: eine etwa einstündige Wanderung über den rund 60 m höher gelegenen *Lammiboden*. Beim oberen Eingang der Aareschlucht durchschneidet der Wanderweg die emporsteigenden Strassenschlingen. Wir folgen anschliessend noch 700 m der Strasse geradeaus und biegen bei der Linkskurve auf 694 m ü. M. rechts in den Weg zum Weiler auf dem Lammiboden. Der alte Grimselpfad führt uns den Wald hinab und mündet in die von der Schlucht herkommende Strasse. Über *Sand* und den Vorort *Stein* gelangen wir zurück nach *Meiringen*.

■ Giessbachfälle am Brienzersee

Hinreise:

*Mit der **Bahn** nach Brienz – wobei die Variante mit der Brünigbahn von Luzern aus besonders reizvoll ist. Mit dem **Auto** vorzugsweise nach Brienz, oder direkt bis Giessbach. Am eindrücklichsten ist eine Fahrt mit*

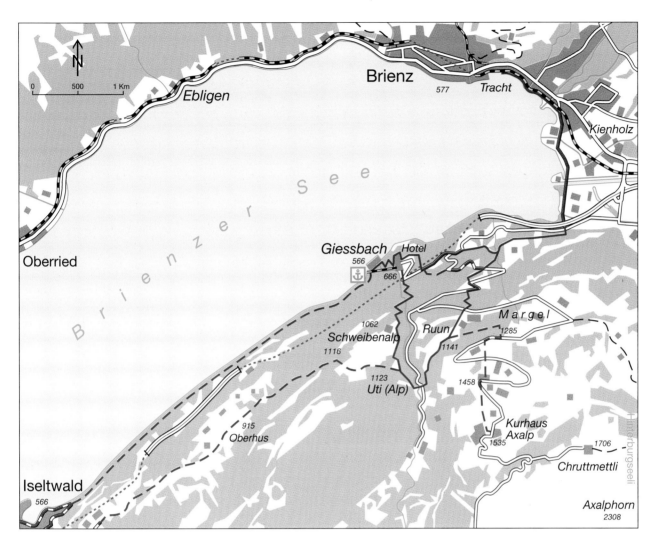

*dem **Schiff** von Interlaken Ost, für «Eilige» von Brienz direkt bis Giessbach See (Schiffsstation).*

Wie schon die Hinweise auf die Hinreise zeigen, können alle möglichen Kombinationen von Verkehrsmitteln eingesetzt werden. Hinzu kommen noch Varianten zu Fuss: Die Giessbachfälle können wir als Wanderer entweder von *Interlaken/Bönigen* oder von Brienz aus über die Axalpstrasse erreichen. Die Wanderung ab *Bönigen* führt über *Iseltwald* und kann über einen Uferweg oder auf einem aussichtsreichen Höhenweg erfolgen (ca. 3 – 3½ Std., je nach Weg).

In 14 Stufen stürzen sich die tobenden Wasser des **Giessba-** *ches* vom Schwarzhorn herkommend über den Nordhang der Faulhornkette in die Tiefe. Von *Giessbach* Richtung Axalp führt ein Weg über gut 400 Höhenmeter dem Bach bzw. den Wasserfällen entlang zur Schweibenalp und zur *Alp Uti*. Unterwegs an den Wasserfällen erfreuen wir uns am einzigartigen Spiel des Wassers, wenn es sich sprühend und gischtreich über die Felsen stürzt. Ein Abstecher auf die *Schweibenalp* lohnt mit schöner Aussicht auf die Seenlandschaft und die dahinterliegenden Berge. Wer nicht mehr denselben Weg zurückgehen will, kann im Gebiet von Uti den Bach überqueren und auf der anderen Seite über *Ruun/Margel* entwe-

der nach Giessbach oder direkt Richtung Brienz absteigen.

Nachts sind die Giessbachfälle beleuchtet, was dem Schauspiel einen besonderen Reiz verleiht. Bereits 1818 entdeckte Lehrer Kehrli aus Brienz die Schönheit des Giessbachs. Er liess mit Hilfe der Berner Regierung Fusswege, später ein kleines Wirtshaus erstellen und erfreute seine Gäste mit Liedern, die er mit seinen Schülern sang. Heute liegt in idyllischer Einsamkeit im Naturschutzgebiet der Giessbach-Wasserfälle das Parkhotel Giessbach mit seiner verspielt-romantischen Bauweise, das vom Natur- und Heimatschützer Franz Weber mit Hilfe von Geldspenden der Schweizer Bevölkerung vor dem Abbruch bewahrt und restauriert werden konnte. Das Hotel ist von der Schiffsstation aus mit der Standseilbahn erreichbar. Die Seilbahn überwindet in einer Fahrzeit von 4 Min. eine Höhendifferenz von 90 m. Sie fährt von April bis Oktober im Anschluss an alle Schiffskurse. Den Wanderfreunden bietet sich

Giessbach bis zum Kurhaus Axalp unter die Füsse nehmen wollen, können sich auf der Rückfahrt von dort nach Brienz mit der Bergpost erholen.

Weitergehende Wandererlebnisse in jenem Gebiet muss man sich wegen des Zeitbedarfs für eine andere Gelegenheit aufsparen. Zum Beispiel zieht sich von

turschutz stehendes Gebiet. Ein Teil dieses Naturschutzgebietes, die Region Wandelalp–Chaltenbrunnenmoor, wurde in das Bundesinventar der Landschaften und Naturdenkmäler von nationaler Bedeutung aufgenommen.

In der Brienzersee-Region mit ihrem unverdorbenen Charakter kommen sowohl die Naturliebhaber und Wanderer als auch die Freunde traditioneller Volkskultur auf ihre Rechnung. Zu den bereits klassischen einzigartigen Ausflügen gehören z. B. eine Fahrt oder Wanderung auf das Brienzer Rothorn und der Besuch des Freilichtmuseums Ballenberg, die an anderer Stelle in diesem Buch beschrieben sind.

Die Giessbachfälle hatten schon vor 200 Jahren ihre Bewunderer: Das tosende Naturschauspiel zog berühmte Persönlichkeiten an; bedeutende Maler wurden hier inspiriert. Die eindrücklichen Wasserfälle, die nachts beleuchtet sind, stehen heute unter Naturschutz und zählen zu den bedeutendsten Sehenswürdigkeiten des Berner Oberlandes. Die Besichtigung der siebenstufigen Fälle in Kombination mit einer Schifffahrt ab Interlaken drängt sich im Zeitraum von Ende April bis Ende Oktober geradezu auf.

Aletschgletscher und Aletschwald im Oberwallis

Hinreise:
*Mit **Bahn** oder **Auto** nach Mörel, zur Station Betten oder nach Fiesch. Anschliessend **Luftseilbahn:** ab Mörel bis Greicheralp/Riederalp, ab Betten bis Bettmeralp, ab Fiesch bis Kühboden oder bis Bergstation Eggishorn.*

Es gibt verschiedene Möglichkeiten, den grössten Alpengletscher zu besuchen. Dabei kann der Ausflug mit kleinen oder grossen Wanderungen verbunden werden. Wer nicht eigentlich wandern will, schaut sich die Eiszunge bzw. einen Teil des 21 km langen Gletschers (inkl. Jungfraufirn) von einem mit der Luftseilbahn erschlossenen Aussichtspunkt etwas mehr aus Distanz an, z. B. von der Bergstation Eggishorn aus. Vom zu Fuss erreichbaren Gipfel hat man den schönsten Überblick über den Gletscher. Am leichtesten zugänglich sind der Gletscher bzw. nahegelegene Beobachtungs-

überdies die Gelegenheit, im Gebiet der **Axalp** ein prächtiges Wandergelände kennenzulernen. Diejenigen, welche auch die fast 900 Meter Aufstieg von

der Axalp ein abwechslungsreicher Weg beim Hinterburgseeli, einem der schönsten Bergseen, vorbei nach Meiringen und streift ein einsames, unter Na-

punkte beim Märjelesee und von der Riederfurka aus. Von dort kann man zugleich den berühmten **Aletschwald** besuchen, der zu den eindrücklichsten Naturreservaten unseres Landes gehört.

Der Aletschwald wurde 1933 unter Naturschutz gestellt in einem 99jährigen Pachtvertrag zwischen dem Schweizerischen Bund für Naturschutz (SBN) und der Gemeinde Ried-Mörel. Zu verdanken ist seine Erhaltung dem kämpferischen Einsatz einiger Idealisten, welche die Bedrohung des uralten Arvenwaldes durch Übermass an Holzschlag und Weidnutzung erkannt hatten. 1973 konnte der SBN mit dem Ertrag einer Taleraktion und den Beiträgen von Bund und Kanton sowie zahlreicher privater Spender die «Villa Cassel» auf der Riederfurka kaufen. Die Türmchenvilla im Stilgemisch der Jahrhundertwende war 1902 von Sir Ernest Cassel erbaut worden, der es aus bescheidenem deutsch-jüdischem Ursprung bis zum Grossbankier, Vertrauten des englischen Königs und Förderer des jungen Winston Churchill gebracht hatte und der noch heute auf der Riederalp als Wohltäter bekannt ist.

Ein Besuch des grössten Eisstroms der Alpen ist von verschiedenen Stellen her möglich.

Seit 1976 beherbergt die «Villa Cassel» ein Forschungs-, Kurs- und Informationszentrum des SBN, welches dem Naturfreund ein vertieftes Erlebnis dieses eindrücklichen Naturschutzgebiets ermöglicht. Wer die interessant gestaltete Lehrschau über Gesteins- und Gletscherkunde, Pflanzen- und Tierwelt aufmerksam betrachtet, nimmt für die anschliessende Begehung des Reservats manche Anregung für Naturbeobachtungen mit. So lernt man etwa die Abfolge in der Besiedlung der nackten Erdoberfläche durch die Vegetation kennen. Dabei gelangt man beim Abwärtsgehen zunehmend in jüngere Vegetationsphasen – bis zur Pioniervegetation –, weil dort das Gletschereis das Gelände laufend später freigegeben hat und somit eine immer kürzere Zeit für die Entwicklung von Boden und Vegetation zur Verfügung stand. Je nach der Zeitdauer findet man andere Pflanzengesellschaften vor: Im erst seit rund fünfzig Jahren eisfreien Gebiet am Gletscherrand haben sich winzige Strauchweiden und zwergwüchsige Birken oder Erlen das karge Erdreich erobert. Dazwischen blühen weisse und bunte Polsterpflanzen und Kräuter und wachsen Moosteppiche. In der etwas höher liegenden, schon länger eisfreien Zone wächst ein Pionierwald aus Birken, Erlen und Vogelbeeren, worunter sich

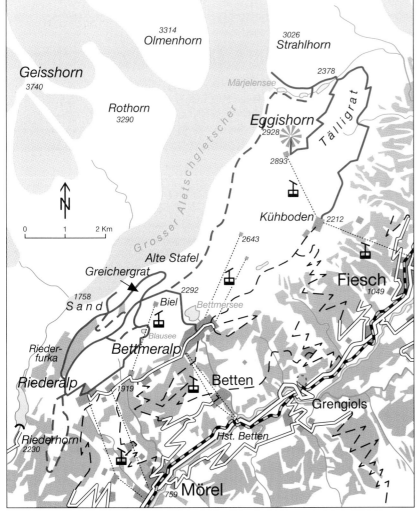

bergauf zunehmend Nadelbäume mischen. Auf der Höhe der alten Seitenmoräne schliesslich, die seit 9000 Jahren von Gletschervorstössen unbehelligt blieb, liegt der berühmte Arvenwald. Über tausend Jahre alt sind seine ältesten Bäume, zernarbt vom Ringen mit Sturmwind, Blitzschlag und Schneelast. Da-

ten wir uns an die Wege. Dass wir dieses Naturreich sauberhalten und kein Feuer entfachen, ist selbstverständlich.

Für unsere Rücksichtnahme werden wir vielleicht belohnt mit einer Tierbeobachtung: Wer frühmorgens oder in der Abenddämmerung auf dem Moränenweg unterwegs ist, trifft fast si-

auch auf dem aussichtsreichen Spaziergang ums Riederhorn beobachten, und wer im Juni durch die Alpweiden zum Blausee hinaufsteigt, erlebt die Blütenpracht des Bergfrühlings.

Das Wanderwegnetz im Gebiet Riederalp–Bettmeralp ist vielseitig und mit Wegweisern versehen, so dass jeder Besucher

WALD AM GLETSCHER

Der berühmte Aletschwald im Tal des Gletschers ist eines der eindrücklichsten Naturreservate der Schweiz, 1933 vom Schweizerischen Bund für Naturschutz geschaffen. Auf dem ehemaligen Moräneboden führt die Wanderung vorwiegend durch Arven- und Lärchenbestand. Im Bild aufgelockerter Gebirgswald mit alten Arven und herbstlich verfärbten Zwergsträuchern.

zwischen sind schneller wachsende Lärchen hochgeschossen, und um die vielfach verzweigten Wurzeln blühen Alpenrosen und reifen Heidelbeeren. Zur Beobachtung von Details abseits der Wege verwenden wir einen Feldstecher, denn um das kostbare Naturschutzgebiet trotz der Besucherscharen zu schonen, hal-

cher auf Gemsen. Murmeltierkolonien gibt es am Südhang gegen die Riederalp. Selten zu sehen sind die scheuen Birk- und Schneehühner, doch bewundern wir statt dessen die Flugkünste der Bergdohlen oder machen einen Tannenhäher aus. Viele Singvögel, vor allem verschiedene Meisenarten, können wir

wählen kann, was ihm beliebt. Wer den Aletschwald von oben nach unten ganz durchwandern will und möglichst nahe ans Eis herankommen möchte, wandert von der *Riederfurka*, wo auch die Villa Cassel liegt, in nördlicher Richtung abwärts und hält bei Abzweigungen immer links gegen den Gletscher. So dringt

Walliser Ziegen beim Alpaufzug auf dem Gletscher.

man stets tiefer ins Reservat ein und erreicht schliesslich unterhalb des Waldes den «*Sand*», die Jungmoränenfläche, die erst seit dem letzten Höchststand des Gletschers um 1850 eisfrei geworden ist. Der **Gletscher**, den man über einen Pfad erreichen kann, liegt nochmals 100 m tiefer. Der Aufstieg wird sodann über den *Greichergrat* zum *Blausee* empfohlen, wobei man ostwärts bis *Alte Stafel* ausholt, wenn man keine allzu starke Steigung liebt.

Zeitbedarf:

1 *Riederalp–Riederfurka–Sand Pt. 1928–Alte Stafel–Blausee–Riederalp* gut 4 Std.

2 Leichte Wanderung mit Blick auf den Gletscher: *Bettmeralp–Bettmersee–Greichergrat (Biel Pt. 2292)–Moränenweg zur Riederfurka–Riederalp*, oder umgekehrt, 1 Std. 50 Min.

3 *Eggishorn–Tälligrat–Märjelesee–Kühboden* 3¹/₂ Std.

Der durch den Aletschgletscher aufgestaute interessante Märjelesee verliert heute allerdings, nachdem der Aletschgletscher zurückgegangen ist, meist schon im Frühling sein Wasser durch tiefe Gletscherschründe und hat auch in der Periode der Wasserführung einen Teil seiner Fläche eingebüsst.

Geologischer Wanderweg Hoher Kasten Alpstein

Hinreise:

Mit **Bahn** und **Autobus**: Bahn über Appenzell nach Weissbad, dann Bus bis Brülisau. Mit **Auto** über Appenzell nach Brülisau. Mit **Luftseilbahn** Brülisau–Hoher Kasten.

Steine sind tote Materie – selbstverständlich. Dass aber ihre Geschichte mit sehr viel Dynamik verbunden ist, davon kann man sich auf dem folgenden Ausflug überzeugen. Dieser Vorschlag macht auf den ersten geologischen Wanderweg der Alpen aufmerksam. Der Hohe Kasten liegt im Alpsteinmassiv, das geradezu als Modell für die Darstellung und Erklärung geologischer Verhältnisse und Vorgänge in den Nördlichen Kalkalpen gelten kann – und davon ausgehend auch dem Verständnis des Alpengebirges insgesamt dient. Die geographische Überschaubarkeit brachte es mit sich, dass dem Alpstein eine grosse historische Bedeutung für die geologische Erforschung der Alpen zukommt, und die Fachleute haben mit diesem Wanderweg ein Mittel geschaffen, das auch dem interessierten Laien einen spannenden, im wahrsten Sinn des Wortes anschaulichen Einblick in dieses Stück Naturgeschichte

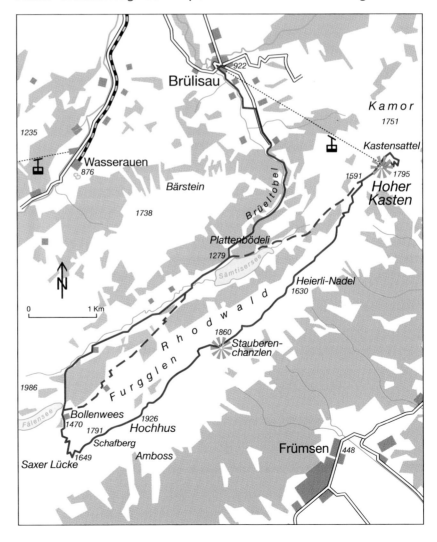

gibt. Dazu ist der Weg sehr attraktiv und aussichtsreich ins Gelände gelegt: Es ist einer der schönsten Höhenwege der Alpen überhaupt.

Bevor wir eine der Kabinen der Luftseilbahn zum Hohen Kasten besteigen, lassen wir uns durch die bei der Talstation stehende erste Tafel in das Thema einführen, welches die weiteren Tafeln behandeln werden. Auf der Bergfahrt mit der Bahn entdecken wir in der Kabine die zweite Tafel mit einem geologischen Profil und einem Blockschema des Hohen Kasten und des Kamor. Doch das Studium der Angaben sollte uns nicht vergessen lassen, den Ausblick in die prächtige Umgebung zu geniessen. Im Gegenteil: Gerade dank der Luftseilbahn können wir Merkmale der Profile in der Natur erkennen – eine ausgezeichnete Methode!

Auf dem *Gipfel* erwarten uns die drei nächsten Tafeln, die uns die wichtigsten Gesteinsarten erklären, die Panoramen erläutern und die Entstehungsgeschichte der Nördlichen Kalkalpen erzählen. Vom Gipfel geniessen wir die eindrückliche Rundsicht ins Rheintal, auf die Vorarlberger, Bündner und Glarner Alpen, das Mittelland, den Bodensee und den Schwarzwald. Der Aussicht wegen wird der Hohe Kasten auch Rigi der Ostschweiz genannt.

Wir verlassen den Gipfel und folgen den Markierungen abwärts zum Kastensattel. Wir wandern unter dem *Kastenkopf* hindurch und zum Sattel *1591 m*, folgen der Krete meist etwas unterhalb, wandern an der Felszacke der *Heierli-Nadel* vorbei und gelangen zum Gasthaus *Stauberen* (1750 m). Unterwegs können wir die Tafeln 6 bis 9 studieren.

Wir umgehen die *Stauberen-*

chanzel und benützen die mit Drahtseilen gesicherte Felstreppe. Nach den Tafeln 10 und 11 wandern wir zum Fuss des *Hochhus* und am *Amboss* vorbei. Am *Bollenweeser Schafberg* finden wir die Tafel 12, wo u. a. auch

über das Rheintal berichtet wird, in das wir hier einen überwältigenden Ausblick geniessen. Wir steigen darauf zur *Saxer Lücke* ab und finden zu den beiden letzten Tafeln. Ein weiterer steiler Abstieg lässt uns den *Fälensee* erreichen und das nahegelegene Berggasthaus Bollenwees.

Entweder abwärts zur Sämtisalp oder über die Alp Furgglen und durch den Rhodwald wandern wir zum *Sämtisersee* und steigen zum etwas höher gelegenen Gasthaus *Plattenbödeli* auf. Von dort ist es durch das Brüeltobel nur noch eine Dreiviertelstunde bis *Brülisau*.

Die ganze Wanderung erfordert eine Marschzeit von immerhin 5½ Std. Obwohl der Weg vorbildlich unterhalten ist, darf nicht vergessen werden, dass es sich hier um eine Bergwanderung – und in der ersten Hälfte zudem in exponierter Lage – handelt, die eine entsprechende Ausrüstung wie gute Schuhe, Regenschutz, warme Kleider usw. erfordert sowie die nötigen Vorsichtsmassnahmen.

Grossartiger Panoramablick über das Alpsteinmassiv (u.) mit dem Hohen Kasten. Malerischer Fälensee (o.).

Wer sich den beschriebenen Weg seiner Länge wegen nicht zutraut, kann stark abkürzen: nach Passieren des Kastenkopfs von *Pt. 1591* in steilem Abstieg zur Alp *Soll* und direkt zum *Sämtisersee* – allerdings entgehen einem dabei das Erlebnis der Höhenwanderung und die Informationen der Hälfte der geologischen Tafeln (2 Std. bis Brülisau).

Isole di Brissago Lago Maggiore

Hinreise:
Mit dem Schiff mit Vorteil ab Locarno, Ascona, Porto Ronco oder Brissago zur Isola Grande.

Als von den eiszeitlichen Gletschern abgeschliffene Kuppen eines Unterwasserberges ragen die «Isola Grande» und das «Isolino» vor Brissago knapp über die Wasserfläche des Lago Maggiore. Der Seegraben, den hier der Maggiagletscher schuf, ist mit 60 m unter dem Meeresspiegel der tiefste Punkt der Schweiz. Zugleich befindet sich hier die klimatisch mildeste Ecke unseres Landes, wo im Frostwinter von 1928/29 die einzigen Eukalyptusbäume des Tessins überlebten: der ideale Ort also für die Anlage eines subtropischen Gartens. Er ist das Werk der reichen russischen Adligen Antonietta de

Saint-Léger, die 1885 nach Ascona zur Kur kam. Sie kaufte die von einer fast undurchdringlichen Dornenwildnis überwucherten Inseln.

Wahrscheinlich war in Römerzeiten die grössere Insel eine Signalstation für den Schiffsverkehr; ein hier gefundener Grabstein einer Römerin steht im Museum von Locarno. 1214 entstand auf derselben Insel ein Klösterlein, das zwar bald wieder verlassen wurde, in dem jedoch bis 1831 noch jedes Jahr eine Messe gelesen wurde.

Üppig gedeihen auf der grösseren der beiden Brissago-Inseln zahlreiche exotische Gewächse.

seum von Locarno. 1214 entstand auf derselben Insel ein Klösterlein, das zwar bald wieder verlassen wurde, in dem jedoch bis 1831 noch jedes Jahr eine Messe gelesen wurde.

Die Gräfin liess Schiffsladungen voll Erde auf das felsige Eiland führen und bepflanzte es mit seltenen Gewächsen, die sie in den botanischen Gärten der ganzen Welt zusammenkaufte. Ihre auf den Grundmauern des zerfallenen Klosters errichtete Villa wurde zum internationalen Treffpunkt der Botaniker. Dabei erschöpfte die exzentrische Frau aber ihre finanziellen Möglichkeiten und starb im Alter von 92 Jahren völlig verarmt und vergessen im Asyl von Intragna, nachdem sie ihren Besitz 1927 dem deutschen Grosskaufmann Dr. Max Emden verkauft hatte.

Dieser liess sich den heute noch bestehenden Palazzo bauen und ein weisses Marmorschwimmbad für seine zahlreichen jungen Freundinnen. Man munkelte von Orgien auf der Insel, die bis zum Tode ihres Besitzers streng bewachtes Privateigentum blieb.

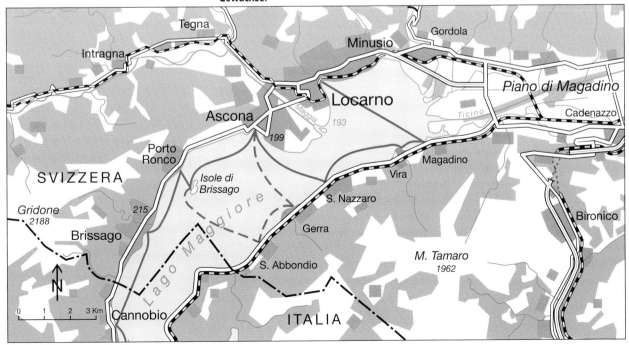

Weil sein Sohn nach Südamerika auswanderte, konnte der Kanton 1950 mit Hilfe einer Taleraktion des Bundes für Naturschutz die Inseln mit ihrem zwar verwilderten, aber noch fast vollständig vorhandenen botanischen Park kaufen, instand setzen und dem Publikum als Botanischen Garten des Tessins öffnen.

Seither bewundern jährlich Tausende von Besuchern die exotischen Gewächse, die hier in freier Natur ohne besondere Schutzmassnahmen (Gewächshäuser) gedeihen: z. B. riesige australische Eukalyptusbäume, verschiedene Palmenarten des Mittelmeerraums, Brasiliens und Japans, essbarer Bambus aus Ostasien, neuseeländische Cordyline (ein dem Drachenbaum ähnliches Liliengewächs) mit wuscheligen Blätterkronen, Himalayazedern, Mammutbäume aus Nordamerika, Sumpfzypressen aus Florida mit aufrecht wachsenden Atemwurzeln, nicht zu vergessen die verschiedenen *Citrus*-Sorten, die hier reifende Früchte tragen: Zitrone, Zitronatzitrone mit sehr grossen Früchten, Orange. Besonders eindrücklich ist der Park, wenn die übermannshohen Alleen von Rhododendren und Azaleen in allen möglichen Farben blühen.

Noch beglückender erlebt man das Blütenwunder aber im Frühling, wenn nördlich der Alpen die Natur noch kaum erwacht ist. Von der Brissago-Insel aus sieht man den Felsengipfel des Gridone noch im Schnee leuchten, doch in den Blumenrabatten zwischen den dunklen Oleanderbüschen und den schiefergrauen Agaven blühen schon die Tulpen, Hyazinthen und Narzissen in prächtigen Farben; ganze Teppiche bunter Primelpolster breiten sich aus, die Magnolienbäume beginnen sich in Weiss und Rosa zu schmücken, und von den zart-

gelben Mimosenbäumen wehen Wolken süsslichen Duftes herüber. Der botanisch interessierte Besucher kann sich überdies mit Hilfe der vielen Namentafeln Kenntnisse über Pflanzen aneignen, die man sonst hierzulande selten oder allerhöchstens in Gewächshäusern zu sehen bekommt. Der botanische Garten ist von Ostern bis Mitte Oktober geöffnet, der Eintritt kostet für Erwachsene Fr. 5.–.

Dem Wasser nah im Val Verzasca

Hinreise:

*Mit **Bahn** bis Locarno, mit **Auto** bis Tenero (Parkplätze auf Bahnstation), sodann mit dem **Postauto** ab Locarno bzw. Tenero bis Sonogno zuhinterst im Val Verzasca. Nach der Wanderung von Corippo nach Mergoscia nimmt man dort den Bus nach Locarno.*

Das Val Verzasca ist die geschlossenste landschaftliche Einheit des Tessins. Zwei schroffe Bergketten erheben sich als lücken-

lose Schranken gegen die parallel verlaufenden Täler der Flüsse Maggia und Ticino. Das Val Verzasca ist der Inbegriff des Ticino granito. Doch Granit ist für diejenigen, die dort arbeiten und leben mussten (und müssen), ein hartes Pflaster. Das Tal ist immer ein armes Tal gewesen, das seine Besitzer nie recht ernährt hat. Der enge Raum und der karge Boden zwingen die Bevölkerung, ausserhalb des Tales nach Erwerbsmöglichkeiten zu suchen. Früher suchten die Leute ihr Auskommen teilweise als Kaminfeger in Italien (Lisa Tetzner beschrieb das in ihrem Jugendbuch «Die Schwarzen Brüder») oder als Goldgräber in Kalifornien (Piero Bianconi erzählt davon in seiner Familienchronik «Der Stammbaum»), heute tun sie es in den Zentren der Regionen. Die zurückgelassenen, meist alten Bewohner sind nicht in der Lage, die harte Landarbeit ganz zu bewältigen; viele Häuser und die meisten Alpwesen sind verlassen.

Corippo zum Beispiel, das national geschützte Architekturdenkmal auf der rechten Talseite, verzeichnete mit einem Rückgang der Einwohnerzahl um 78% innerhalb von 80 Jahren die stärkste Entvölkerung aller Schweizer Gemeinden. Nur noch etwa 50 Leute wohnen in dieser Idylle. Dort, aber auch sonst im ganzen Val Verzasca übertrifft die Zahl der kamerabewehrten Touristen diejenige der Talbewohner bei weitem. Wichtiger noch als der Fotoapparat sind den meisten Talausflüglern jedoch Auto und Badekleider. Der berühmteste Verzasca-Strand ist derjenige von *Lavertezzo,* wo die doppelbögige Ponte dei Salti mittelalterliches Ambiente schafft als Kontrast zum Sonnenanbetungskult am steinigen Ufer und zu den Wagenkolonnen auf der im Sommer regelmässig verstopften Strasse.

Wie smaragden auch die Verzasca plätschert und gurgelt und zwischen den Serizit-Gneisen dahinschiesst: Mit «verde acqua» (grünes Wasser) hat der Name nichts zu tun; die Endung auf -asca weist lediglich auf frühe ligurische Besiedlung hin. Dort bil-

det sie einen Wasserfall zwischen riesigen Blöcken, da staut sie sich hinter runden Steinen zu einem Becken, in dem man sich erfrischen kann. Doch aufgepasst: Jedes Jahr sterben Menschen im Fluss, unterschätzen das liebliche Bächlein, das hinter dem nächsten Stein schon zum reissenden Strudel wird, wo es kein Halten an den glatten Felsen, kein Entrinnen aus der Strömung mehr gibt.

Wer der Masse entfliehen und die herbe Schönheit des Val Verzasca wirklich kennenlernen will, wandert in die Seitentäler. Ein Spaziergang ist es nur von *Sonogno,* dem hintersten Dorf im Tal, hinein ins *Val Redòrta* an den Fuss des mächtig aufragenden Monte Zucchero. Dort, wo das Strässchen in den Wanderweg übergeht, finden sich hübsche Badebecken. Wer seine private Bucht mit einem Wasserfall entdecken möchte, geht von *Lavertezzo* auf dem alten Alpweg das *Val Carecchio* hoch. Er ist einer dieser kühnen Pfade, den die Bergbauern den jähen Talflan-

WIE EIN ADLERNEST

Eng nebeneinander und übereinander scharen sich in Corippo die Steinhäuser um die Kirche aus dem 17./18. Jh. Der charakteristische Ort gilt als Paradebeispiel einer mustergültig restaurierten und erhaltenen Siedlung.

ken Meter für Meter abgerungen und oft Stein auf Stein erbaut haben.

Oder wie wär's mit einem Ausflug ins *Val d'Efra,* zu den Heidel- und Himbeeren unterhalb des Lago d'Efra? Dass man sich darin erfrischen kann, erstaunt nicht; schon eher, dass etwas oberhalb des Sees die Capanna d'Efra liegt. Die urgemütliche Selbstversorgerhütte wurde in zwei einfachen Alphütten errichtet – eine sinnvolle Art, die Vergangenheit des Val Verzasca zu beleben. Allerdings: Ein Spaziergang ist der Hüttenweg nicht, sowenig wie die achtstündige Wanderung von Brione Verzasca über den Passo Deva nach Maggia. Aber es lohnt sich, in diesem tiefeingeschnittenen Tessiner Tal die Wanderstiefel zu schnüren. Die gewaltigen Höhenunterschiede, die es dabei zu bewältigen gilt, behagen freilich nicht allen Besuchern. Deshalb sei noch die Strecke von *Corippo* nach *Mergoscia* empfohlen, eine knapp zweistündige Höhenwanderung hoch über dem Verzasca-Stausee. In Mergoscia nimmt man den Bus nach Locarno. Ruhig ist es dort nicht. Weshalb also nicht eine Nacht im Tal selbst verbringen? Beispielsweise im Hauptort Brione. Dann kann man in der Trattoria del Castello, an einem Granittisch draussen im Hof dieses architektonisch einzigartigen Schlosses sitzend, ein Glas Merlot del Ticino auf das Val Verzasca trinken.

Die Erosion des fliessenden Wassers schuf zahlreiche Minilandschaften.

Viamala im Schons, Hinterrheintal

Hinreise:

*Mit der **Bahn** bis Thusis, anschliessend mit dem **Postauto** zur Viamala-Schlucht. Mit dem **Auto** nach Thusis und von dort mit dem Postauto zur Schlucht oder mit dem Auto weiter auf der N 13 bis Ausfahrt Viamala und zu den Parkplätzen beim Schluchteingang. Daneben ist auch die alte Kantonsstrasse ab Thusis befahrbar; da sie aber auch als Wanderweg dient, sollte man mit deren Befahrung eher zurückhaltend sein.*

Hübsch liegen die eng aneinandergedrängten Häuser des Dorfes Thusis am Südende des Domleschg zu Füssen des 2998 m ü. M. hohen Piz Beverin. Beliebt sind die weiten, felsfreien Hänge des nahen Heinzenberges im Winter bei den Skisportlern. Im Sommer bietet die Region dem Wanderer und Naturliebhaber einsame, romantische Wanderwege zu den schönen, klaren Bergseen und in die weite, offene Landschaft.

Doch vor allem seine Lage als zentraler Ausgangspunkt zu den Pässen ins Engadin, zum Splügen und S. Bernardino haben Thusis zu seiner Bedeutung verholfen.

Als besonderes Erlebnis gilt der Besuch der **Viamala-Schlucht.** Bei einer Gesamtlänge von 6 km ist die Schlucht in vier Abschnitte aufteilbar:

DER «BÖSE WEG»

Mächtig und stark ragen die Felswände der Viamala («böser Weg») bis zu 500 m empor. Unten in der Tiefe rauscht, schäumt und tobt der junge Hinterrhein. Gesicherte Anlagen erschliessen den wildesten Teil der Schlucht für das Publikum.

gefährlicher und «böser Weg» (was auch der Name im Rätoromanischen bedeutet). Die Strasse durch die Viamala, die erstmals im 15. Jh. ausgebaut wurde, erfuhr später etliche Verbesserungen bis zur sicheren Autostrasse.

Es gibt verschiedene Möglichkeiten, die Schlucht zu besuchen.

vom Eingang, der von der Burgruine Hohenrätien beherrscht wird, bis zum «Verloren Loch», sodann die Weitung bei Rongellen, die Viamala-Schlucht im engeren Sinn zwischen der 1. und 3. Brücke und zu guter Letzt der sich allmählich weitende Abschnitt bis zum Talboden von Zillis. Die älteste, steinerne Bogenbrücke wurde 1739 vom Davoser Christian Wildener erstellt. Historische Nachforschungen ergaben, dass die Viamala bereits zur Römerzeit vom Feldherrn Stilicho (der vandalischer, also germanischer Herkunft war) im 4. Jh. unter schwierigsten Bedingungen passiert wurde. Sie galt bis ins späte Mittelalter als

Der engste Abschnitt ist nicht durchgehend begehbar; man erreicht ihn nach Entrichten einer Eintrittsgebühr über 321 Treppenstufen, die zum brausenden Wasser des Hinterrheins führen. Mit Postauto oder Privatwagen zur Viamala-Haltestelle bzw. zu den Parkplätzen beim Kiosk zu fahren ist der schnellste Weg. Weitaus schöner sind die Varianten, die zum Geniessen mehr Zeit lassen – v. a. etwas abseits des «Schluchttourismus-Rummels». Es sind dies Kombinationen mit kürzeren Wanderungen: entweder von *Thusis/Bhf.* auf der alten Kantonsstrasse, die wenig befahren ist und als Wanderweg benützt werden kann, zur Schlucht, oder aber von Thusis

über die *Crappasusta* und *Rongellen*. Auf beiden Wegen überquert man unterhalb Rongellen auf einer kleinen Brücke den Hinterrhein und geht auf der andern Seite auf einem ungesicherten Bergweg zur Viamala weiter. Diese Begehung ist sehr eindrücklich, erfordert aber entsprechende Wanderausrüstung und Vorsicht.

Für die Wanderung obendurch, über Rongellen, muss man ab Thusis etwa 2 Std. einplanen, auf der Kantonsstrasse zur Schlucht etwa 1¼ Std.

Öffnungszeit der Schlucht: Ostern bis Ende Oktober. Eintrittspreis für Erwachsene Fr. 2.50, für Kinder Fr. 1.50.

Im Frühling und Herbst ist der Besuch der Schlucht besonders zur Mittagszeit empfehlenswert, wenn während etwa 2 Std. die Sonne in die Tiefe scheint.

Man komme und bestaune den überraschenden Kulturschatz an der Decke des Kirchleins von Zillis!

Für Ausflügler, die den Rückweg anders gestalten möchten als den Hinweg, ist die Weiterfahrt mit dem Postauto nach **Zillis** empfehlenswert. Dabei ist die Besichtigung der Kirche St. Martin ein absolutes Muss. Ihr Inneres weist die älteste erhaltene figürlich bemalte Holzdecke der abendländischen Kunst auf

(etwa 1130 bis 1140). Die insgesamt 153 Einzelbilder, fast vollständig intakt, erzählen aus der Geschichte Christi und stellen Szenen aus dem Leben des hl. Martin dar. Ob von Zillis oder von den Haltestellen bei der Viamala oder bei Rongellen: Wir können für die Rückkehr nach Thusis das Postauto benützen.

Schweizerischer Nationalpark (SNP), Unterengadin

Hinreise:
*Man betritt das Gebiet des Nationalparks vor allem von Zernez, von S-chanf und von Scuol aus. Als Haupteingangspforte gilt das am nächsten gelegene Zernez mit der Informationszentrale, dem Nationalparkhaus. Alle drei Orte sind per **Bahn** über den Albula erreichbar. Mit dem **Auto** fährt man je nach Herkunftsgebiet vorwiegend via Flüela-, Albula- oder Malojapass ins Gebiet des Unterengadins und des Ofenpasses. Das **Postauto** bedient Zernez und Scuol über Flüela- und Ofenpass.*

Haltestellen der Postkurse und 9 Parkflächen entlang der Ofenpass-Strasse für Autos ermöglichen einen problemlosen Zugang ins Parkgebiet. Anhalten und Abstellen von Autos ausserhalb dieser Plätze ist untersagt.

Bevor wir uns dem einzigartigen Naturparadies zuwenden, besuchen wir das Informationszentrum des SNP, das *Nationalparkhaus* in Zernez. Wir finden es am Dorfausgang in Richtung Ofenpass (Adresse: 7530 Zernez, Tel. 082/8 13 78). Es ist vom 1. Juni bis 25. Okt. von 8.30 bis 18.00 Uhr geöffnet. In Dokumentationen, Ausstellungen, einer Tonbildschau, Video- und Filmvorführungen werden wir informiert

über Ziele und Bedeutung des Nationalparks, über Wandermöglichkeiten und was man bei Besuchen beachten sollte oder muss (z. B. wird eine Besuchszeit zwischen Mitte Juni und Mitte Oktober, v. a. in den frühen Morgenstunden, empfohlen). In diesem Haus kann auch einschlägige Literatur gekauft werden. Der SNP ist im Winter nicht begehbar und deshalb geschlossen.

Geführte Wanderungen organisieren die Verkehrsvereine Zernez (Tel. 082/8 13 00), S-chanf (Tel. 082/7 22 55), Zuoz (Tel. 082/7 15 10), Scuol (Tel. 084/ 9 94 94) und Val Müstair (Tel. 082/8 55 66) während der Hauptsaison von Juni bis Anfang Oktober.

Bartgeier, im Nationalpark wieder ausgesetzt.

Zum Schutz der Tier- und Pflanzenwelt besteht eine Parkordnung, die u. a. vorschreibt, dass der SNP nur auf den offiziellen markierten Wegen begangen werden darf. Indem wir diesen Vorschriften nachleben, helfen wir mit, dieses grösste Schweizer Totalreservat auch in Zukunft zu erhalten. Markierte Wege stehen in genügender Zahl zur Verfügung, um vielfältige Möglichkeiten von Wanderungen durch die Natur zu geniessen – eine

Natur, die vor menschlichen Ein-
flüssen weitgehend geschützt ist
und ihrer natürlichen Entwicklung überlassen bleibt.

Wer Tiere beobachten will, muss sie suchen

Je nach der gewählten Route
durchqueren wir prächtige Föh-
ren-, Lärchen- und Arvenwälder,
freuen uns an der Fülle wundervoller Blumen in den alpinen Na-
turweiden und an der Wildheit
der Felsfluren, beobachten,
wenn wir geschickt genug vorgehen, Hirsche, Gemsen, Steinböcke, Murmeltiere und die Vogelwelt, die vom dichten Berg-
wald bis in die Gipfelregion mit
einer interessanten Artenvielfalt
vertreten ist. Neben dem Stein-
adler kann heute mit etwas
Glück sogar einer der im SNP
1991 ausgesetzten Bartgeier entdeckt werden – eine geführte
«Bartgeier-Wanderung» hilft
hier nach! Immer ist ein Feldstecher bei der Tierbeobachtung
sehr nützlich: Der SNP ist eben
kein Zoo; meistens sind die Tiere
scheu und verbergen sich vor
dem Besucher oder werden erst

WO DIE NATUR HERRSCHT
Wilde Schönheit,
Urtümlichkeit, eine
reiche Tier- und
Pflanzenwelt –
mit der Natur im
Schweizerischen
Nationalpark kann
sich kaum ein an-
deres Gebiet unse-
res Landes messen.
Man begeht das
Gelände aus-
schliesslich auf den
markierten Wegen.
Zuvor wird ein Be-
such im National-
parkhaus in Zernez
empfohlen. Heute
ist der Park von
rund 5000 Tierarten
bewohnt; dazu
gehören die Stein-
böcke (rechts Stein-
geiss mit Kitz).
Das wildreiche Val
Trupchun (o.) er-
möglicht den Zu-
gang zum Park von
S-chanf aus.

während der Nacht aktiv. Andere haben sich allerdings an die Anwesenheit der Touristen, deren (vorgegebene) Wege sie kennen, gewöhnt. Im übrigen lohnt es sich, auch den Kleinlebewesen Beachtung zu schenken: den Schmetterlingen, Käfern und anderen Insekten, den Kleinsäugern, den Lurchen und Kriechtieren usw. Um sie sehen und beobachten zu können, braucht es viel Ruhe und Geduld. Als Kontrast zum Kleinen fasziniert daneben der Blick aufs Grosse: die Bergwelt des Engadins.

Ein einmaliges Jahrhundertwerk

1909 wurde der Schweizerische Bund für Naturschutz SBN zur Finanzierung des Nationalparks gegründet, der dann seinerseits am 1. August 1914 aus der Taufe gehoben wurde. Das 168,7 km² umfassende Gebiet wird seitdem von der Eidgenossenschaft betreut. Jahr für Jahr freuen sich etwa 200 000 Personen an der eindrücklichen Natur im SNP. Parkwächter sind für die Einhaltung der Vorschriften, den Unterhalt der Wege und die Erfassung der Naturphänomene besorgt. Zahlreiche Forscher untersuchen die Entwicklung der fast ungestörten Lebensgemeinschaft. Es ist in diesem Zusammenhang bemerkenswert, dass im Gebiet des Nationalparks vor dessen Gründung alpwirtschaftliche und Waldnutzung vielerorts üblich war und dass nach deren Preisgabe das freie Wirken der Natur den Park zu dem gemacht hat, was er heute ist. Dank dieser Zurückeroberung durch die unbeeinflusste Natur gab und gibt das Parkareal noch immer ein einmaliges Forschungsfeld ab. Freuen wir uns an der wiedergefundenen Ursprünglichkeit und tragen wir zu diesem Naturraum Sorge!

Die Schweiz im Untergund: Höhlenzauber

Beatushöhlen am Thunersee

Hinreise:
Mit **Schiff** ab Thun oder Interlaken (Anlegestelle Beatenbucht oder Beatushöhlen/Sundlauenen), oder mit **Bus** ab Thun oder Interlaken (Haltestelle Beatushöhlen) oder mit dem eigenen **Auto.**
Zu Fuss: Ab Beatenbucht 1 Std., ab Beatushöhlen/Sundlauenen 20 Min., ab Bushaltestelle resp. Autoparkplatz 10 Min.

Die Beatushöhlen sind zweifellos eine der historisch interessantesten Stätten des Berner Oberlandes. Ihr Besuch lohnt sich ganz besonders an einem heissen Sommertag – als Abkühlung.

Besonders empfehlenswert ist die Anreise per Schiff zur Anlegestelle Beatenbucht. Dort folgen wir dem Wegweiser zum ehemaligen Pilgerweg, einem der schönsten Spazierwege am Thunersee mit grossartiger Aussicht auf See und Berge. Unterwegs treffen wir auf die Ruine der alten Pilgerherberge. Bei

der Brücke stürzen die Wasser des Höhlenbachs aus dem Berg und an uns vorbei in die Tiefe. Nach gut einstündiger Wanderung ist der Eingang zu einem ausgedehnten Höhlensystem erreicht. Von der Schiffsanlegestelle Beatushöhlen/Sundlauenen aus dauert die Wanderung auf einer kürzeren Teil-

dig weiteren Entdeckungen und Überraschungen entgegen. Besucher – jedes Jahr sind es rund 100 000 – können die Tropfsteinhöhlen allerdings «nur» auf einer Länge von 1200 m begehen. Das Eintrittsbillett erlaubt auch die Besichtigung des einzigen Höhlenmuseums der Schweiz. Es zeigt die Entwick-

hl. Beatus darin gelebt haben. Der Missionar machte die Menschen an beiden Seeufern mit dem Christentum bekannt und befreite – so erzählt es die Legende – die Leute von einem fürchterlichen Drachen, der ebenfalls in der Höhle hauste. Im Mittelalter und bis zur Reformation war die Höhle eine beliebte Wallfahrtsstätte. Man begab sich auf dem Pilgerweg dorthin und bat darum, von der Pest und anderen Übeln und Schicksalsschlägen verschont zu bleiben.

Wir treten ein in eine wahrhaft märchenhafte Welt. In verzweigten Gängen hängen und stehen bizarre Tropfsteingebilde, tosen kleine und grosse Wasserfälle und liegen still die unterirdi-

Einer der eindrücklichsten Abschnitte der Beautushöhlen ist die Miltongrotte.

Der hl. Beatus am Anfang des Höhlenspaziergangs.

schen Seen. Dank raffiniert eingerichteter, künstlicher Beleuchtung wachsen an feuchten Stellen Moos, Flechten und Farne; anderes Leben gedeiht in der Höhle nicht. Gleich zu Beginn unseres Höhlenspaziergangs begegnen wir den «Bewohnern». In der vorgeschichtlichen Felsenwohnung wohnt eine Familie aus der Urzeit. Der hl. Beatus sitzt in der Beatusklause, isst Käse, Brot und Rüebli und liest in der Bibel. Ein künstlicher Treppengang führt in die Milton-Grotte; im See

strecke des Pilgerweges rund 20 Min.

Bis heute haben die Höhlenforscher 140 km der Beatushöhlen erforscht und Karten über die meist von Wasser durchflossenen Gänge angelegt. Möglicherweise reicht das Höhlensystem bis in den Kanton Luzern hinein; die Forscher sehen freu-

lung der Höhlenforschung in der ganzen Schweiz, von ihren Anfängen bis heute. Alle Aspekte der Höhlenforschung wie Klettern, Tauchen, Geologie und Vermessung werden anschaulich dargestellt.

Der vorderste Teil der Höhle war schon in prähistorischer Zeit bewohnt. Im 6. Jh. soll dann der

liegt eine riesige, grüne Wasserschlange. Die Initialen an der Felsendecke der Kapitänsgrotte stammen aus dem Jahr 1848. Sie bezeugen, dass Oberst Johann Knechtenhofer, der erste Dampfschiffkapitän auf dem Thunersee, zusammen mit drei Matrosen bis zu dieser Stelle vorgedrungen ist.

Wir entdecken Wassermühlen, eine Madonna mit Kind, einen schlafenden Bären und den «Niesen», eine aus Höhlenlehm entstandene Pyramide. Dann erreichen wir die eindrucksvolle Domgrotte. Im Wasser spiegeln sich grossartige Tropfsteinformationen und die 11 m hohe Decke. Sie täuschen unserem Auge eine grosse und tiefe Bucht vor. Im Hexenkessel – ein tobender Wasserfall gab ihm den Namen – ist unsere Reise in die Unterwelt zu Ende. Wir kehren zum Höhleneingang zurück, wieder ans Tageslicht.

Öffnungszeiten:

Beatushöhle: Palmsonntag bis dritter Sonntag im Oktober, täglich 9.30–17.00 Uhr.

Höhlenmuseum: Palmsonntag bis dritter Sonntag im Oktober, täglich 10.30–17.30 Uhr.

Picknickplatz mit Spieldrachen und Restaurant am Höhleneingang.

Höllgrotten bei Baar

Hinreise:

*Mit der **Bahn** bis Baar oder bis Zug und im letzteren Fall mit dem **Postauto** nach Baar bis zur Haltestelle bei der Brauerei. Empfehlenswert ist auch die Fahrt mit dem Postauto ab Zug auf der Linie nach Menzingen bis Haltestelle Tobelbrücke (Höllgrotten): Es folgt ein Spaziergang (15 Min.) das Tobel abwärts bis zum Eingang. Mit dem **Auto***

Die Höllgrotten bestehen aus zwölf unterschiedlich gestalteten Höhlen mit verschiedenen Tropfsteinformen.

kann man von Baar aus der Lorze entlang bis zum Parkplatz bei den Höllgrotten fahren.

Vom Ägerisee her zwängt sich die Lorze durch ein Tobel, um das offene Vorland bei Baar und den Zugersee zu erreichen. Im stark eingetieften unteren Teil fliesst der Höllbach der Lorze zu, und dieser wildeste Abschnitt des Lorzetobels, wo an Regentagen dicke Nebelschwaden in den dunklen Tannen hängen, trägt ebenfalls den Namen «Höll». Hier waren 1863 Arbeiter mit dem Abbau von Tuffsteinen für den Bau des Bonstettentunnels der Eisenbahnlinie Zürich–Zug beschäftigt. Dabei stiessen sie zufällig auf die grösste Grotte eines ganzen Höhlensystems, welche man «Dom» nannte. In ihrer Decke sieht man noch heute das mit Steinen wieder verschlossene Loch, durch welches zum ersten Mal Menschen einen Blick in diese Märchenwelt im Bergesinnern warfen. Damals plätscherte darin noch ein Höhlensee, gespeist von einer starken Quelle. Die Besitzerfamilie Schmid liess

ihn durch einen Basisstollen in die Lorze ableiten. Damit wurden weitere Höhlen zugänglich und jahrzehntelang ausgebaut. Die zwölf untereinander verbundenen, mit sicheren Fussgängerwegen und elektrischer Beleuchtung ausgestatteten Grotten befinden sich im Innern mächtiger Tufflager, die die stark kalkhaltigen Quellen im Lauf der Jahrtausende abgelagert haben. Durch das lokal verschieden starke Wachstum der Kalkausscheidungen entstand ein unendlicher Formenreichtum.

Jede der zwölf Höhlen hat durch Ausdehnung, Höhe und Form ihren ganz eigenen Charakter und trägt den entsprechenden Namen: Die schönste ist wohl das «Zauberschloss» mit seiner grossartigen Stalaktitendecke und den durchscheinenden Gardinen aus Sintergestein. Sodann gibt es ein idyllisches «Nymphenseelein», in dem sich elfenbeinfarbene schlanke Stalaktiten spiegeln. Viele Formen regen unsere Fantasie an, so dass wir glauben, Tiere wie Bär, Krokodil oder Adler erkennen zu können.

Und überall verzieren korallenartige Gebilde die Wände, die sich unter dem Einfluss des elektrischen Lichtes mit einem feinen Schleier grünlicher und rötlicher Algen überzogen haben.

Für den Höhlenspaziergang empfiehlt sich auf dem immer feuchten Boden festes Schuhwerk und gegen das ständige Tropfen ein Regenschutz. Die Besichtigung der Höllgrotten lässt sich mit einer abwechslungsreichen Wanderung durchs Lorzetobel verbinden, indem man z. B. mit dem Postauto bis Tobelbrücke fährt und nach der Besichtigung dem Fluss entlang nach Baar wandert (Bushaltestelle bei der Brauerei, ca. 45 Min. ab Höllgrotten). Busbenützer erreichen umgekehrt vom Höhlenausgang aus auch die Postauto-Haltestelle Tobelbrücke auf der Linie nach Menzingen. Man beachte in jedem Fall die Fahrpläne. Die Höllgrotten sind vom 1. April bis 31. Okt. geöffnet, täglich 9–12 und 13–17.30 Uhr, sonntags auch über Mittag. Eintrittspreise für Erwachsene / Kinder: Fr. 7.–/ Fr. 3.50.

Grotten von Vallorbe und Orbequelle

Hinreise:
*Mit der **Bahn** bis Vallorbe und **zu** **Fuss** zum Elektrizitätswerk bei der Grotte, indem man mit Vorteil auf die andere Seite der Orbe hinüberwechselt (ca. 50 Min. bis Grotte). Mit dem **Auto** über Vallorbe direkt zur Grotte: Richtung Le Pont (Vallée de Joux) und beim Dorfausgang nach links zum etwa 1 km entfernten Elektrizitätswerk abzweigen, wo Parkplätze vorhanden sind.*

Die Orbe entspringt auf französischem Boden im Lac des Rousses, durchfliesst das Vallée de

In den Grotten von Vallorbe tosen die Wasser der unterirdischen Orbe-Quellen. Vom Lac de Joux und Lac Brenet her ergiessen sie sich in die Gänge der unterirdischen Höhlen, um später als Fluss wieder zutage zu treten. 1964 entdeckt, wurden die Grotten von Vallorbe nach dem aufwendigen Bau von Stegen, Treppen und Brücken im Jahr 1974 dem Publikum zugänglich gemacht, das hier eine märchenhaft anmutende Welt mit unzähligen Tropfsteingebilden entdeckt.

Joux und speist den Lac de Joux und den Lac Brenet. Es existiert kein oberirdischer Seeabfluss – das Wasser suchte sich seinen Weg durch Versickerungstrichter auf dem Grund der Seen. Derjenige von Bon-Port ist der grösste; er befindet sich am linken Ufer des Lac Brenet. Der Grund, weshalb es keinen oberirdischen See-

abfluss gibt, ist einerseits in der abgeriegelten topographischen Lage zu suchen, andererseits in der Wasserdurchlässigkeit des Untergrundes aus Kalkstein. Die in den Seen des Vallée de Joux aufgestauten Wasser der Orbe suchten den unterirdischen Abfluss durch Kluftsysteme im Kalk. Die Versickerungstrichter bilden die einzigen natürlichen Abflussmöglichkeiten und wurden deshalb von der Bevölkerung zum Schutze vor Überschwemmungen instand gehalten. So sorgte im 19. Jh. eine «Commission des entonnoires» dafür, dass diese Trichter zweimal jährlich gereinigt wurden. Doch Hochwasser trat trotzdem immer wieder auf. Die Bewohner der Gegend ent-

schlossen sich um 1890 zum Bau eines künstlichen unterirdischen Ablaufs, der schon seit 1903 zur Speisung des Elektrizitätswerkes bei Vallorbe verwendet wird.

Zum Glück verbleibt trotzdem noch Wasser, das seinen natürlichen oberirdischen Lauf findet und bei Vallorbe am Fuss einer imposanten, 250 m hohen und

mit Felswänden durchsetzten Steilstufe austritt. Es war diese Flussquelle, die seit langem die Neugier der Forscher erregte. Am 20. Oktober 1893 wagte Pfund einen Tauchversuch, doch ohne Erfolg. 1961 fing man an, den unterirdischen Wasserlauf mit modernen Hilfsmitteln wissenschaftlich zu erforschen, und schon bald darauf wurden die Höhlen entdeckt, deren Erkundung 1964 begann.

Vom Parkplatz beim Elektrizitätswerk spazieren wir zur Vaucluse-Quelle der Orbe. Durch dieses dunkle Loch wagten sich die Taucher, bevor 1970 der Tunnel gebaut wurde, der uns den problemlosen Zutritt zum Cairn-Saal und zum gleichnamigen See ermöglicht. Die Stege, Treppen und Brücken, auf denen wir während eines Rundgangs ungefährdet den öffentlichen Teil des Höhlensystems durchstreifen, wurden nach harter Arbeit am 6. April 1974 offiziell eingeweiht. Hier und dort zweigen Gänge ab, die der Öffentlichkeit nicht zugänglich sind. Die wundervollen Stalagmiten (Bodenzapfen), Stalaktiten (Deckenzapfen), Sintervorhänge und -röhrchen muten wie die Kulisse eines Feenmärchens an und sind oft sehr zerbrechlich – es ist also Vorsicht am Platz! Nachdem man die verschiedenen Teile mit Höhlenerweiterungen (z. B. die «Salle de Méduse») und kleine Seen durchquert hat, wird das Gurgeln der Orbe stärker, und bald danach donnert unter uns das wilde Wasser mit einer Kraft dahin, dass es unmittelbar einleuchtet, wie es sich im Laufe der Jahrtausende die eben durchschrittenen Galerien schaffen konnte.

Die Grotte von Vallorbe ist vom 3. April bis 7. Nov. täglich von 9 bis 17 Uhr geöffnet, Juli/August bis 18 Uhr. Eintrittspreis für Erwachsene: Fr. 12.–, für Kinder

Ein besonderes Erlebnis: Ruderboot-Fahrten auf dem unterirdischen See von St-Léonard.

Fr. 6.–. Auskünfte erteilt das Office du tourisme in Vallorbe, Tel. 021/843 25 83.

gangenen Zeiten bekannt und bot immer wieder Stoff zu mehr oder weniger phantasievollen Geschichten. So erzählt eine hübsche Sage, dass den jungen Mädchen im heiratsfähigen Alter in den geheimnisvollen dunklen Wassern das Bild ihres zukünftigen Ehegatten erscheinen würde. Dazu musste sich das

UNTER-IRDISCHER SEE
Der grösste unterirdische See Europas war schon in alten Zeiten bekannt. Seit fünfzig Jahren haben Höhlenforscher die Grotte des Sees von St-Léonard immer weiter ausgebaut, damit sie heute von Besuchern bewundert werden kann. Das Bild zeigt den See bei besonderer Beleuchtung.

■ Unterirdischer See von St-Léonard

Hinreise:
*Mit **Bahn** oder **Auto** nach St-Léonard bei Sion. Parkplatz in der Nähe der Höhle vorhanden.*

Wenige Kilometer von Sion talaufwärts liegt, am unteren Rand lichtdurchfluteter Rebhänge, das Dorf St-Léonard, das dem Besucher eine ganz besondere Attraktion zu bieten hat. Etwas oberhalb der Talsohle befindet sich der Eingang einer riesigen Höhle, deren Inneres den grössten unterirdischen See Europas birgt. Diese Grotte war der Bevölkerung schon in längst ver-

Mädchen am Heiligen Abend um Mitternacht allein zum Höhleneingang begeben und beten. Beim 12. Glockenschlag der nahegelegenen Kapelle leuchtete ein unheimliches, fahles Licht aus dem Innern des Berges, und auf dem Wasser erschien das Bild des Zukünftigen.

Im Jahre 1943 besuchten die Forscher J. J. Piccard, damaliger Präsident der Schweizerischen Höhlenforschenden Gesellschaft, und J. Della Santa den See im Innern der Grotte und waren von dessen Schönheit überwältigt. In den darauffolgenden Jahren wurde die Höhle immer weiter erforscht und ausgebaut. Der See, dessen Grundriss die Form

eines langen Rechtecks aufweist, besitzt eine Länge von 300 m und eine Breite, die zwischen 8 und 29 m schwankt. Das Wasser ist bis zu 15 m tief. Die Höhle entstand im Grenzbereich verschiedener Gesteinsarten (Gneis, Dolomit, Marmor, Gips), wobei im Gebiet ihres Zusammentreffens bei der Faltung Schwächezonen entstanden und der Gips auch stellenweise vom Wasser aufgelöst wurde. Wir steigen die steilen Stufen hinab in den grossen Schlund der Höhle, wo uns auch schon das Boot am Ufer des glasklaren Wassers erwartet. Das grosse Ruderboot füllt sich mit Besuchern, und dann geht die Fahrt los mit dem kundigen Leiter, der zugleich die Ruder führt und Informationen zur Höhle (auch in Deutsch) gibt.

Die Feuchtigkeit und Kühle, die uns empfangen, lassen uns an den dicken, warmen Pullover denken, den wir zu Hause vergessen haben und der doch unbedingt für jeden Höhlenbesuch mitgeführt werden sollte. Die Temperatur beträgt hier fast das Jahr über rund +11° C. Schon kurz hinter dem Höhleneingang, wo das Tageslicht gerade noch eindringt, wird das Boot von z. T. sehr grossen Forellen, die hier jeweils gefüttert werden, empfangen und begleitet. Auf der Fahrt zum inneren Höhlenende kann man die farbigen Schlieren der Gesteinsschichten beobachten und die Klarheit des Wassers bewundern, die uns auch bei bescheidener Beleuchtung einen völlig ungetrübten Blick auf den Boden tief unter uns ermöglicht.

Wieder ans Tageslicht zurückgekehrt, erfreuen wir uns an der südlich anmutenden Atmosphäre der umliegenden ausgedehnten Rebhänge am Fuss einer beeindruckenden Bergwelt.

Der unterirdische See ist vom 15. März bis 1. Nov. geöffnet. Die Eintrittspreise betragen Fr. 5.50 für Erwachsene und Fr. 2.– für Kinder.

Zur Ergänzung eines Ausflugs nach St-Léonard eignet sich sodann ein kleiner Rundgang im nahegelegenen Sion, dessen romantische Altstadt zahlreiche ehrwürdige und bedeutende Bauten aufweist. Dabei ist auch ein Spaziergang auf die Stadthügel Tourbillon und Valère sehr empfehlenswert, von denen man einen prächtigen Ausblick auf Tal und Berge geniesst. Ein Besuch der Burgkirche Valère mit der ältesten noch spielbaren Orgel Europas aus dem 14. Jh. und des ebenfalls auf dem Hügel untergebrachten Musée historique cantonal runden diesen zusätzlichen Ausflug ab.

Weitere Höhlen

Kristallhöhle Kobelwald bei Oberriet, St. Galler Rheintal

Hoch über dem Rheintal sind in einer Kalkhöhle beeindruckende Tropfsteine, verschlungene Wasserläufe und grossartige Kristalle zu besichtigen.

Besuchszeiten: Ostern bis 31. Oktober, Sonn- und Feiertage, 12–17 Uhr (an Wochentagen auf Voranmeldung). Mitte Juli bis Mitte August täglich 12–16.30 Uhr (genaue Daten auf Anfrage).

Hinreise:
Mit **Auto** ab Oberriet–Kobelwald–Kobelwis–Waldstrasse Richtung Montlinger Schwamm–Tanzplatz (Parkplatz). Oder **zu Fuss** ab Kobelwald über Gruebach (20 Min.)

Auskunft: Beim Höhlenwart der Kristallhöhle Kobelwald, Tel. 071/78 19 77.

Mineralkluft Gerstenegg/Grimsel

Die Kristallhöhle, welche im Sommer 1987 beim Bau eines Kraftwerkstollens an der Nordseite des Grimselpasses entdeckt wurde, ist ein einzigartiges Naturwunder. Tief im Berg sind zahllose Kristalle in allen Grössen und Farben zu entdecken. Besonders sehenswert ist eine über und über mit Kristallen ausgefüllte Felsspalte. Die Kristalle sind beleuchtet und mit schriftlichen Erklärungen versehen.

Besuchszeiten: Führungen (ab Meiringen) an bestimmten Tagen in den Monaten Juli bis Oktober.

Hinreise:
Am frühen Nachmittag mit **Postauto** ab Bahnhof Meiringen, Rückkehr ca. 18 Uhr.

Verpflegung: Fakultativer Abstecher der ganzen Gruppe mit dem Postauto zum Berghaus Grimsel-Hospiz.
Auskunft: Genaue Daten der Durchführung und Anmeldung (obligatorisch): Verkehrsverein Meiringen-Hasli-tal, 3860 Meiringen, Tel. 036/71 43 22.

VERNETZUNG IM INNERN
Erschlossene Höhlen, in die man als touristischer Besucher eintreten darf, sind meist nur Teile von grösseren komplizierten Kluftsystemen. Die Höhlenforscher suchen darin die Durchgänge: Oft müssen sie dabei klettern, kriechen und sogar tauchen, denn durch die Verbindungen zirkuliert auch das Wasser.

Hölloch im Muotatal

Mit ca. 150 km vermessener Länge ist das berühmte Hölloch im Kanton Schwyz eines der längsten zusammenhängenden Höhlensysteme der Welt. Dazu kommen noch etliche Kilometer unvermesser Gänge.

Hinreise:
Postauto ab Schwyz, Fahrt bis Hinterthal. Mit dem **Auto** direkt zum Restaurant Hölloch.

Auskunft: Derzeit ist der für Besucher zugängliche Teil geschlossen; Wiedereröffnung, neue Öffnungszeiten, Führungen usw.: Verkehrsverein Muotathal, Tel. 043/47 15 15 oder Hölloch-Verwaltung, Tel. 043/47 12 08.

Grotte aux Fées (Feengrotte)

In St-Maurice im Unterwallis führt ein enger Höhlengang zu einem unterirdischen See. Weitere Sehenswürdigkeiten sind ein 50 m hoher Wasserfall und Felskamine, die weit in den Berg hinaufführen.

Besuchszeiten: 1. März bis 30. Juni und 15. September bis 31. Oktober täglich 10–19 Uhr. 1. Juli bis 15. September täglich 9–10 Uhr. Im Winter Besichtigung auf Anfrage.

Hinreise:
Mit dem **Zug** bis St-Maurice. Für das **Auto** Parkplatz beim Dorfeingang St-Maurice (Richtung Monthey–Lausanne). 10 Min. zu Fuss.
Verpflegung: Getränkerestaurant (Terrasse).
Auskunft: Grottenverwaltung, Tel. 025/65 10 45.

Grottes de Réclère in der Ajoie

Die Grotten von Réclère gelten als eine der grossartigsten unterirdischen Sehenswürdigkeiten der Schweiz. Die über 100 m lange beleuchtete Höhle beherbergt eindrückliche Tropfsteingebilde, Felstrümmer und einen kleinen See.

Besuchszeiten: 1. März bis 15. Januar, täglich 9.30–17 Uhr. Die Grotten werden gruppenweise zusammen mit einem Führer besichtigt. Mindestbeteiligung: 6–8 Personen (Wartezeiten bis zu 40 Min.). Ideale Besuchszeit (ohne Wartezeiten) ist jeweils der frühe Nachmittag.

Hinreise:
Mit **Auto:** Strasse Porrentruy–Besançon bis kurz vor der Landesgrenze. Mit **Postauto:** Porrentruy–Réclère, anschliessend Wanderung (20 Min.) zu den Grotten (Anfang Juni bis Ende Oktober fährt das Postauto Dienstag- und Donnerstagvormittag bis zur Grotte; genaue Daten und Fahrplanzeiten bitte erfragen beim Bahnhof Porrentruy, Tel. 066/66 17 27).

Verpflegung: Hotelrestaurant und Kleintierpark beim Höhleneingang.
Auskunft: Für den Grottenbesuch: Restaurant des Grottes, 2912 Réclère, Tel. 066/76 61 55. Für Gruppen ist Voranmeldung erwünscht.

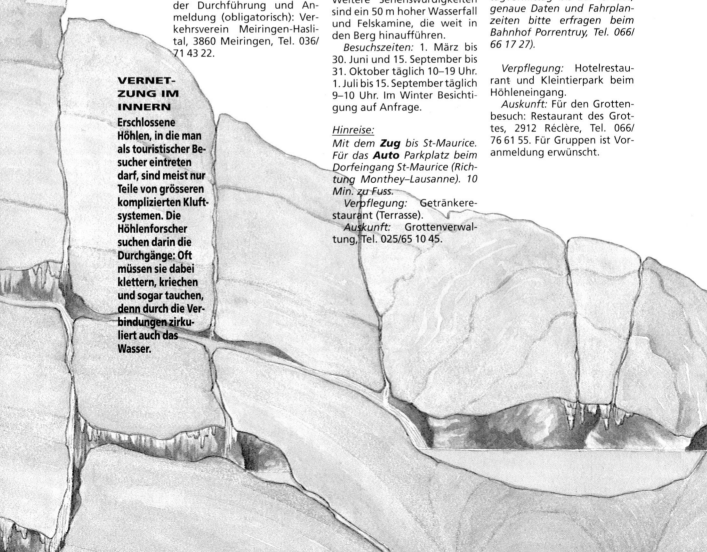

Folklore, Geschichte und Kultur

sind in der Schweiz – wie in anderen Ländern auch – eng miteinander verbunden, ja verflochten. Erst der Einblick in die Zusammenhänge folkloristischer, geschichtlicher und kultureller Ausdrucksformen und Bedeutungen ermöglicht es uns, ein Volk und seine Lebensformen über den Zeitraum von Jahrhunderten zu verstehen.

Kulturelle Vielfalt, regionale Eigenständigkeit

Schweizer Brauchtum besteht nicht nur, wie so oft kurz und bündig definiert, aus Kuhglocken, Trachten, Jodel, Alphörnern und Fahnenschwingen. Schweizer Volksbräuche, welche sich im Laufe der Zeit teilweise gewandelt und den herrschenden politischen und sozialen Strukturen angepasst haben, sind Dokumente einer bewegten

BEWUSST GEPFLEGT

Das 20. Jh. geht vielleicht einmal als die «Epoche des radikalen Wandels» in die Geschichte ein. Bei uns und fast überall auf der Welt wurden die Grundfeste von Lebensgestaltung und -inhalten, wie sie oftmals seit Generationen Gültigkeit hatten, verändert. Viele Zeitgenossen spüren deshalb ein Bedürfnis, das Brauchtum als gesellschaftlichen Bestandteil und als beständigen Teil der kulturellen Basis wieder bewusst zu pflegen oder wenigstens davon Kenntnis zu nehmen, um dem schnellebigen Alltag etwas Halt zu geben. Bild r.: Winzerfest in Hallau.
Unten: Zwei nostalgische «Kämpfer» in der Schlachtfeierszenerie zu Morgarten.

Vergnügli Streifzüge

Geschichte. Sie erklären facettenreiche, regional eigenständige Traditionen, Kultur und Mentalität einzelner Volksgruppen. Sie sind Ausdruck von Sitten, Riten und Glauben aller Bereiche des menschlichen Daseins: Leben im Lauf der Jahreszeiten; Dank an die Natur und Abhängigkeit von ihrer Macht und Gunst; Gedenkfeiern an Ereignisse von grosser historischer Tragweite; urtümlich anmutende und christliche religiöse Überzeugung; Feste und Feiern als Lohn für harte Arbeit.

Von den Tausenden traditioneller Bräuche und Feste sei aus Platzgründen hier nur eine Auswahl verzeichnet, die dazu auffordern möge, viele andere selber zu entdecken.

In allen Kantonen

1. August: Bundesfeiern mit folkloristischen Darbietungen, Umzügen, Feuerwerken und Höhenfeuern.

Nordwestschweiz

Aargau: Anfang Jahr: Sternsinger in Wettingen (auch vor Weihnachten), Dreikönige in Zurzach. Fasnacht im Freiamt, in Baden, Laufenburg und Zurzach. Ostermontag und Sonntag nach Ostern: Eierlaufen und Eierlesen im Bözberg-Gebiet. 2. Juli-Donnerstag: Rutenzug in Brugg. 2. Juli-Freitag: Maienzug in Aarau. Juli bis September: Waldumgänge zwischen Muri und der Murg. 2. September-Freitag: Bachfischet in Aarau. November/Dezember: Verschiedene Winterbräuche in Hallwil. 6. Dezember: Klausumzug in Bremgarten. 24./31. Dezember: Sebastianssingen in Rheinfelden.

Basel-Landschaft: Fasnacht (Kienbesenzug) in Liestal. 4. März: Chluri-Verbrennung in Sissach. Um Auffahrt: Banntag in zahlreichen Orten. 24. Dezember: Nünichlingler in Ziefen.

Basel-Stadt: Mitte/Ende Januar: Vogel Gryff in Kleinbasel. Fas-

nacht (mit Morgestraich) in Basel.

Solothurn: Fasnacht in Solothurn und den meisten Orten. Ende Juli: Schlachtfeier in Dornach.

Zürich/Schaffhausen

Schaffhausen: Herbst: Winzerfeste in Hallau, Wilchingen und Osterfingen.

Zürich: Fasnacht in Zürich. 3. April-Sonntag/Montag: Sechseläuten in Zürich. Letztes Juni-Wochenende: Albanifest in Winterthur. 2. September-Wochenende: Knabenschiessen in Zürich. Anfang November: Räbenlichter-Umzüge in Richterswil und anderen Orten. Freitag vor Weihnachten: Schnabelgeissen in Ottenbach. 31. Dezember: Silvesterkläuse in Stäfa und Wald.

Ostschweiz

Appenzell-Ausserrhoden: 13. Januar: Silvesterklausen in Urnäsch. Aschermittwoch: Gidio Hosenstoss in Herisau. Letzter Aprilsonntag: Landsgemeinde in Trogen (gerade Jahre) oder Hundwil (ungerade Jahre). Juni: Alpaufzüge. September/Oktober: Alpabzüge. 31. Dezember: Silvesterklausen in Urnäsch.

Appenzell-Innerrhoden: Fasnacht in Appenzell. Letzer April-Sonntag: Landsgemeinde in Appenzell. Juni: Alpaufzüge. September/Oktober: Alpabzüge.

St. Gallen: Fasnacht in Rapperswil (Eis zwei Geissebei), Altstätten (Röllelibutzen), Walenstadt (Röllelibutzen) und anderen

DURCH-GETANZTE SCHUHE?

Das Leben auf der Alp ist vom natürlichen Jahresrhythmus geprägt. Dazwischen bzw. am Ende der Saison bieten die Alpfeste erfrischende Kontraste und Höhepunkte gemeinsamer Fröhlichkeit.

Orten. Am Funkensonntag: Schibaschluh ob Wartau (Werdenberg). 1. Mai-Sonntag: Maibär in Bad Ragaz. Frühsommer: Alpaufzüge im Toggenburg. Ende Juni/Anfang Juli: Kinderfest in St. Gallen (jedes 2. Jahr). 16. November: Lägelisnacht, Räbenlichterumzug in Flawil. 4. Advent: Sternsingen in Rapperswil. 31. Dezember: Silvesterkläuse in Oberschaan.

Thurgau: 2. Januar: Bärtelistag in Diessenhofen. 13. Januar: Hilarius in Märstetten. 3. Januar-Montag: Bechtelistag in Frauenfeld. 3. Sonntag vor Ostern: Groppenfasnacht in Ermatingen (alle drei Jahre), Lichterschwemmen in Islikon. 1. September-Sonntag: Umgang in Hagenwil. Donnerstag in der letzten Woche vor Weihnachten: Bochselnacht in Weinfelden.

Glarus/Graubünden

Glarus: 6. März: Fridolinstag im ganzen Kanton. Fasnacht (Scheibenschlagen) in Matt. 1. April-Donnerstag: Näfelser Fahrt in Näfels. 1. Mai-Sonntag: Landsgemeinde in Glarus. 6. Dezember: Klausschellen im ganzen Kanton.

Graubünden: 6. Januar: Dreikönige im Vorder- und Hinterrheintal. Januar-Sonntage: Schlitteda in Pontresina, St. Moritz, Silvaplana, Samedan, Davos. 1. Februar-Sonntag: Homstrom in Scuol. Fasnacht in Chur. 1. März: Chalanda Marz im Engadin, Oberhalbstein, Münstertal, Bergell und Puschlav. Frühling: Scheibenschlagen in Danis-Tavanasa und Untervaz. 11. Juli: Plazidusfest mit Prozession in Disentis/Mustér. Ende Jahr: Neujahrssingen in Thusis und Felsberg.

Zentralschweiz

Luzern: Fasnacht in Luzern (Fritschi- und Wey-Umzug) und im ganzen Kanton. 6. März: Lichterschwemmen in Ermensee. Auffahrt: Umritte in mehreren Orten. Anfang Juli: Schlachtfeier in Sempach. 11. November: Gansabhauet in Sursee.

Nidwalden: Letzter April-Sonntag: Landsgemeinde in Stans. Ende Oktober/Anfang November: Älplerchilbi in verschiedenen Dörfern.

Obwalden: Letzter April-Sonntag: Landsgemeinde in Sarnen. Oktober/Anfang November: Älplerchilbi in verschiedenen Dörfern.

Schwyz: 6. Januar: Greiflet in Schwyz, Brunnen und Muotathal. Fasnacht in Schwyz (Nüsslerumzug, Narrentanz, Bööggverbrennung) und im ganzen Kanton. Anfang März: Sennenchilbi im Illgau, Chlefelen in Schwyz und Umgebung. 1. September-Sonntag: Sennenchilbi im Wägital. 14. September: Engelweihe und Lichterprozession in Einsiedeln. 1. Oktober-Sonntag: Rosenkranz-Prozession in Einsiedeln. Mitte Oktober: Morgarten-Gedenkmarsch ab Sattel. Anfang Dezember: Klausjagen in Küssnacht.

Uri: 6. Januar: Sternsingen in verschiedenen Orten. Sommer: Schützen-, Schwing- und Älplerfest in verschiedenen Orten. 23. Oktober: Woldmannli in Andermatt. Anfang November: Rütlischiessen auf dem Rütli.

Zug: Fasnacht in Zug (Greth Schell), Baar (Räbechüng-Verbrennung) und im ganzen Kanton. 15. November: Morgarten-Schiessen in Morgarten. 5. Dezember: Chlauseseln in Oberägeri.

Keine Angst: Die Martinigans wird tot hingehängt (Sursee).

Bern

Fasnacht in Bern, Biel und Langenthal. Ende Juni/Anfang Juli: Solennität in Burgdorf, Braderie in Biel. Hochsommer: Älplerfeste im Oberland, Brünig-Schwinget auf dem Brünig, Lüdernchilbi auf der Lüdernalp im Emmental. Anfang September: Alphirtenfest in Unspunnen bei Interlaken (alle acht Jahre), Schafscheid in Riffenmatt. September/Oktober: Winzerfeste im Bielerseegebiet und in Spiez. Ende September: Kästeilet im Justistal, Ausschieset mit Fulehung in Thun. Anfang Oktober: Bauernpferderennen in Schwarzenburg. 4. November-Montag: Zibelemärit in Bern. Um oder an Silvester: Altjahresbräuche in Kandersteg, Interlaken, Meiringen, Schwarzenburg und Laupen.

Freiburg/Neuenburg/Jura

Freiburg: Fasnacht in Murten, Estavayer-le-Lac und Freiburg. Karfreitag: Pleureuses-Prozession in Romont. Nacht auf Ostern: Auferstehungsfest in Estavayer-le-Lac. Fronleichnam: Prozession in Freiburg, Herrgottstag in Düdingen. Ende Mai: Grêvire-Fest in Bulle. 22. Juni: Schlachtfeier in Murten. August: Hl.-Laurentius-Prozession in Estavayer-le-Lac. Fest «La Bénichon»: August bis November in verschiedenen Orten.

Neuenburg: 1. März: Fête de la République in Neuchâtel. Ende Mai: Quinzaine Neuchâteloise. Ende September: Winzerfest in Neuchâtel.

Jura: Fasnacht in Porrentruy und Delémont. Mitte Juli: Fest der jurassischen Bauern in Alle. 2. August-Wochenende: Marché-Concours (Pferderennen) in Saignelégier. Mitte November: Fête de la Saint-Martin im ganzen Kanton.

Waadtland/Genf

Sommer: Feuillu in einigen Gemeinden. August: Fêtes de Genève. Sonntag Mitte Dezember: Escalade. 31. Dezember: Restauration.

Waadt: April: Tulpenfest in Morges. 2. Mai-Sonntag: Maifest in Begnins. Mai bis Juli: Abbaye de tir (Schützenbrauch) in verschiedenen Orten. Sommermitte: Älplerfest Mi-été in Taveyannaz. Ende September/Anfang Oktober: Winzerfeste in Morges (mit Umzug) und anderen Ortschaften.

Wallis

1. Januar: Königssingen im Lötschental. Mitte Januar: Baconnette in Grimentz. 20. Januar: Prozessionszug St-Sébastien in Finhaut. Fasnacht im Lötschental (Roitschäggättä), Monthey und Naters. Ende Fasnacht: Poutratze in Bovernier. Palmsonntag: Prozession in Bovernier. Karfreitag: Drône in Savièse. Ostern/Ostermontag: Osterbräuche in Champex, Grimentz, Savièse, Hérémence, Sembrancher, Grimisuat und Ferden. Fronleichnam: Prozessionen in zahlreichen Ortschaften. Sonntag nach Fronleichnam: Segensonntag in Visperterminen und im Lötschental. Ende Juni: Alpaufzüge mit Kuhkämpfen in zahlreichen Unterwalliser Gemeinden. Mitte Juli: Fête du bœuf in Anzère. 5. August: Maria zum Schnee auf der Bettmeralp und am Schwarzsee bei Zermatt. 2. August-Sonntag: Schäferfest am Daubensee (Gemmipass). 31. Dezember: Neujahrssingen in Grächen und St. Niklaus.

Tessin

6. Januar: Dreikönige im Südtessin. Fasnacht, zum Teil mit Risottoessen, in vielen Orten. Anfang März: Fischerfest in Locarno. Gründonnerstag / Karfreitag: Prozessionen in Mendrisio. 1. Mai-Sonntag: Maggiolata im ganzen Kanton. Ende Mai: Fischfest in Brissago und Caslano. Herbst: Winzerfeste in vielen Orten.

)lustbarkeiten i der Alpwirtschaft

Einer alten Viehrasse zu Ehren: Kuhkämpfe im Wallis

Hinreise:
Haute-Nendaz erreichen wir im **Auto.** *Oder per* **Bahn** *bis Sion, wo wir ins* **Postauto** *umsteigen, das uns ebenfalls hinauf nach Haute-Nendaz oder weiter nach Siviez (Super-Nendaz) bringt.*

Die Kuhkämpfe sowie Alpaufzüge finden jeweils gegen Ende Juni statt. Im April und Mai gibt es in der Talebene auch Kuhkämpfe, in der Rhoneebene sogar die bekannten «Matches des reines».

Wir empfehlen Ihnen, die lokalen Zeitungen zu konsultieren, wenn Sie dazu die Möglichkeit haben, oder erkundigen Sie sich beim Veterinäramt des Kantons Wallis, Tel. 027/21 62 37; es legt die genauen Durchführungsdaten fest.

Für eine solche Veranstaltung wie die vorgeschlagene in Haute-Nendaz sollten Sie sich einen ganzen Tag reservieren. Besucher, die weiter entfernt wohnen, buchen mit Vorteil ein Zimmer in einem Hotel, um das Drum und Dran in vollen Zügen miterleben zu können.

Die Kuhkämpfe bilden im unteren Wallis eine traditionelle Besonderheit der Alpfahrt. Seit 1922 werden die Kämpfe an verschiedenen Orten des Kantons organisiert. Im oberen Wallis kennt man diesen Brauch erst seit gut zwei Jahrzehnten. Die Kämpfe, die im Frühling sechsmal und im Herbst dreimal abgehalten werden, dienen nicht nur der Unterhaltung und dem Spiel. Es ist zum Beispiel auch der Kampf ums beste Gras auf den Alpen: In der Nähe einer Königin, der sich die Herde während des Sommers unterordnet, weidet nie eine andere Kuh. Darüber hinaus dienen die Kämpfe der Erhaltung und der Förderung der Eringerrasse, die durch ihre Robustheit besonders gut an die rauheren Klimaverhältnisse des Gebirges angepasst ist. Damit wird der Nachteil aufgewogen, dass der Milchertrag bei dieser kleineren, gedrungenen Rasse gegenüber den Tieflandkühen etwas geringer ist.

Wir erleben die kräftigen Tiere beim Kampf auch in ihrer individuellen charakterlichen Prägung. Da ist z. B. das eher zurückhaltend kämpfende Tier, das gegen Ende der Kämpfe aber wie ein Sportler noch Kraftreserven mobilisiert. Andere Kühe stürzen sich sofort vehement auf die Gegnerin und werden am Ende mangels Durchhaltevermögens doch besiegt. Ein besonderes Vergnügen ist es auch, den Besitzern zuzuschauen, welche die Tiere betreuen. Sie stehen immer in unmittelbarer Nähe des Kampfringes und hegen und pflegen ihre Schützlinge mit gutem Zureden, Streicheln und teilweise sogar mit einem guten Häppchen. Dies soll den Tieren Selbstvertrauen einflössen. Unter den Besitzern werden auch Wetten abgeschlossen. Man bekommt auf jeden Fall den Eindruck, dass die Kühe Sieg oder Niederlage viel gelassener hinnehmen als ihre Eigentümer.

Nach dem Ausrufen der Siegerin geniessen wir das bunte Treiben eines fröhlichen Festes mit Chilbi-Charakter. Erst am späteren Nachmittag, nachdem man tüchtig Raclette und Fendant zugesprochen hat, findet dieser Volksbrauch seinen Abschluss, der in den verflossenen Jahren glücklicherweise eine starke Wiederbelebung erfahren hat. Stolz verlässt die blumenbekränzte Königin den Kampfplatz, begleitet von begeisterten Zurufen aus der Menge und gefolgt von ihren «Untertanen», den rangniedrigeren Kühen.

Die Kühe für einmal im Mittelpunkt.

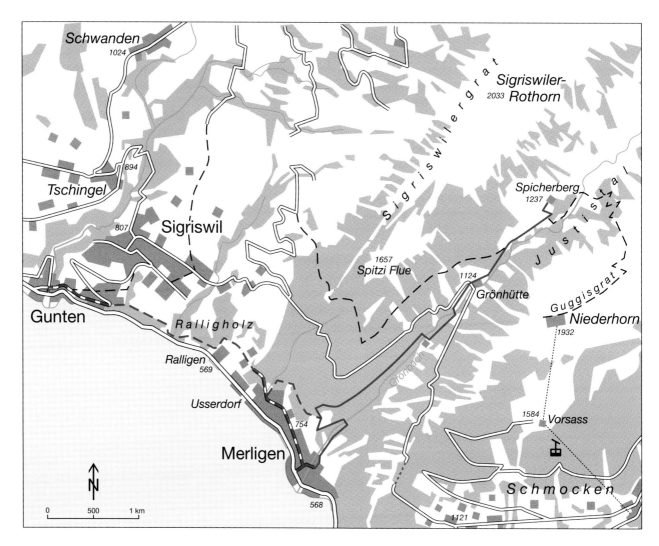

Vom Thunersee zum Kästeilet im Justistal

Hinreise:
*Fahrt besonders mit dem **Schiff** nach Merligen oder Gunten empfohlen, oder sonst mit dem **Bus** ab Thun. Mit dem **Auto** möglich, wobei nur beschränkt Parkplätze zu finden sind.*

Der Kästeilet im Justistal findet alljährlich ungefähr Ende September statt. Genaue Auskunft erhält man beim Verkehrsverein in 3655 Sigriswil, Tel. 033/ 51 12 35.

Von der Schiffsstation *Merligen* aus folgen wir dem Grönbach und gelangen links hinauf zu *Pt. 754* mit schönem Tiefblick auf Merligen. Wieder dem Grönbach entlang wandern wir an der gut eingerichteten *Grönhütte* vorbei ins Justistal und erreichen in gut 2 Std. die verzierten Käsespeicher des *Spicherberges*. Beim Aufstieg geniesst man den Ausblick auf den See und die Hochalpen mit der klassischen Gipfelkrone von Eiger, Mönch und Jungfrau.

Eine Variante besteht darin, dass wir von der Schiffsstation *Gunten* aus am Stampbach vorbei durch den Rebberg von Ralligen und durchs *Ralligholz* zu Pt. 754 wandern. Dies dauert zwar eine Stunde länger, ist aber wegen der Aussicht auf den Thunersee bestens zu empfehlen.

Das Justistal mit seinen neun Alpgenossenschaften liegt eingebettet zwischen Sigriswilgrat und Güggisgrat, an dessen Südhang Beatenberg liegt. Das Tal beherbergt besonders viel Wild (Steinböcke, Gemsen, Rehe usw.).

Vor über 700 Jahren wurde das Justistal vom Freiherrn Walter von Eschenbach an das Kloster Interlaken verkauft. In der Folge nahmen die einheimischen Bauern die Alpen in Pacht. Im 17. und 18. Jh. wurden dann die Alpen zu Genossenschaften im Besitz der Einheimischen. Damals waren rund 100 Kühe auf den Alpen. Um 1800 waren es rund 280, und heute sind es noch 250 Kühe.

Die Alpkäserei im Justistal kann also auf eine mehrere Jahrhunderte alte Tradition zurückblicken. Es wird heute Vollfett- und Dreiviertelfett-Alpkäse hergestellt. Die Bestossung der Alpen erfolgt jedes Jahr in Anpassung an den jeweiligen witterungsbedingten Entwicklungsstand der Vegetation zwischen Ende Mai und Mitte Juni. Alljährlich findet gegen Ende September der Käseteilet statt. Er ist inzwischen weit über die Region hinaus bekannt geworden. Der genaue Zeitpunkt wird jeweils durch die Bergpräsidenten und Bergvögte, die wirtschaftlichen Leiter der Alpen des Tales, festgesetzt. Die Bauern, die Bergrechte besitzen, begeben sich mit ihren Angehörigen auf den sogenannten «Spicherberg» zu den Käsespeichern, von denen jeder zu einer der Alpen gehört. Die Käse sind dort bereits zu «Losen» aufgeschichtet: Ein «Los» ist ein Teilertrag einer Kuh in einem Sommer, ungefähr fünf Käselaibe zu 20–30 Pfund. Der durchschnittliche Ertrag einer Kuh beträgt pro Sommer 5 «Säume» oder 1¼ Los (1 Saum entspricht 200 Liter Milchertrag).

Der Bergvogt hält die traditionelle Ansprache, und anschliessend wird jedem Bauern sein Anteil zugesprochen. Es wird dafür gesorgt, dass älterer, mittlerer und jüngerer Käse möglich gleichmässig gemischt werden. Gerade diese nicht ganz zu umgehenden Ungleichheiten in der Zuteilung der verschiedenen Alter und Qualitäten könnten unter den Bauern zu Differenzen führen. Um dies zu vermeiden, geschieht die Verteilung durch das Los.

Was wir aber bei diesem Käseteilet im Justistal sehen, ist nur die Fassade dieses Brauches. Als Aussenstehende erleben wir das kleine Volksfest, wobei es erfreulich ist zu beobachten, wie sich hier Stadt und Land brüderlich finden und sich gegenseitige Achtung entgegenbringen. Als Abschluss des Käseteilets findet jeweils die Alpabfahrt statt, deren

farbenfrohes Bild mit den bekränzten Kühen uns noch lange in Erinnerung bleiben wird. Darauf kehrt im Justistal wieder für viele Monate die Stille ein, und die Rudel der Gemsen und Steinböcke sind wieder unter sich.

Als Variante zum Käseteilet im Justistal sei die Zettenalp nördlich des Sigriswiler Rothorns genannt. Der Brauch auf dieser Alp in unvergleichlich schöner Lage ist wohl wegen der Abgeschiedenheit und wegen des steilen Aufstiegs dorthin weniger bekannt. Auskünfte gibt ebenfalls der Verkehrsverein Sigriswil.

◼ Auf zur Lüderenchilbi im Napfbergland

Hinreise:
*Mit dem **Zug** bis Langnau im Emmental oder Wasen i. E., dann mit dem **Postauto** bis Lüderenalp: stündliche Extrakurse am Tag der Veranstaltung. Mit dem **Auto** via Langnau i. E. oder Wasen i. E. direkt auf die Lüde-*

Das Los nach getaner Arbeit wird zugeteilt (o.). Ob das fröhliche Fest, die folkloristischen Darbietungen oder ein bisschen Neugier Anlass zum Besuch einer Alpchilbi geben: Alle kommen auf ihre Rechnung (Lüderenchilbi, u.).

*renalp, wobei durch den Massenandrang rasch alle Parkplätze besetzt sind! **Zu Fuss** ab Langnau oder Bahnstation Ramsei (oder Lützelflüh).*

Da die Lüderenchilbi mitten im Sommer – Anfang August – stattfindet, haben Frühaufsteher mit nicht allzulanger Anfahrtszeit durchaus die Möglichkeit, dieses Volksfest als Wandervögel auf prächtiger Route zu erreichen; oder man entgeht auf dem Heimweg in umgekehrter Richtung den talwärts strebenden Massen auf Schusters Rappen. Die kürzere Wanderung aufwärts führt von *Langnau* über *Hohgrat* zur *Ob. Rafrüti* und auf

Ohne Schweiss kein Preis. Aber auch ohne blauen Himmel ist der Schwinget spannend und gibt genauso viel Diskussionsstoff her. Und man drängt sich erst noch mit weniger Besuchern.

die Alp (ca. 2 Std. 40 Min.). Die Strecke mit etwas mehr Höhenunterschied kann von der Bahnstation *Ramsei* aus (auf der Linie Burgdorf–Thun der EBT) unter die Füsse genommen werden. Sie führt über *Bänzenberg–Fluehüsli* ebenfalls zur *Ob. Rafrüti* (ca. 3 Std.).

Der Chronik des Emmentalischen Schwingerverbandes entnehmen wir, dass der Anlass schon 600 Jahre alt ist. Im Jahr 1394 stiftete einer der Freiherren von Trachselwald auf dem westlichen Ausläufer der Rafrüti eine dem hl. Oswald (dem Schutzpatron der Hirten) geweihte Kapelle. Diese Wallfahrtskapelle wurde dann auch Sammelplatz einer sommerlichen Kirchweih. Das war natürlich nicht nur ein geistliches, sondern auch ein weltliches Fest. Nach dem Gottesdienst wurde gegessen, getrunken und wohl auch zu jenen

Zeiten schon geschwungen. In späteren Jahren, man weiss nicht warum, verlegte man die Chilbi von St. Oswald auf die Lüderen.

Der Schwinget ist auch heute noch die Hauptattraktion auf der Lüderen. Wir erleben die tüchtigsten Schwinger des Emmentals und des Entlebuchs, die ihre Kräfte im Sägemehl-Ring messen. Die Trachtengruppe Wasen zeigt hiesige Tänze. Besonders sehenswert sind die farbenprächtigen Trachten, die Alphornbläser und Fahnenschwinger. Eine Ländlerkapelle spielt für alle Festbesucher zum Tanz auf. Und wessen Herz noch mehr Glück begehrt, kann es mit dem beliebten Glücksrad versuchen, was im Kanton Bern «Zwirbele»

genannt wird: Vielleicht trägt er dann einen feinen grossen Lebkuchen davon.

Die Lüderenchilbi bietet ein bemerkenswertes Erlebnis auf dem Dach der Voralpen, von wo aus man in allen Richtungen über das Land hinwegschauen kann: hinüber zum Kettenjura, zu den Gipfeln der Zentralschweiz und des Berner Oberlandes.

Wer sich für weitere ähnliche «Chilbine» im Emmental interessiert, erhält bei den Verkehrsvereinen der Region – insbesondere beim Verkehrsverband Emmental in Langnau, Tel. 035/2 34 34 – entsprechende Hinweise. Es finden in diesem Gebiet von Frühling bis Herbst über 30 derartige Anlässe statt, z. B.: im Mai die

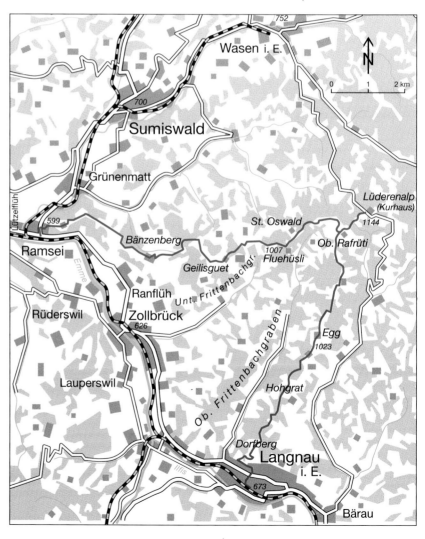

Schonegg-Chilbi (Sumiswald-Wasen), im Juli die Hinterarni-Chilbi (Wasen), die Gabelspitz-Chilbi (Schallenberg) und die Gemmi-Chilbi (Schangnau), im August die Alpenrösli- (Bumbach/Schangnau), die Napf- (Trub) und die Chopfwacht-Chilbi (oberhalb Eggiwil), im September die Hänseliberg-Chilbi (Oberburg) und im Oktober die Chammere-Chilbi (Bärau/Langnau), um nur einige zu nennen.

«Mimili» – Herzklopfen zwischen Jungfrau und Busenalp

Hinreise:
*Mit der **Bahn** bis Lauterbrunnen, dann mit dem **Postauto** bis Stechelberg. Mit dem **Auto** direkt nach Stechelberg.*

Sommer 1813, tief im Talgrund zu Lauterbrunnen, ein Preusse auf der obligaten Schweizerreise. Der Fremde heisst Wilhelm, ist wohlhabender Junker, verdienter Offizier und vor allem – ein drahtiger Schürzenjäger. Mit Erfolg. Wilhelm begegnet «auf der Alpe» der schönen Mimili, macht ihr den Hof und führt sie sicher in den Hafen der Ehe. Süsses Gesäusel eines vergessenen Autors? Gewiss, doch Heinrich Clauren landete mit seinem «Mimili» (1819) einen epochalen Bestseller. Die Geschichte versprach knisternde Erotik in zugeknöpften Zeiten.

Sexy Berner Oberland. Clauren formte zu Fiction, was Reiseschriftsteller als Facts verkauften: die Schönheit und Begehrlichkeit der Schweizer Älplerinnen. Besonderen Eindruck auf die reisenden Herren machte die alpine Tradition des Kiltgangs, wonach das Bauernmädchen seinen Liebsten ohne Aufsicht der Eltern empfangen durfte. Das Kilten, schreibt Hans Peter Treichler in seinem Essay «Sexy Berner Oberland», war den Fremden geradezu ein Leitmythos, ein Sinnbild alpiner Unverklemmtheit, das mit der Legende vom natürlichen Sexualverhalten polynesischer Volksstämme Schritt halten konnte. Hinzu kam

als zweites Faszinosum das philosophische Gewicht der Alpen. Albrecht von Hallers Lehrgedicht «Die Alpen», Salomon Gessners «Idyllen» und Jean-Jacques Rousseaus «Nouvelle Héloïse» hatten die Alpen europaweit zur sittlichen Landschaft erhöht und damit die Bildungsreisen vorgespurt.

Mit Herzklopfen auf die Busenalp. Der preussische Hofrat Heinrich Clauren (1771–1854) kannte seinen Schauplatz. Minutiös beschreibt er in «Mimili» die Anreise durchs Lauterbrunnental. Wenn seine Fährte stimmt, beginnt der Aufstieg in Mimilis Welt in *Stechelberg,* am Fusse der Jungfrau. Clauren führt uns «aus

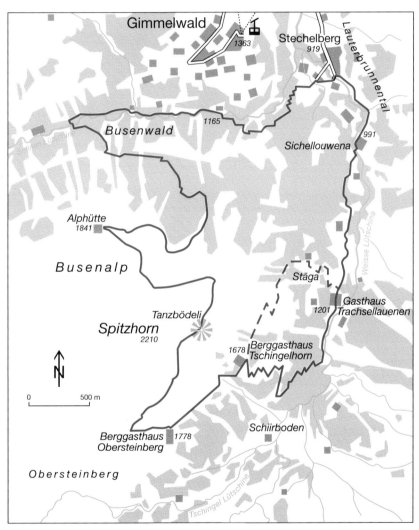

dem Lauterbrunner Tale heraus auf eine herrlich Alpe» – sinnigerweise: die Busenalp. Der Weg, den Wilhelm leicht wie eine Gemse geht, lässt uns das Herz klopfen. In steilen Kehren geht's hinauf ins Tal der Sefinen Lütschine und anschliessend noch steiler quer durch den Busenwald auf die *Busenalp.* Doch oben – keine Fiction, sondern Realität – wartet die einladende Hütte mit dem käsenden Senn. Auch Clauren beschreibt die Hütte auf der Alp. «Sie hatte», lässt er Wilhelm schwärmen, «eine so himmlische Lage, und der Senner war ein so freundlicher Mensch, dass ich mich gleich entschloss, hier zu übernachten.» Tatsächlich ist der Busenalp-Senn ein freundlicher Wirt. Seinen wenigen Gästen serviert er frischen Ziegenkäse aus eigener Produktion, im Winter lehrt er Holländer und Engländerinnen das Skifahren. Wilhelm freilich steht der Sinn nicht nach Ziegenkäse, ihm lacht die Tochter des Hauses – Mimili. Den Kranz der Viertausender im

Rücken und den Duft der Bergwiesen in der Nase gelangt Wilhelm ans Ziel seiner Träume. Dem Lesepublikum bekennt er schmelzend wie ein Raclettekäse: «Da gewältigte mich ihr namenloser Liebreiz, ich umschlang das schöne Mädchen und drückte ihr den ersten Kuss auf die süssen Lippen. Sie aber sank schweigend an meine Brust und lispelte leise: ‹So haben die Alpen noch nie mir geglüht!›». Aus der Hütte dringt gleichförmig das Radio und meldet einen Stau auf der Autobahn.

Bevor wir uns aber wieder in das Getöse des Alltags zurückbegeben, machen wir uns weiter auf den Weg zum aussichtsreichen *Tanzbödeli* und zum *Ober-*

steinberg, von wo wir den Abstieg hinunter ins Tal unter die Füsse nehmen.

Denjenigen, die nun Lust auf die Lektüre haben, sei verraten, dass Heinrich Claurens Werk «Mimili» im Reclam Verlag erschienen ist. Wer möchte, kann sich noch an Wilhelm Hauffs Parodie auf «Mimili» ergötzen – der Erzählung «Der Mann im Monde». Hauff handelte sich übrigens einen Prozess ein, weil er sich erfrecht hatte, sie unter dem Pseudonym H. Clauren herauszubringen!

Zeitbedarf für die Wanderung: 5¾ Std.

 Käseherstellung in Stein im Appenzellerland

Hinreise:
*Mit der **Bahn** bis St. Gallen, dann mit dem **Postauto** über Herisau nach Stein. Mit dem **Auto** nach Stein, das zwischen Hundwil und Teufen über dem Sittertobel gelegen ist.*

Auch am Schiltbach begleiten rauschende Wasserfälle den Wanderer.

Stein auf 814 m ü. M. ist ein hübsches Bauerndorf und zugleich ein klimatisch günstiger Ferienort im höheren Hügelland. Von hier aus haben wir eine wunder-

Beim Anblick solcher Alpbehausungen kann sich ein Besucher ja nur Schönes vorstellen ...

volle Sicht auf den Alpstein mit dem Säntis. Für den Wanderer gibt es Wege zu Aussichtspunkten wie z. B. Hundwiler Höhi, Stechlenegg oder Fuchsenegg und ins Sittertobel.

Im März/April ziehen die Wiesen mit ihren gelben Osterglocken, die unter Naturschutz stehen, die Besucher an. Eine

wie die aus den umliegenden Höfen zusammengetragene Milch gereinigt und dann zuerst in grossen Tanks bei 10° C gelagert wird. Der Appenzeller Käse muss einen Fettgehalt von genau 50% aufweisen; deshalb wird die Milch in der Zentrifuge teilweise entrahmt. Unter ständigem Rühren wird sie im rund 6000 l

trennen, die den Schweinen verfüttert wird. Gerührt und aufgewärmt, erhalten die Käsekörner die richtige Festigkeit. Der «Käsebruch» (= Käsemasse) kommt nun in die Presswanne, wo er zu einem Käseblock vorgepresst wird. Die Sirte wird ausgeschieden. Der Käser schneidet Stücke ab und füllt diese in die bereit-

BLITZ-BLANK

Die moderne Käserei hat mit der rauchigen, dunklen Alpkäsereihütte von anno dazumal nichts mehr zu tun, schon eher mit einem steril herausgeputzten Grosslabor. Eine grosszügig konzipierte Schaukäserei wie diejenige in Stein gewährt den Besuchern zudem einen optimalen Über- und Einblick in das Geschehen. Auch für Gruppenbesichtigungen und für Schulklassen eignet sich deshalb eine solche Anlage hervorragend.

Fahrt nach Stein lässt sich sehr gut mit einem Besuch in der Schaukäserei verbinden. Hier haben wir Gelegenheit, der Herstellung des renommierten Appenzeller Käses beizuwohnen. Von dem neben der Käserei gelegenen Parkplatz gelangen wir direkt auf die Besuchergalerie des Betriebes. Dort sehen wir,

fassenden Käsekessel auf 32° C erwärmt. Danach gibt man das Lab und die Milchsäurebakterien dazu, damit die Gärung des Käses beginnen kann. Schon nach einer halben Stunde ist es soweit. Mit einer Käseharfe zerkleinert man die Masse. Es entstehen maisgrosse Körner, die sich vom wässrigen Teil, der Sirte,

stehenden Formen. Im Abtropfraum bildet sich bereits die Rinde; währenddessen werden die Laibe immer wieder ausgepresst.

Auf der anderen Galerieseite sehen wir hinter Glasflächen das Salzbad und den Käsekeller.

Das Salzbad sorgt für Haltbarkeit, Lagerfähigkeit und Geschmacksbildung des Käses. Im Keller erfolgt dann während fünf bis sieben Wochen die Gärung und Reifung. Dann gelangt der Käse in den Handelskeller. Dort wird der Laib regelmässig mit einer Sulze (Geheimrezept aus Weisswein, Kräutern und Gewürzen) eingerieben, damit er seinen typischen Geschmack erhält. Strenge Kontrollen sorgen für Qualität. Nach fünf Monaten ist der Käse vollständig ausgereift, erst dann gelangt er in den Handel.

Unser Besuch wird durch eine Tonbildschau im Vorführraum (deutscher, französischer und englischer Kommentar) über die einstige und jetzige Käseherstellung vervollkommnet.

Darauf wird uns ein Besuch im angegliederten Restaurant sicher gelegen kommen. Auch besteht die Möglichkeit, im Käsespezialgeschäft Molkereiprodukte zu kaufen. Öffnungszeiten: täglich 8–19 Uhr; Käsefabrikation 9–11 und 13–15 Uhr. Der Eintritt ist frei, grössere Gruppen werden gebeten, sich unter Tel. 071/59 17 33 anzumelden.

Flucht Karls des Kühnen nach der Schlacht bei Murten – ein monumentales Wandgemälde.

Kultur- und Folklorehäppchen durch das ganze Land

In Moudon auf bedeutenden Spuren eines fast vergessenen Schweizers

Hinreise:
*Mit der **Bahn** oder mit dem **Auto** nach Moudon.*

Moudon: Ein Besuch des mittelalterlichen Städtchens im Broyetal lohnt sich zu jeder Jahreszeit. Sehenswert sind die alten Häuser der Oberstadt, die Pfarrkirche St-Etienne, die drei Schlösser und die Museen. Unser Besuch gilt diesmal in erster Linie dem Musée Eugène Burnand.

Eugène Burnand, geboren 1850 in Moudon, studiert Architektur an der ETH Zürich, wendet sich dann aber in Genf an der Ecole des Beaux-Arts der Malerei zu, wirkt als Maler in Paris und Rom. Er lebt abwechslungsweise in Bressonnaz (Waadt), in Fontfroide-le-Haut bei Montpellier und in Italien. Burnand malt im Stil der französischen Feilichtmalerei Darstellungen aus dem schweizerischen Bauernleben und Szenen aus der Schweizer Geschichte. Er ist der erste protestantische Schweizer Maler, der sich umfassend mit der Erneuerung religiöser Kunst beschäftigt. Daneben tritt er auch als Radierer und Buchillustrator hervor. Eugène Burnand stirbt 1921 in Paris.

Als wir vor Jahren das Museum zum ersten Mal besuchten, führte uns ein junger Mann aus dem fernen Anatolien durch die kahlen Säle mit den Gemälden des halbvergessenen Schweizer Malers. Inzwischen ist das Museum erneuert und um einige Werke bereichert worden. Ein Besuch lohnte sich damals … und heute erst recht.

Das Museum befindet sich «au Bourg», auf dem Schlosshügel der Stadt.

Öffnungszeiten:
März bis August
Freitag, Samstag, Sonntag, 14.00–17.00 Uhr.

Auf Voranmeldung auch zu andern Zeiten. Voranmeldung bei Maurice Faucher, Moudon, Tel. 021/ 905 12 17.

Zu stummen und dennoch beredten Zeugen in Solothurn

Hinreise:
*Mit der **Bahn** oder mit dem **Auto** nach Solothurn.*

Der Besuch im Steinmuseum «zu Kreuzen» ist ein Gang durch die Jahrhunderte, Jahrtausende, Jahrmillionen …

Die Jahrhundertgeschichte: Sie führt uns in die Zeit, da der legendäre Solothurner Stein in zahlreichen Steinbrüchen rund um die Stadt abgebaut wurde; sie berichtet über das alte Steinhauergewerbe, zeigt alte Messwerkzeuge, Brecheisen, Hebe-

Die Jahrtausendgeschichte: Nun, die Reinheit des Solothurner Steins wurde nicht erst in den letzten Jahrhunderten entdeckt. Schon die Römer kannten und schätzten die Eigenschaften des Jurakalkgesteins, brachen ihn aus dem Berg, bauten mit ihm.

Die Jahrmillionengeschichte: Der Jurakalk entstand lange vor dem Auftritt des Menschen. Gebirge und Epoche tragen den gleichen Namen: Jura. Der erdgeschichtliche Zeitraum zwischen Trias und Kreide reicht zurück ins Erdmittelalter, in die Zeit vor 175 bis 125 Millionen Jahren. Von dieser Epoche, von der Entstehung des Jurakalksteins, berichten zahllose Fossilien: Schnecken, Ammoniten,

Auf Voranmeldung auch zu andern Zeiten. Voranmeldung bei Markus Hochstrasser, Konservator, Tel. 065/21 25 93 oder 065/22 71 45.

Stein am Rhein: Die Puppen von der Schwarzhorngass

Hinreise:
*Mit der **Bahn** oder mit dem **Auto** direkt nach Stein am Rhein. Besonders schön ist eine Fahrt mit dem **Schiff** auf der Linie Schaffhausen–Kreuzlingen!*

Ausdrucksstark: Puppen für das Theater.

ES KNARRTE AN ALLEN ECKEN UND ENDEN
Mit diesen schweren Holzwagen wurde früher der Solothurner Stein transportiert. Besonders auffällig sind die breiten, mit Eisen bereiften Speichenräder.

vorrichtungen, schwere Wagen, mit welchen der über die Grenzen hinaus berühmte «Solothurner Marmor» transportiert wurde.

Es ist die Geschichte von Menschen, die ihr Brot mit dem Stein verdienten, ihn brachen, bearbeiteten, ihm Form und Gestalt abrangen.

Muscheln, Seeigel, Haifisch- und Krokodilszähne – stumme und doch beredte Zeugen unermesslicher Zeiten …

Das Museum befindet sich im Westtrakt des Restaurants «zu Kreuzen» am Nordrand von Solothurn.

Öffnungszeiten:
sonntags 14 bis 17 Uhr.

Der Titel tönt anzüglich, ist es aber nicht. An der Schwarzhorngasse 136, im sagenumwobenen «No-e-Wili»-Haus, wohnen rund vierhundert Leute in zwei Stockwerken, ohne Gedränge, Herren und Damen, Frauen und Männer, Junge und Alte. Sie hausen in stilgerechter Umgebung, in braven Bürgerstuben und eleganten Salons, in Küchen, Badezimmern, Schulstuben; sie arbeiten, ruhen, kochen, essen, spielen, baden, machen Toilette, gehen auf Reisen …

Sie kleiden sich in Samt und Seide, in Sack und Drilch, immer passend, immer ihrem Tun, ihrem

Stand, ihrer Zeit angemessen, und diese Zeit reicht von Empire bis Jugendstil, von Biedermeier bis Moderne …

Gesichter aus Porzellan, Holz, Kunststoff, Papiermaché, aus grobem und feinem Gewebe, ernste Gesichter und heitere, lustige, traurige, schelmische, verschmitzte, tolpatschige, anmutige …

Künstler und vor allem Künstlerinnen haben diesen Wesen die Illusion einer Seele, die Illusion des Lebens eingehaucht; und so schauen sie uns an, erzählen stumm beredt von ihrer Zeit. Die Zauberwelt dieses Puppenreichs *verzaubert,* die Kleinen staunen und die Grossen werden wieder klein …

Das Museum befindet sich in der Altstadt, Schwarzhorngasse 136, «No-e-Wili»-Haus.
Öffnungszeiten:
Mitte April bis Mitte Oktober Dienstag bis Sonntag, 11 bis 17 Uhr, Tel. 054/41 39 66.

Auffahrtsumritt im luzernischen Beromünster

Hinreise:
*Direkt mit dem **Auto** nach Beromünster oder mit dem **Postauto** von den Stationen Sursee bzw. Beinwil (Versuchsbetrieb) aus, wohin man mit der **Bahn** gelangt.*

Der hübsche historische Marktflecken Beromünster ist schon wegen seiner Anlage sehenswert; darüber hinaus besitzt er im Stiftsschatz des Chorherrenstifts St. Michael eine Sehenswürdigkeit von europäischer Bedeutung. Eine weitere Attraktion bietet das sogenannte Schloss, in

TRADITIONS-REICH
Entgegen vielen anderen Bräuchen, die überraschenderweise oft erst eine relativ junge Tradition haben, blickt der Auffahrtsumritt von Beromünster auf eine über 480jährige Tradition zurück. Er ist aus der Verbindung des schollenbezogenen weltlichen Bannumritts mit wichtigen religiösen Elementen entstanden.

dem ein beachtenswertes Ortsmuseum eingerichtet ist. Wir finden hier unter anderem die erste Buchdruckerei der Schweiz (ältester datierter Schweizer Druck von 1470), eine reichhaltige Sammlung alter Jasskarten, be-

maltes Geschirr und eine schöne Sammlung alter Musikinstrumente. Beromünster liegt zudem in einer lieblichen Landschaft, in der es sich herrlich wandern lässt.

Der Auffahrtsumritt ist für das kleine Beromünster jeweils ein grosses Fest. In der Chronik steht, dass früher die Beteiligung am alten Ritus eher bescheiden war. 1509 beschlossen die «Münsterer», anstelle des traditionellen Bannumrittes eine feierliche Prozession mit dem heiligen Sakrament und einer Predigt abzuhalten. Dieser Gedanke fand Anklang. Im Laufe der Jahrhunderte vergrösserte sich die Prozession. Heute ist sie ein einzigartiges Erlebnis. Den Weg (18 km) säumen Herrgottsäste (grüne Buchenzweige). Sie bezeichnen den Triumphweg des Herrn. Bei den Häusern sehen wir kleine Hausaltärchen und brennende Kerzen auf den Fensterbänken, denn die Prozession beginnt um 5 Uhr morgens. Laut betend ziehen die Pilger von der Pfarrkirche St. Stephan weg. Der Zug gruppiert sich wie folgt: voraus Kavalleristen mit gezogenem Säbel, gefolgt vom Stiftsweibel im roten Mantel und Träger des St.-Stephan-Stabes im blauen Mantel. Dragoner führen die Stiftsstandarte, gefolgt von einem berittenen Musikkorps. Dann Reiter mit einem Kreuz, die Kirchenräte in blauen Ehrenmänteln. Unter einem von vier rotgekleideten Reitern getragenen Baldachin schreitet der Pfarrer von St. Stephan im festlichen Rauchmantel.

Unterwegs werden bei vier Triumphbögen Ausschnitte aus den vier heiligen Evangelien gelesen, wie dies Brauch ist beim Fronleichnamsfest. In Rickenbach wird der Gottesdienst abgehalten. Bevor sich der feierliche Zug wieder in Bewegung setzt, nehmen die Teilnehmer ein

Mittagsmahl ein. Erst um 14.00 h kehrt die farbenprächtige Prozession ins festlich geschmückte Beromünster zurück. Unter dem grössten Triumphbogen, mitten in Beromünster, hält sie an, und unter dem Geläute der Pfarr-glocken und der Stiftsglocken gibt der Pfarrherr den feierlichen Segen. In der Stiftskirche wird das festliche Stundengebet, die Non, gesungen, und mit dem Auffahrtssegen geht die traditionelle Prozession zu Ende.

GRUSS AUS FERNER ZEIT

Die Mannen schreiten schweren Schrittes im Gedenken an die rauhen Sitten früherer Jahrhunderte voran ... während es die Jugend eher dorthin zieht, wo es «chlöpft und tätscht» – vielleicht wie ehedem?

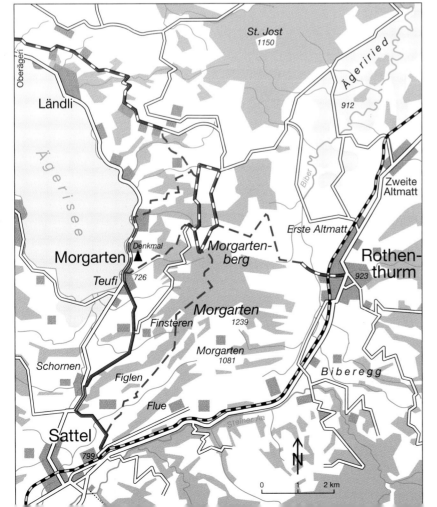

Morgarten beim Ägerisee: Schlachtfeier und Schützenfest

Hinreise:

*Mit dem **Auto** direkt nach Morgarten. Mit der **Bahn** nach Sattel und dann mit dem **Postauto** nach Morgarten, oder mit dem Postauto ab Zug via Oberägeri. **Zu Fuss** ab Sattel.*

Alljährlich findet am Tag vor St. Otmar (am 15. Nov.) am Morgarten die traditionelle Schlachtfeier statt. Wichtigster Bestandteil ist das von der Schützengesellschaft Zug und dem Unteroffiziersverein Schwyz organisierte Morgartenschiessen. Nur legitimierte Vereine dürfen daran teilnehmen. Man zählt heute ungefähr 1200 Pistolenschützen und beinahe 1500 Schützen mit Karabiner und Sturmgewehr.

Schon beim Morgengrauen sehen wir die ersten Wettkämpfer antreten. Die Trophäen sind heissbegehrt.

Um 10.30 h erfolgt der Abmarsch der zivilen und militärischen Behörden sowie der Vereinsdelegationen nach Schornen. Anschliessend findet der Feldgottesdienst bei der Schlachtkapelle am Morgarten statt. Der Ortspfarrer verliest hier zum Andenken den Schlachtbrief. Was natürlich an dieser Stelle nicht fehlen darf, ist eine vaterländische Ansprache, die abwechslungsweise in einem Jahr von einem Regierungsrat aus Zug und im anderen Jahr von einem Regierungsrat oder dem Bezirksammann aus Schwyz gehalten wird.

Danach geht der Schützenbetrieb weiter. Am späteren Nachmittag tagt in der Schützenhalle die Morgarten-Schützengemeinde, wobei die besten Schiessresultate bekanntgegeben werden.

In der Nacht vom 14. zum 15. November 1315 rückte die Reiterkolonne Herzog Leopolds von Österreich durch das Ägerital gegen Schwyz. Eine Warnung über den Grenzwall: «Hütet Euch am Morgarten» veranlasste die Schwyzer und ihre Helfer, in der natürlichen Deckung der das Tal einengenden Geländerippen der Finsteren und der Figlen in Stellung zu gehen. Als dann die eidgenössischen Naturburschen die Gunst der Gegend ausnützten und Steine den Abhang hinunterschleuderten, scheuten die Pferde der Österreicher und suchten vergeblich einen Ausweg – der Schlamassel war perfekt und das Gemetzel konnte stattfinden.

Ein Besuch bei Morgarten ist besonders auch in Verbindung mit einer reizvollen Wanderung möglich, sei es bei schönem Herbstwetter am Tag der Feier, sei es bei anderer Gelegenheit, besonders in der wärmeren Jahreszeit, wenn vielleicht noch ein Bad im See möglich ist. Empfehlenswert ist z. B. eine Höhenwanderung über den Morgartenberg nach Oberägeri, Rothenthurm oder Sattel.

Auskünfte jeglicher Art erteilen gerne das Verkehrsbüro 6315 Oberägeri, Tel. 042/72 24 14, und der Verkehrsverein 6417 Sattel, Tel. 043/43 11 44.

Tessiner Risottata: zum Beispiel in Bellinzona

Hinreise:

*Mit **Auto** oder **Bahn** nach Bellinzona. Auch die anderen Destinationen, wo eine Risottata stattfindet, können wahlweise auf die eine oder andere Weise erreicht werden.*

Das öffentliche Risottoessen, die Risottata, findet an vielen Orten im Tessin statt, z. B. in Bellinzona – dessen Besuch hier speziell vorgesehen wird –, in Lugano, Locarno, Ascona, Chiasso, Brissago (Makkaroniessen), in Tesserete, Ponte Tresa, Caslano, Morbio usw. Die Risottata in Bellinzona findet jeweils am letzen Fasnachtstag (Dienstag) im Monat Februar statt. Genaue Auskünfte erteilen Ihnen gerne: Ente Turistico di Bellinzona, Palazzo Municipale, 6500 Bellinzona 1, Tel. 092/25 21 31, oder Ente Ticinese per il Turismo, Via Lugano 12, 6501 Bellinzona, Tel. 092/ 25 70 56.

Für die anderen Orte erkundige man sich bei den jeweiligen Verkehrsvereinen, denn die Essen finden nicht alle an demselben Tag statt.

Die Risottata ist öffentlich: Die Speise wird gratis abgegeben – oder ein allenfalls erhobener bescheidener Preis ist für wohltätige Zwecke bestimmt. Ursprünglich war die Risottata selbst eine wohltätige Veranstaltung.

Ende des 19. Jahrhunderts war der Reisanbau eine der Haupteinnahmequellen der Bevölkerung der Magadino-Ebene. Der Reis bildete einen wichtigen Bestandteil der Nahrung, war beliebt und für jedermann erschwinglich. Unter der Herrschaft der Mailänder ist der Risotto alla milanese (Safranreis) weltweit bekannt geworden. Später wurde er von den Tessinern übernommen, verfeinert

und wird heute mit Tessiner Würstchen serviert.

Was wir an dieser Risottata erleben, ist ein richtiges Volksfest. Über der Piazza in Bellinzona liegt ein herrlicher Duft. Die weissgekleideten Köche rühren mit langen Kellen in den überdimensionierten Kochkesseln über dem Kohlefeuer. Eifrig wird nicht nur gerührt, sondern auch probiert. Aus einem der Kochkessel riecht es «verdächtig» nach den feinen Tessiner Knoblauchwürsten. Nachdem wir unsere Portion gefasst haben, nehmen wir auf einer Bank an den langen Holztischen Platz. Zusammen mit dem purpurroten Wein geniessen wir den herrlichen, safrangelben Reis und die Luganighe.

Zur Unterhaltung spielen Volksmusikanten stimmungsvolle Weisen aus dem Tessin. Darüber hinaus werden noch verschiedene Spiele veranstaltet. Die Atmosphäre ist sehr schwer zu beschreiben – man kann es nicht schildern, man kann es nur erleben!

VORAHNUNG

Die Tage beginnen länger zu werden, und die Sonne schenkt schon häufiger und verstärkt ihre Kraft: Man trifft sich bei der Risottata nach der «Winterstarre» wieder draussen und freut sich schon auf die kommenden geselligen warmen Tage unter freiem Himmel.

Als sich die Musik selbständig machte: Musikspielautomaten im Museum von L'Auberson VD

Hinreise:
Mit dem **Auto** *direkt nach L'Auberson, das am Col des Etroits auf der Strecke von Ste-Croix nach Pontarlier liegt.*

Im Museum machen wir Bekanntschaft mit einer aussergewöhnlichen Sammlung von rund 50 alten Musikspielautomaten. Die Raritäten können bei einem etwa 1 Std. dauernden Rundgang, der durch zwei Säle führt, betrachtet und in voller Aktion erlebt werden.

Einige Beispiele:

Die um 1770 in Mirecourt (Vogesen) hergestellte Vogelorgel, die dem Zweck diente, den Vögeln das Singen beizubringen, ist das älteste Stück der Sammlung.

Auf die Idee, die mit Hämmern und Hammerglocken versehenen Glockenspiele durch vibrierende Stahlzungen zu ersetzen, kam im Jahr 1796 der Genfer Uhrmacher Antoine Favre. Die ausgestellte Musikdose mit Walze wurde zwischen 1810 und 1820 in Genf gebaut. Die heutigen Musikdosen werden noch nach dem gleichen Prinzip erstellt.

Der Bahnhof-Musikautomat der Gebrüder Mermod von Ste-Croix entstand 1890. Mit 10 Rappen konnte man den in Wartesälen aufgestellten Apparat in Gang bringen (heute noch z. B. im Bahnhof Thun, mit 20 Rappen). Zu einer Melodie tanzten Puppen, so dass die Reisenden die Wartezeit angenehm unterhalten verbringen konnten.

Das italienische Piano melodica (1890) ist ein bemerkenswertes Saiteninstrument. Lochkarten betätigen mit Filz überzogene Hämmer, die fünfzehn- bis zwanzigmal in der Sekunde auf die Saiten schlagen.

Aussergewöhnlich ist auch die Serie von französischen Automaten, die zwischen 1870 und 1900 erstellt wurden. Lustig sind zum Teil ihre Namen: «Bauer lehrt sein Schwein, die Trüffel zu finden» (Paris 1880), «Krach zwischen Schuster und seiner Frau» (1880) und «Pierrot im Mondschein».

In prächtigen authentischen Kostümen präsentieren sich der Trompeter und der Claironbläser (1820).

Ein Klavier und drei Geigen sind in der «Phonolist Violina» vereinigt, einem Instrument, das um 1925 in Leipzig gebaut wurde.

Öffnungszeiten: Jeden Sonntag 9–12 und 14–18 Uhr. Während der Ferienzeit (Anfang Juli bis Mitte September) auch werktags 14–17 Uhr.

Für Gruppen ab 10 Personen sind spezielle Führungen möglich.

Auskünfte: Musée Baud S.A., Tel. 024/61 24 84 oder 024/61 27 63.

Ins Reich zauberhafter Klänge: Musikautomaten-Museum Seewen SO

Hinreise:

*Mit der **Bahn** nach Laufen oder Grellingen und **zu Fuss** (Vorschlag) oder mit dem **Postauto** nach Seewen. Seewen erreicht man auch mit dem **Auto** von Liestal, vom Passwang oder vom Oberen Hauenstein aus.*

Das Musikautomaten-Museum in Seewen (Kanton Solothurn) erreichen wir zu Fuss durch das Schwarzbubenland, den nach Basel ausgerichteten Teil des Solothurner Juras. Unsere Wanderung beginnt im hübschen Städtchen *Laufen,* führt über Wiesen, an Obstbäumen vorbei, durch Buchen- und Tannenwälder und ein romantisches Bachtal. Am Horizont grüssen ferne Hügelketten. Über Feldwege gelangen wir vorerst zur Bahnstation *Zwingen.* Hier wählen wir den Weg entlang der Birs und dem Bahndamm oder steigen leicht hinan durch den Buchenwald. Beide Routen sowie auch die abgekürzte Wanderroute ab *Grellingen* führen uns zum *Chessiloch.* Farbige Wappen und Bilder erinnern an Kriegszeiten, als das Chessiloch, am Eingang des Chaltbrunnentals, militärisch streng bewacht wurde. Wir wandern durchs Chaltbrunnental und freuen uns über den breiten Bach, der über einige Kilometer

Vielleicht werden beim Betrachten solcher Orchestrionromantik leise Erinnerungen an die frühe Jugendzeit wach, als man das erste Mal wie ein König hoch zu Ross auf einem Rösslikarussell ritt? Die «Barock-Orgel» im Bild stammt aus einer der ehemals grössten Drehorgelfabriken der Welt von *Wilhelm Bruder Söhne* in Waldkirch: Das Gebiet um Freiburg i.Br. war bis zur Wirtschaftskrise 1923 das Weltzentrum für den Bau von «Chilbiorgeln». Die frühesten Instrumente liefen übrigens mit Dampfantrieb!

frei und unverbaut durch ein stilles Waldtälchen fliesst und sich zwischen grünbewachsenen Steinbrocken hindurch seinen Weg sucht. Zwischen Bäumen und Felsen entdecken wir zahlreiche Farnarten. Liebliche Plätzchen laden zum Picknick, Feuermachen oder ganz einfach zu

TANZ UND MUSIK gehören zusammen: auch bei dieser Walzenorgel, wo sich die unter dem Deckel montierten Figürchen beim Spielen im Kreis drehen. Bis zum Ersten Weltkrieg wurden solche Instrumente den Kriegsversehrten von Drehorgelverleihern zur Verfügung gestellt.

Seewen, ein stattliches Dorf mit währschaften Satteldachhäusern und einer prächtigen Barockkirche. Die Wanderung ab Laufen dauert rund 5 Std., ab Grellingen 3 Std. 30 Min.

Ein Wegweiser zeigt uns den Weg zum Musikautomaten-Museum, der weltweit grössten Sammlung mechanischer Musikinstrumente. In dieser Aussenstelle des Schweizerischen Landesmuseums betrachten wir mit Staunen – und hören! – grosse und kleine Spieldosen, Walzen- und Plattenspieldosen, Drehorgeln, Orchestrions, singende Vogelkäfige, Leierkästen, Kirchweihorgeln, Klaviere und Flügel mit automatischem Spiel, bewegliche Puppenspielwerke und Figurenautomaten und die grösste fahrbare Konzertorgel der Welt. In rund 300 Musikautomaten zeigt sich eindrückliche musikalische Handwerkskunst des 18. bis 20. Jahrhunderts.

einer kleinen Rast. An den steilen Hängen über dem Tal sind – vorzugsweise mit Taschenlampe und Seil – prähistorische Höhlen zu erforschen.

lohnt die Mühe: In Himmelried geniessen wir eine grossartige Aussicht über bewaldete Hügel bis zum Juraübergang Passwang. In einem obstbaumbestandenen

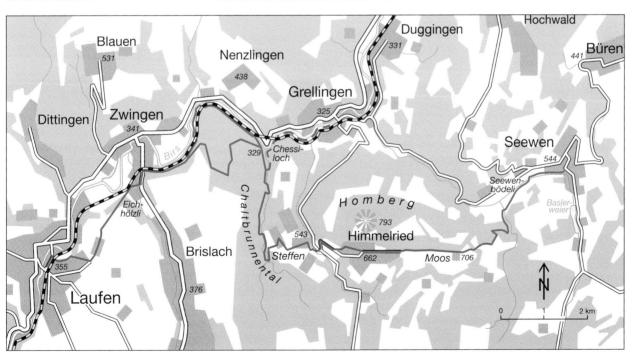

Wir verlassen die Waldschlucht etwa in ihrer Mitte und folgen der Asphaltstrasse hinauf nach *Himmelried.* Der steile Aufstieg

Wiesentälchen wandern wir dem Waldrand entlang ins *Moos,* steigen ab in die grüne Ebene des *Seewenbödeli* und erreichen

Kulturhistorisch besonders interessant sind die Spieldosen, wurden sie doch 1796 von einem Genfer Uhrmacher erfunden. Die zierlichen, kunstvollen und aufwendigen Instrumente ertönen aus reichverzierten Schatullen, Uhren und Tabakdosen, stellen ein Karussell oder gar eine ganze Theaterszene dar.

Die zauberhaften Klänge noch im Ohr und die schreitenden und tänzelnden Figuren noch vor Augen, treten wir im Postauto die Rückfahrt an. In Grellingen steigen wir um auf den Zug; ein ereignisreicher Tag klingt aus.

Öffnungszeiten des Musikautomaten-Museums: Anfang März bis Mitte Dezember, Dienstag bis Samstag 14.00–16.00 Uhr. Eintritt: Erwachsene Fr. 7.–, Kinder Fr. 4.–. Das Museum kann nur unter Führung – Dauer rund 1 Std. – besichtigt werden. Die Führungen beginnen alle 20 Min.

ten auf den Ballenberg versetzt. Die dreizehn Gebäudegruppen liegen in Waldlichtungen und sind jeweils einem geographischen Raum zugeordnet – z. B. Zentralschweiz, Berner Oberland, Jura oder Tessin. Insgesamt rund 80 Bauernhäuser und Nebengebäude aus unterschiedlichen Zeitepochen vermitteln ein repräsentatives Bild unserer bäuerlichen Vergangenheit. Die Bauten sind bis ins Detail mit originalen Möbeln und Gebrauchsgegenständen ausgestattet – in der Küche brennt das Feuer, der Tisch ist gedeckt, als würden die Bewohner in wenigen Minuten von der Feldarbeit zum Essen heimkehren. Diese und zahlreiche andere authentische Darstellungen des früheren ländlichen Arbeitslebens vermitteln Einblick in die vielschichtigen sozialen und wirtschaftlichen Verhältnisse der vergangenen Jahrhunderte. Jahrhunderte, die auch in alten Arbeitsabläufen, in vergessenen Handwerkszweigen wiederaufleben: In der Dorfschmiede wird gehämmert, im Haus nebenan dreht eine Töpferin ihre Teller und Krüge, ein Korbflechter widmet sich seinem Handwerk, in der Alpkäserei sind Ballenberg-Mutschli am Entstehen ...

Gepflegt werden auch Feld und Stall. In den Bauerngärten, Wiesen und Feldern gedeihen epochen- und regionaltypische Blumen, Kräuter, Gemüsesorten,

Vom Kräutergarten zum Bauernhaus: Freilichtmuseum Ballenberg bei Brienz

Hinreise:
*Mit dem **Auto** zum westlichen Eingang bei Hofstetten oder zur östlichen Zufahrt bei Brienzwiler. Mit der **Bahn** oder mit dem **Schiff** nach Brienz und von dort mit dem **Postauto** nach Hofstetten oder Brienzwiler.*

Im Berner Oberland liegt in einem parkartigen Gelände zwischen Brienzersee und Brünigpass «der Ballenberg», das schweizerische Freilichtmuseum für ländliche Bau- und Wohnkultur. Auf dem 80 ha grossen, durch Spazierwege erschlossenen Gelände sind charakteristische Bauernhaustypen aus allen Regionen und allen vier Sprachkulturen unseres Landes zu besichtigen. An ihrem ursprünglichen Standort gefährdet, wurden die Bauten als Zeugen früherer Zei-

Führungen und Handwerkvorführungen lassen die Zeit im Flug vergehen ...

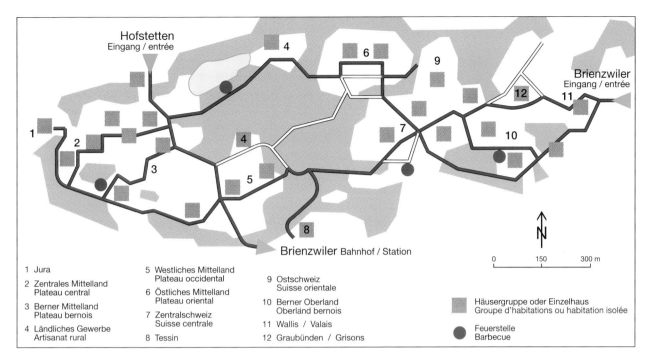

Hofstetten
Eingang / entrée

Brienzwiler
Eingang / entrée

Brienzwiler Bahnhof / Station

N

0   150   300 m

1 Jura
2 Zentrales Mittelland
   Plateau central
3 Berner Mittelland
   Plateau bernois
4 Ländliches Gewerbe
   Artisanat rural

5 Westliches Mittelland
   Plateau occidental
6 Östliches Mittelland
   Plateau oriental
7 Zentralschweiz
   Suisse centrale
8 Tessin

9 Ostschweiz
   Suisse orientale
10 Berner Oberland
    Oberland bernois
11 Wallis / Valais
12 Graubünden / Grisons

Häusergruppe oder Einzelhaus
Groupe d'habitations ou habitation isolée

Feuerstelle
Barbecue

GIFT-PFLANZEN UND HEIL-KRÄUTER

Die alten Hausmittelchen sozusagen im Rohzustand gibt es im Kräutergarten zu entdecken. Dabei wird es uns erstaunen, von wie vielen Pflanzen wir nichts über ihre Heilkraft wissen, selbst wenn uns die Pflanzen an und für sich bekannt sind.

verband realisierten Heilkräutergarten. Auch einen Getreide- und einen Unkräutergarten des Schweizerischen Bundes für Naturschutz gibt es zu besichtigen.

Veranstaltungen wie Brächete, Ballenberg-Stubete, Schur- und Wolletage, Sichlete und «Buchen und Glandrieren – Waschtag von anno dazumal» bereichern den

Einheit von Haus und Garten.

Obstbäume sowie heute unbekannte oder ausgerottete Gräser, Getreidesorten und Unkrautarten. Neben dem Appenzeller Kreuzfirsthaus picken die seltenen Appenzeller Spitzhaubenhühner Körner und Würmer, auf der Wiese weiden Rätisches Grauvieh, Eringer Kühe, Pfauenziegen, wollhaarige Weide-

schweine und diverse Schafrassen. Die Haltung der kaum mehr bekannten oder fast ausgestorbenen Haustierrassen besorgen ausgebildete Landwirte.

Im weiteren beherbergt der Ballenberg das Brotmuseum des Schweizerischen Bäckermeisterverbandes sowie den in Zusammenarbeit mit dem Drogisten-

Museumsbesuch. Die Restaurants «Alter Bären» (Eingang Hofstetten), «Wilerhorn» (Eingang Brienzwiler) und «Alter

Degen» (Gebäudegruppe Zentralschweiz) sorgen für das leibliche Wohl der Gäste. Zudem stehen mehrere Picknickplätze mit Feuerstellen und ein Kinderspielplatz zur Verfügung.

Öffnungszeiten: 15. April bis 31. Oktober, täglich 10.00–17.00 Uhr. Erwachsene Fr. 12.–, Kinder Fr. 6.–. Geführte Rundgänge (2 Std.) in zahlreichen Sprachen nach Voranmeldung. Besuch der Gebäudegruppen mit Pferdekutsche möglich. Rollstuhlgängiger Rundgang ab Eingang Hofstetten.

Auskünfte: Tel. 036/51 33 66 und 036/51 11 23 (Sekretariat).

Die Schweiz entstand im Holozän: Altmauerromantik und Neuzeit

Römische Atmosphäre in Avenches

Das mittelalterliche Landstädtchen Avenches liegt auf einem Hügel südlich des Murtensees in einer waadtländischen Enklave des Kantons Freiburg. Vor der Römerzeit lag wahrscheinlich der Hauptort des keltischen Stammes der Helvetier zwischen Neuenburger und Murtensee auf dem Mont Vully. Aventicum, die spätere Hauptstadt des römischen Helvetiens, wurde vermutlich kurz vor unserer Zeitrechnung zur Zeit von Kaiser Augustus gegründet. Der Aufstieg begann, als im Jahre 70 n. Chr. Kaiser Vespasian die Stadt in den Rang einer Kolonie erhob und ausgediente römische Soldaten ansiedelte. Innerhalb der 5,7 km langen Ringmauer auf einer Fläche von rund 263 ha lebten in Glanzzeiten ungefähr 20 000

Menschen. Aventicum wurde durch Alemanneneinfälle in den Jahren 259/60 und 354 fast vollständig zerstört. Die Stadt erholte sich nie mehr, und im Mittelalter zog sich die Bevölkerung auf den nahen Hügel zurück. Die römischen Ruinen wurden nun als Steinbruch verwendet, und erst im 20. Jahrhundert konnte der Zerstörung dieser so wertvollen Baudenkmäler Einhalt geboten werden. Heute ist Avenches eine reizende mittelalterliche Kleinstadt mit einem sehenswerten Schloss, umgeben von einer Mauer und 3 Rundtürmen.

Unseren Rundgang beginnen wir mit dem Besuch des Römischen Museums, das sich im mittelalterlichen Turm über dem Amphitheater befindet. Das Museum beherbergt eine aussergewöhnliche Sammlung von Gegenständen wie Münzen und Waffen sowie Fresken und Mosaiken, die alle aus dem römi-

Die prächtige Anlage des Amphitheaters in Avenches spricht für sich: Sie widerspiegelt die Bedeutung von Aventicum zur Römerzeit.

schen Aventicum stammen. Die wegen des alemannischen Angriffs im Jahr 260 durch die Römer im Abwasserkanal versteckte Goldbüste des Kaisers

Mark Aurel befindet sich im Musée cantonal d'archéologie in Lausanne; in Avenches ist eine Kopie aufgestellt. Das Amphitheater – das beste noch erhaltene der Schweiz – fasste ungefähr 8000 Zuschauer.

200 m weiter nördlich sehen wir die Fundamente eines Tempels. Gleich über der Strasse ragt stolz ein fast 12 m hoher Eckpfeiler eines grossen Tempels in die Höhe, Cigognier genannt (Storchensäule).

Den römischen Abwasserkanälen entlang wandern wir zum ehemals 10 000 Zuschauer fassenden und 106 m breiten Theater. Ein Feldweg führt zum Osttor, einem Überbleibsel der ursprünglich 73 halbrunde Tür-

me aufweisenden Ringmauer. Vom einzig noch bestehenden Turm, dem Tornallaz, geniessen wir einen schönen Ausblick auf die nähere Umgebung. Wir wenden uns wieder Avenches zu und besuchen die Thermen. Sichtbar sind noch das Kaltwasserbad (Frigidarium) mit Wasserkanal und der Wärmeraum (Caldarium). Nicht weit von Avenches, in Richtung Bern, liegt die sehenswerte mittelalterliche Stadt Murten, die uns mit dem prächtigen Schloss, der Altstadt und dem See zu einem weiteren Besuch einlädt.

Das Römische Museum ist geöffnet 9–12 und 13–17 Uhr, Nov.–März, Di geschlossen. Auskunft über Tel. 037/75 17 27.

HISTORI-SCHER REICHTUM

Die römische Stadt Aventicum erreichte ihre Blütezeit unter Kaiser Vespasian (69–79 n.Chr.), der einen Teil seiner Jugend hier verbracht haben soll. Hinter dem römischen Amphitheater erkennt man auch das prächtige Schloss (o.), das zur mittelalterlichen Stadt gehört und bis 1535 bischöfliche Residenz war. Unten: Blick ins östlich der Stadt gelegene römische Theater.

Auf den Spuren römischer Legionäre: Augusta Raurica

Hinreise:
*Augst liegt an der Strecke Basel–Rheinfelden und kann per **Bahn** oder mit dem **Auto** gut erreicht werden.*

44 v. Chr. durch den römischen Feldherrn Munatius Plancus gegründeten Stadt Augusta Raurica. Wie in Aventicum (dem heutigen Avenches) wurden hier römische Legionäre im Ruhestand angesiedelt. Im Maximum lebten um die 10 000 Menschen in der Stadt. Nach dem Überfall der Alemannen 259 n. Chr. – die Stadt wurde dabei fast vollständig zerstört – zog sich die Bevölkerung ans Rheinufer zurück und baute eine neue befestigte Siedlung, das heutige Kaiseraugst. Augusta Raurica wurde nie mehr aufgebaut und diente lange Zeit als Steinbruch.

Unseren Rundgang beginnen wir im Museum, zu dem auch ein nachgebildetes römisches Wohnhaus gehört. Das sehenswerte Museum enthält Funde aus der und Tassen sowie viele Münzen und Medaillen enthält. Wahrscheinlich wurde das kostbare Gut während der Kriegswirren um 350 n.Chr. vergraben.

Gleich beim Museum steht das 8000 Zuschauern Platz bietende halbkreisförmige Theater. Noch heute werden hier gelegentlich Aufführungen inszeniert. Ein Fussweg führt zum Marktplatz (Forum), zur Gerichts- und zur Markthalle (Basilica). Hier finden wir Überreste einer rund 10 m hohen Stützmauer mit einem Rundturm. Nördlich der Basilica steht ein rekonstruierter römischer Wohnturm mit zugehörigem Zentralheizungssystem.

Rechts von den Tempelanlagen beim Theater sehen wir einen Teil eines Aquäduktes, über den das Wasser kilometerweit zur

Wenn Mauersteine sprechen könnten! Das Wissen um die Stürme der Zeit, die an ihnen vorbeibrandeten, fasziniert uns. Der Weg von der ersten Zweckbestimmung zur Römerzeit bis zum Vergnügungsbesuch heute ist wahrlich weit.

Vor den Römern bewohnten die keltischen Rauriker das Gebiet um Augst.

Von diesem Volk stammt auch der Name der um das Jahr Römerstadt und Modelle von einzelnen Stadtteilen. Eindrücklich ist auch der «Silberschatz von Kaiseraugst», der ein silbernes Tischservice mit Löffeln, Platten Stadt geführt wurde, um durch Klärbecken und Bleiröhren auf die einzelnen Gebäude verteilt zu werden. Das Abwasser wurde durch ein Kanalisationssystem in

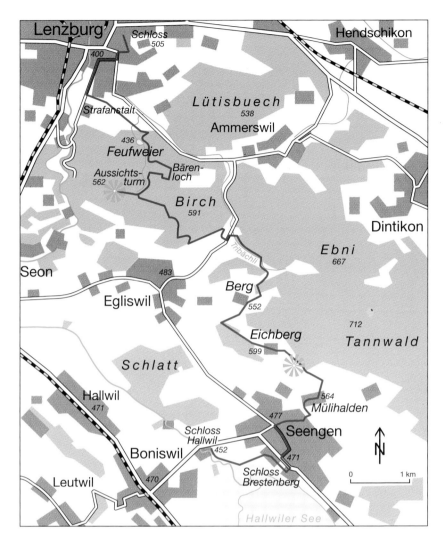

einer Urkunde erwähnt. Der älteste Teil der Burg auf der hinteren Insel, der massive Hauptturm, wurde Anfang 13. Jh. erstellt. Mit der Zeit wurden auch die anderen Holzgebäude durch Steinbauten ersetzt. 1369 schlossen die vier Söhne von Johannes I. einen Vertrag ab, damit der Besitz immer in der Familie bliebe. Das Schloss war denn auch bis ins 20. Jh. ihr Stammhaus.

Ein bekannter Hallwiler war Hans v. Hallwil (1434–1504), der mit den Eidgenossen in Grandson und Murten, wo er die Vorhut führte, erfolgreich gegen die Burgunder kämpfte. Walter v. Hallwil (1839–1921) und seine kunstbegabte schwedische Gattin Wilhelmina Kempe (1844–1930) renovierten während 13 Jahren mit eigenen Mitteln das Schloss. Der Familiensitz wurde 1924 in eine Familienstiftung umgewandelt.

Der Rundgang führt uns zuerst zur vorderen Insel, wo in den Gebäuden prächtig eingerichtete Schlafzimmer, eine Bibliothek sowie ein vornehmer Salon zu betrachten sind. Auf der hinteren Insel sind die Räume des ersten Stocks aus dem 14. Jh. noch original erhalten, inkl. einer Küche mit Sandsteinkochherd. Im zweiten Stock befindet sich eine schöne Ausstellung über das Brauchtum des umliegenden Aargauer Seetals. Den dritten Stock schmückt ein grosser Rittersaal mit originaler Hallwil-Möblierung aus dem 18. Jh. Der Kornhauskeller kann für Veranstaltungen gemietet werden. Bei Voranmeldung werden für Gruppen Führungen organisiert: Tel. 064/54 11 21.

Der Besuch von Schloss Hallwil in Verbindung mit einem Schiffsausflug auf dem 10 km² grossen Hallwilersee ist besonders empfehlenswert: An schönen Sonn- und Feiertagen finden spezielle

---

den nahen Rhein geleitet. Weiter entfernt in südwestlicher Richtung bemerken wir die Ruinen eines Tempels und – in einem Wald – Überreste des ganz in den Boden versenkten Amphitheaters.

Ein Ausflug nach Augusta Raurica kann gut mit dem 45 km entfernten römischen Vindonissa (Windisch) bei Brugg kombiniert werden.

Dauer des Rundgangs in Augusta Raurica: ca. 2 Std., Anmeldung beim Verkehrsbüro Basel, Tel. 061/261 50 50. Öffnungszeiten des Museums: täglich, ausser Montagvormittag, 10–12 und 13–18 Uhr (Nov. bis März nur bis 17 Uhr). Auskünfte über Tel. 061/811 11 87.

Wo sich alte Mauern und Wasser stimmungsvoll ergänzen: Schloss Hallwil

Hinreise:

*Mit dem **Zug** bis Boniswil, dann mit dem **Postauto** bis Schloss Hallwil; mit dem **Auto** direkt zum Schloss.*

Gebaut wurde die Feste an dem aus dem Hallwilersee ausfliessenden Aabach auf der sogenannten vorderen und hinteren Insel. Die ursprünglich aus Holzgebäuden bestehende Wasserburg geht wahrscheinlich auf das 11. Jh. zurück. Die Familie derer von Hallwil wird erstmals 1113 in

Rundfahrten statt – Auskunft über Tel. 057/27 12 56.

Öffnungszeiten des Schlosses: April bis November ausser montags 9.30–11.30 Uhr und 13.30–17.30 Uhr.

Wer die schlossreiche Gegend zu Fuss besser kennenlernen möchte, dem sei von hier aus noch eine ca. dreistündige Wanderung zum 10 km nördlich gelegenen Schloss Lenzburg empfohlen: Auf dem Weg nach *Seengen* passieren wir zunächst das Schlosshotel *Brestenberg*. Über *Mülihalden* gelangen wir auf den *Eichberg* mit Rundsicht auf die Alpen und den See. Dann wandern wir am Hof *Berg* vorüber, dem *Tribächli* entlang und über die Südseite des *Birch* zum *Aussichtsturm*. Hinab durchs *Bärenloch* am *Feufweiher* vorbei passieren wir das Bergfeld und die *Strafanstalt* und erreichen das *Schloss Lenzburg* (11. Jh.). In seinen Räumen ist heute das Historische Museum des Kantons Aargau untergebracht.

■ Trutzig beherrscht das Schloss Tarasp das Unterengadin

Hinreise:

Mit dem **Auto** *nach Tarasp bzw. Scuol oder mit der* **Bahn** *nach Scuol, von dort mit dem* **Postauto** *nach Tarasp.*

Die auf einem steilen Felsen grossartig gelegene Burg wurde durch Ulrich I. von Tarasp um 1040 erbaut. Tarasp wechselte in den ersten 400 Jahren oft den Besitzer. 1464 wurde die Burg an Herzog Sigismund von Österreich verkauft. Diese Herrschaft

dauerte bis 1687, als die Anlage an das neue Fürstengeschlecht Dietrichstein veräussert wurde. Kurze Zeit war Tarasp auch im Besitz des Kantons Graubünden (1803–1829), wurde aber wieder verkauft. Die Burganlagen zerfielen immer mehr. Erst als 1900 Tarasp in den Besitz von Dr.h.c. Karl August Liniger aus Dresden

Wasserschlösser sind bei uns rar. Schloss Hallwil gehört dazu.

überging (für 20 000 Fr.), wurde dem Zerfall Einhalt geboten. Mit grossem Aufwand wurde die Burg 1907–1916 total restauriert. Heute ist sie im Besitz der Prinzessin Marguerite von Hessen.

Von der heutigen Burganlage reichen nur noch Teile der Ringmauer und des inneren Wohntrakts ins 12. und 13. Jh. zurück. Verschiedene Nebengebäude sowie die äusseren Mauern wurden erst im 16. und 17. Jh. hinzugefügt. Liniger baute die Innenräume zum Teil sehr stark um und stattete sie mit Einrichtungsgegenständen aus bündnerischen und Tiroler Herrenhäusern aus.

Wir erreichen das Schloss über den spiralförmig angelegten Burgweg und kommen zum unteren Tor. Nach dem Wacht- und dem Pulverhaus passieren wir das innere Tor und nähern uns der Kapelle St. Johann Baptist, die auf das 11. Jh. zurückgeht. Im Vorhof des Schlosses geniessen

wir durch Luken einen prächtigen Blick auf die Umgebung. Im Innern der Burganlage sodann ist der markanteste Bau zweifelsohne der Bergfried, in dessen Innern sich der imposante Festsaal und diverse Schlafräume befinden.

Im Ostflügel mit dem Glockenturm ist in der Soldatenküche eine schöne Zinnsammlung ausgestellt. Sehenswert ist auch der Speisesaal im Verbindungsbau, der früheren Wohnung des Hauptmanns der Burgbesatzung. Bemerkenswert ist weiter die Sammlung von Schweizer Kabinettscheiben, die auf das ganze Schloss verteilt sind. Besuchszeiten: Juli/August (bis 20.) täglich Führungen, sonst von Juni bis 20. Okt. Führungen ab 20 Personen nach Vereinbarung. Auskünfte bei der Schlossverwaltung, Tel. 084/9 93 68.

GEGENSATZ
Auf der einen Seite das beherrschende, isoliert thronende Schloss Tarasp, das sich mit gewaltig dicken Mauern vor dem Zugriff schützte – auf der andern Seite im Bad Vulpera partnerschaftliches Spiel mit dem Wasser, dessen fallende Bewegung eine Mauer bildet, die keine ist: Der Gegensatz könnte nicht grösser sein.

Wenn Menschen grösser sind als Häuser: Swissminiatur in Melide

Hinreise:

*Die Auswahl ist gross – mit **Auto**, **Bahn** oder **Schiff**; letzteres verkehrt auf der Linie Lugano–Ponte Tresa.*

Melide liegt auf halber Strecke zwischen Lugano und dem malerischen Morcote. Der sonnenexponierten Ortschaft gegenüber liegt der Monte Generoso. Das andere Wahrzeichen von Melide neben Swissminiatur ist die 1847 angelegte Dammbrücke über den Luganersee. Auf engstem Raum führen die Kantonsstrasse, die Autobahn, die Eisenbahnlinie der Gotthardbahn und ein Fussweg über den Damm.

Unmittelbar beim Damm befindet sich Swissminiatur. Die vielen Dörfer, Städte, Burgen, Baudenkmäler und Verkehrsmittel aus allen Gebieten der Schweiz sind im Massstab 1:25 nachgebildet. Mehr als 30 Burgen und Schlösser sind detailgetreu nachgebaut. Blumen, Sträucher und Bäume geben der Anlage mit ihren Spazierwegen einen lebendigen Rahmen. Und speziell für Eisenbahnfans: die rund 3 km lange Modelleisenbahn mit einer Spurweite von 5,7 cm. Fast 95 000 Schwellen, mehr als 1000 Tragmasten und 3000 Isolatoren für die Fahrleitungen waren für diese immense Modellbahn notwendig.

Andere Verkehrsanlagen und -mittel wie der Rheinhafen von Basel, der Flughafen Zürich-Kloten, die Autofähre Beckenried–Gersau über den Vierwaldstättersee und andere Schiffe sind in Aktion. In der Anlage befinden sich mehr als 100 Sehenswürdigkeiten als Modell nachgebildet.

Öffnungszeiten: Mitte März bis Anfang November 9–18 Uhr, Juli und August bis 22 Uhr. Auskünfte über Tel. 091/68 79 51.

Den Aufenthalt in Swissminiatur können wir z. B. mit einem Besuch von Lugano verbinden. Das Stadtzentrum und die Strandpromenade mit ihren Strassencafés sind für einen reizvollen Bummel geeignet. Oder aber man geniesst einen herrlichen Blick auf See und Stadt vom Monte S. Salvatore sowie vom Monte Brè aus.

Immer wieder frappant: die hohen und steilen Talhänge in den Tälern des Tessins. Der Ausblick am Passo della Garina dokumentiert dies aufs deutlichste. Oben: Wetten, dass sich dieses Stimmungsbild auch vor dem echten Bundeshaus wiederholen liesse?

Mit Max Frisch vom Valle Onsernone ins Valle Maggia

Hinreise:

*Mit dem **Postauto** von Locarno nach Loco im Valle Onsernone. Rückfahrt nach Locarno ab Aurigeno im Valle Maggia ebenfalls mit dem **Postauto**.*

Am 7. August 1978 bricht in den Tälern des Sopraceneri ein Unwetter los, das die Landschaft verändert. Brücken werden fortgerissen, Supermärkte werden in Schlamm getaucht, Menschen in Autos fortgeschwemmt. Ein Jahr später erscheint von Max Frisch die Erzählung «Der Mensch erscheint im Holozän», eine dunkle Parabel auf die Endlichkeit und Nichtigkeit der menschlichen Existenz. Frischs Schauplatz und Quelle der Inspiration ist die Landschaft zwischen Onsernone- und Maggiatal. Eine Landschaft, die Frisch als Einwohner von Berzona nicht nur vom Hörensagen kennt.

Herrn Geisers Gang über die Garina

Frisch nennt unsern Fährtenleger «Herr Geiser». Wie Frisch damals ist Geiser ein Rentner in den Siebzigern, der im Tessin sein Altenteil gefunden hat. Zu Beginn der Geschichte hat das Unwetter schon Spuren hinterlassen: Die Brücke bei Loco im Onsernonetal ist fortgespült, die Strasse nach Locarno ist unterbrochen, der Strom ausgefallen. Der alte Mann im Rustico ist auf sich selbst und sein vernunftbetontes Denken zurückgeworfen. Er mobilisiert seine Ratio gegen die Gewalt der Regengüsse. Doch die Ratio hilft dem alten Geiser nicht weiter. Sie führt ihn nur in

Scheinaktivität im Kreis herum – ans Ende.

Geisers parabelhafter Gang ist in touristischer Wirklichkeit eine Schönwetter-Wanderung zwischen *Loco* im Onsernone- und *Aurigeno* im Maggiatal. Geisers Weg führt über den Passo della Garina. «Im Anfang», gibt Geiser zu Protokoll, «ist es kein steiler Weg; der Hang ist steil, aber der Weg beinah horizontal, teilweise mit Platten belegt, ein sicherer Weg auch bei Nebel, wenn man den Wasserfall nicht sehen kann, dessen Rauschen man hört.» Später wird's steiler, bevor der Weg auf eine Wiese mit Ställen führt, das Maiensäss *Ighelon.* Geiser wagt sich an den Rand seiner

Kräfte. Erschöpft sinkt er nach der Passhöhe bei einer Wegkapelle nieder und sinniert über Pythagoras und die Beweisbarkeit Gottes. Die *Kapelle mit dem Mutter-Gottes-Fresko* gibt es wirklich. Sie steht am Weg nach Aurigeno und ist, wie man unschwer sieht, ein beliebter Picknickplatz für Rucksacktouristen. Geiser kehrt bei der Kapelle wieder um. Angesichts der wohlgeformten Zeugen aus der Eiszeit – der glazialen Rundhöcker des Passo della Garina – erscheint Geiser das menschliche Leben lächerlich kurz. Ein Episoden-Dasein, bedeutungslos für die Zeitachse der waltenden Natur. Als Literaturgänger gehen wir die Reise des Herrn Geiser noch zu Ende. In unzähligen Kehren steigt der Weg ins Maggiatal ab. In Aurigeno wartet der Bus nach Locarno.

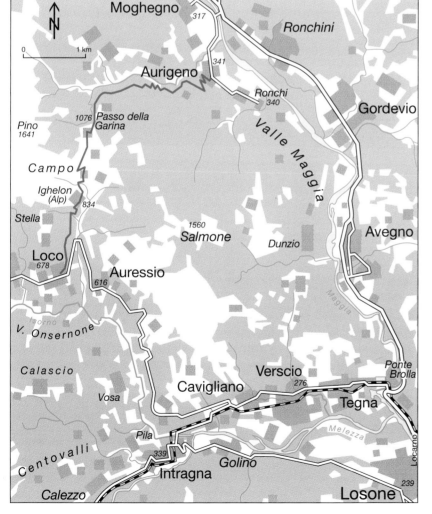

Alp Ighelon mit den typischen Steinhütten und den Lesesteinmauern.

Zeitbedarf für die Wanderung: ca. 3 Std.

In Loco kann das Museo Onsernonese besichtigt werden. Es gibt Einblick in das ehemalige karge ländliche Erwerbsleben zu einer Zeit, als Loco noch das Strohflechterzentrum des V. Onsernone war. Öffnungszeiten in der Sommersaison: ausser montags täglich von 10 bis 11.30 Uhr und von 14 bis 17 Uhr.

Auf

n die Stadt

Unsere Grosseltern – sofern sie zur Landbevölkerung gehörten – pflegten noch im Sonntagsgewand die Stadt zu besuchen, was ihrem Gefühl entsprach, dass die Stadt etwas Besonderes sei. In der Morgenröte des Jeanszeitalters und mit der Nivellierung unserer Lebensart wurde die Stadt von ihrem Ehrenpodest heruntergeholt. Nichtsdestotrotz übt sie weiterhin ihre besondere Anziehungskraft und ihre speziellen Aufgaben aus. Zum Beispiel besitzt sie eine grosse geographisch-funktionelle Bedeutung, ist doch die Stadt bekanntlich über die Massierung von Bevölkerung hinaus ein Ort, wo eine Fülle von Strukturen ihre Dienste und Leistungen erbringt, die oft weit über die Stadt hinausreichen. Und die geschichtliche Tiefe der städtischen Siedlungsform besitzt bei uns eine Dimension, die ihre Wurzeln bei den Kelten und den Römern hat. Vielfältig sind in der Stadt deshalb die Spuren unserer kulturellen Entfaltung durch die Jahrhunderte: Da seine Spürnase hineinzustecken macht alleweil Spass, und die folgenden Ausflugsvorschläge sollen dazu animieren. In der Auswahl dieser Vorschläge haben wir uns bewusst auf kleinere, meist eher abseits der anderen Ausflugsrouten liegende Städte konzentriert, die touristisch eher nicht so überlaufen sind. Viel Vergnügen!

**DAS IST
DIE ÄLTESTE
ORGEL**

der Welt, auf der noch gespielt wird. Erbaut wurde die dreiteilige Schwalbennestorgel in der Kirche Valeria (s. Bild rechts) Ende des 14. Jh., die Flügel bemalte Peter Maggenberg 1435.

SION

Im Schutz von Burg und Kirche

Die Burghügel von Tourbillon und Valeria sind die Wahrzeichen Sittens, keltisch Sedunum (Sitz auf dem Hügel); Seduner nannten die Römer den hiesigen Keltenstamm, als sie um 10 v. Chr. das Wallis eroberten. Der beherrschende Standort im Rhonetal hat aber schon viel früher Menschen angezogen (die ältesten Siedlungsspuren in der Nähe der Altstadt sind rund 5000 Jahre alt). In der Völkerwanderungszeit zog sich der Bischof von Martigny um 585 hierher auf den Burghügel Valeria zurück, und diesen Schutz konnten die Kirchenfürsten auch in späteren Jahrhunderten brauchen, mussten sie doch ihre Macht bis zum Sieg von 1475 über die savoyischen Grafen immer wieder gegen deren Expansionsgelüste verteidigen. Nach dieser Schlacht er-

oberten der Bischof und seine Oberwalliser Verbündeten das Unterwallis als gemeinsames Untertanengebiet (1634 musste dann Fürstbischof Hiltprand Jost seine weltliche Macht an die Zendenrepubliken abtreten). Bäuerliche Familien wie die Schiner und Supersaxo aus dem Goms wurden mächtig und bauten sich in der Unterstadt prächtige Residenzen; die Fürstbischöfe residierten in der Oberstadt (der Cité) um die Majorie. Die erhaltenen Herrensitze sind jedoch überwiegend nach dem grossen Brand von 1788 entstanden. Heute zählt die Kantonshauptstadt 23 000 Einwohner.

Rundgang durch Sitten

Die Tour des Sorcières (1; Hexenturm) neben dem Palais de Justice ist der einzige erhaltene Turm der Stadtmauer aus dem 12. Jh.; in Sitten wurden allein 1428 über 200 Frauen als Hexen auf den Scheiterhaufen geschickt. Durch die Rue de Savièse mit der Maison de Courten (2) von 1539 und spätbarock-klassizistischen Bauten wie Nr. 6, Haus de Wolff, und Nr. 8, Haus Barberini (beide nach 1788), kommen wir zur Kathedrale Notre-Dame-du-Glarier (4) aus dem 15. Jh. mit ihrer reichen spätgotischen Ausstattung (der Turm geht auf die romanische Bischofskirche aus dem 12. Jh. zurück). Um das Kapitelhaus (3; Anfang 19. Jh.) herum gehen wir weiter zur Kirche St. Theodul (5), die im 15. Jh. begonnen, aber erst im 18. Jh. vollendet wurde. Gegenüber dem baumbestandenen Vorplatz der Kathedrale steht das Bischöfliche Palais (6) von 1840 (Evêché). Durch den Jardin public kommen wir auf den weiten Plantaplatz, wo 1475 die Entscheidungsschlacht gegen die Savoyer geschlagen worden war. Nach einem Abstecher durch die Rue des Remparts und de la Porte-Neuve biegen wir in der Rue de Lausanne ins Supersaxo-Gässchen ein. Das gleichnamige Haus (7; 1505) der einflussreichen Sittener Familie besitzt im Festsaal die schönste spätgotische Schnitzdecke der Schweiz. Durch die Rue de Conthey kommen wir zum Hôtel de Ville (8), einem schlichten Barockbau von 1665 mit grosser astronomischer Uhr und einer Sammlung römischer Inschriftsteine im Erdgeschoss. In der Rue des Châteaux steht die Maison de la Diète (9), 1719–1743 Logis der Zendenabgeordneten. Wir gehen nach rechts weiter zur mittelalterlichen Maison de Platea (10) und zur Kollegien- oder Jesuitenkirche (11; 1815 fertiggestellt). Bei der Treppe vor dem Theater beginnt der Fussweg zu den Burghügeln, der sich bei der 1325 gegründeten romanischen Allerheiligenkapelle (14) gabelt: rechts hinauf zur imposanten mittelalterlichen Kirchenburg Notre-Dame-de-Valère (13; 12./13. Jh.) und zum sehenswerten Walliser Kantonsmuseum in einem Annexbau (12), links zur ebenso beeindruckenden Burganlage Tourbillon (15; Mitte 13. Jh.), bis zum Brand von 1788 Sommerresidenz der Bischöfe. Auf dem Rückweg kommen wir zur Majorie (16; 1373–1788 Wohnsitz des Bischofs; heute Kunstmuseum) und zum Viztumsschloss (17; 1179 erstmals erwähnter Sitz der bischöflichen Verwaltung, heute Kunstgewerbeschule). In der Unterstadt führt die Rue du Grand-Pont am barocken Haus Ambuel (18; schöne Trompe-l'œil-Fassadenmalereien) vorbei zum Ausgangspunkt zurück.

Auskunft:

Office du tourisme
Place de la Planta, 1950 Sion
Tel. 027/22 85 86

NOTRE-DAME-DE-VALÈRE WACHT hoch über Sitten. Die mittelalterliche Wehrkirche, ehemals Sitz des Bischofskapitels, ist durch einen Mauergürtel gesichert.

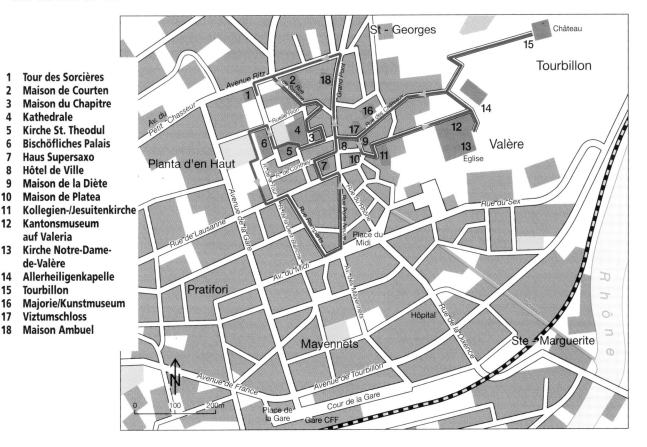

1 Tour des Sorcières
2 Maison de Courten
3 Maison du Chapitre
4 Kathedrale
5 Kirche St. Theodul
6 Bischöfliches Palais
7 Haus Supersaxo
8 Hôtel de Ville
9 Maison de la Diète
10 Maison de Platea
11 Kollegien-/Jesuitenkirche
12 Kantonsmuseum auf Valeria
13 Kirche Notre-Dame-de-Valère
14 Allerheiligenkapelle
15 Tourbillon
16 Majorie/Kunstmuseum
17 Viztumsschloss
18 Maison Ambuel

NYON

Antike Vergangenheit, mittelalterlicher Charme

Das malerische Städtchen Nyon mit heute rund 13 000 Einwohnern liegt am Südwestende des Waadtländer Weinbaugebiets La Côte, in der Nordostbucht des «Petit Lac», wie der Léman von hier bis Genf heisst. Im 1. Jh. v. Chr. war Noviodunum von den keltischen Sequanern bewohnt; es gehörte vermutlich zu den zwölf befestigten Oppida, die 58 v. Chr. von den Helvetiern vor ihrem Zug nach Gallien aufgegeben wurden. Julius Cäsar zwang sie zur Rückkehr und gründete 49 v. Chr. hier die Garnisonsstadt Colonia Julia Equestris. Sie war gut 120 Jahre Kapitale des römischen Helvetiens, bis sie in der Regierungszeit Kaiser Vespasians (69–79 n.

Chr.) von Aventicum (Avenches) abgelöst wurde. An die römische Zeit erinnern die 1958 aufgebauten korinthischen Säulen auf der Place des Marronniers und das Römische Museum (Rue Maupertuis 4). Die römische Kolonie wurde bei den Burgundereinfällen im 5. Jh. weitgehend zerstört; zu einem neuerlichen Aufschwung

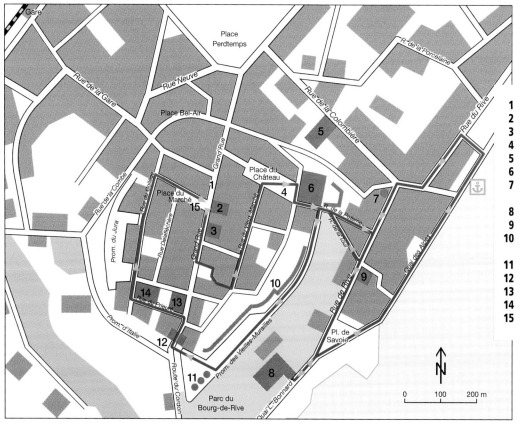

1 **Grand-Rue**
2 **Maison Pelichet**
3 **Maison Boldrini**
4 **Place du Château**
5 **Katholische Kirche**
6 **Schloss Nyon**
7 **Fontaine de Maître Jacques**
8 **Musée du Léman**
9 **Tour de César**
10 **Prom. des Vieilles-Murailles**
11 **Place des Marronniers**
12 **Porte Sainte-Marie**
13 **Tour de l'Horloge**
14 **Reformierte Pfarrkirche**
15 **Place du Marché**

BLICK ÜBER DEN CÄSAREN- TURM,

der die Uferpromenade des alten Fischer- und Hafenstädtchens am blauen Léman beherrscht. Hafenviertel und Altstadt Nyons durchweht ein Hauch mediterranen Charmes.

kam es erst im 11./12. Jh. unter den Herren von Prangins (ihr Schloss liegt 2 km nordöstlich). 1293 fiel Nyon an Savoyen und wurde unter Ludwig I. einer der Hauptorte der Waadt. Von 1536 an residierten Berner Landvögte im Schloss, das sie 1574–1583 vollständig umbauen liessen. Bern förderte den Handel sowie die Porzellanmanufaktur und baute den Hafen für seine Genferseeflotte aus. In der Helvetik gehörte Nyon zum Département du Léman; seit 1803 ist es Bezirkshauptort der Waadt.

Nyon heute

Im 19. Jahrhundert entwickelte sich der Ort rasch zu einem Zentrum des Tourismus am Petit Lac, während sich heute im Sog Genfs verschiedene Dienstleistungsbetriebe in den neueren Vierteln rund um die Altstadt angesiedelt haben, die auch zahlreichen Pendlern günstigeren Wohnraum als in der Rhonestadt bieten.

Rundgang durch die Altstadt

Vom Bahnhof her schlendern wir durch die Rue de la Gare bis zur repräsentativen Grand-Rue (1) mit ihren überwiegend klassizistischen Fassaden, der wir Richtung Genf bis zur Nr. 22, Maison Pelichet, dem ehemaligen Rathaus (2) und weiter zu Nr. 4, Maison Boldrini (3), folgen. Bei der nächsten Strassenecke gehen wir durch eine Gasse in die Rue du Vieux-Marché und kommen Richtung Norden auf die grosszügige Place du Château (4). Hier kann man einen Abstecher zur spätklassizistischen katholischen Kirche (5) machen. Im Schloss (6) befindet sich das sehenswerte Musée historique et des porcelaines.

Nach der Besichtigung gehen wir durch die Ruelle de la Tour an der Südecke hinunter zur Rue de Rive, seeaufwärts am Brunnen des Maître Jacques (7) vorbei zur Rue de la Colombière und an den Quai des Alpes am See. Durch die baumbestandene Promenade spazieren wir zur Place de Savoie und weiter zum Musée du Léman (8) im Rive-Park, das neben einem Aquarium eine Ausstellung zur Naturgeschichte, Schiffahrt und Fischerei beherbergt. Von hier geht's wieder zurück durch die malerische, belebte Rue de Rive bis zum sogenannten Cäsarenturm (9), durch die Rue de la Poterne hinauf zum Schloss und nach rechts in die Promenade des Vieilles-Murailles (10) mit ihrem herrlichen Rundblick bis hinunter nach Genf. Am Südende dieser ehemaligen Stadtbefestigung befindet sich die Place des Marronniers mit dem römischen Säulenportikus (11) und der Porte Sainte-Marie (12). Durch das Tor gehen wir wieder durch die Grand-Rue bis zur Tour de l'Horloge (13) und dann zur reformierten Pfarrkirche (14). Der aus dem 12. Jh. stammende, mehrfach erneuerte Bau steht auf römischen Fundamenten und solchen einer

BURGENJUWEL DER WAADT
Schloss Nyon, einst savoyischer Herrensitz und bernische Vogtei, beherbergt das Porzellanmuseum.

frühmittelalterlichen Anlage. Durch die Rue Delafléchère gelangen wir auf die malerische Place du Marché (15) und in nordwestlicher Richtung wieder zur Rue de la Gare und zum Bahnhof.

Auskunft: Office du tourisme
Avenue Viollier 7, 1260 Nyon
Tel. 022/61 22 61

ORBE

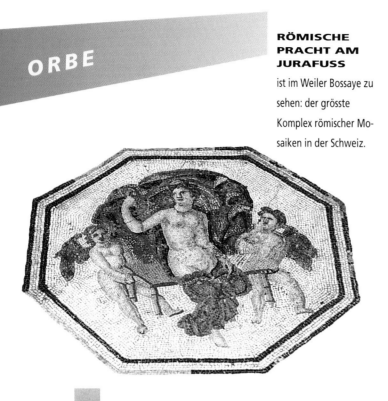

Brückenstadt an Römerstrasse

Das heute 4000 Einwohner zählende Orbe geht zurück auf den römischen Brückenkopf Urba an der Römerstrasse über den Jurapass Col de la Jougne nach Pontarlier und Besançon. Von dieser Siedlung beidseits der Orbe ist nichts mehr erhalten, hingegen zeugen die prachtvollen Mosaiken eines Gutshofs beim Weiler Bossaye von der römischen Zeit. Das mittelalterliche Orbe thront auf dem Südende eines langgezogenen Hügels, der den Fluss hier zu einem abrupten Schwenker nach Süden zwingt, bevor er die breite Schwemmlandebene erreicht, in der er heute kanalisiert zusammen mit dem Talent als Thielle dem Neuenburger See entgegenfliesst. Am beeindruckendsten wirkt das Hügelstädtchen bei der Anfahrt von Chavornay her (Schmalspurbahn ab SBB-Bahnhof an der Strecke Lausanne–Neuenburg). Am Fuss des Städtchens befinden sich die beiden Strassen- und die Eisenbahnbrücke sowie die Mühlen und Industrieanlagen von Orbe. Dieser Brückenkopf war auch unter den Burgundern im frühen Mittelalter besiedelt. 884 ist ein karolingisches Schloss erwähnt, das möglicherweise bereits auf dem Hügel stand, wo im 11. Jh. eine erste Burg errichtet wurde. Als Marktflecken ist Orbe erstmals 1126 erwähnt; im 13. Jh. entstand die zum

Teil noch erhaltene Wehrmauer. Die wirtschaftliche Blüte des Landstädtchens unter den Grafen von Montbéliard und Châlons wurde 1475 jäh beendet, als die Eidgenossen unter Führung der Berner die wichtigsten Punkte der Waadt und des Juras eroberten, darunter auch Orbe, wo sie die Burg zerstörten. In der Folge war die Grafschaft bis 1798 eine gemeinsame Vogtei von Bern und Freiburg; das seit 1554 reformierte Patriziat des Städtchens erwies sich beim Untergang des Ancien Régime als derart berntreu, dass es versuchte, die Alte Ordnung gewaltsam wiederherzustellen.

Rundgang durch Orbe

Wir beginnen den Rundgang auf der Place de la Gare. Schräg gegenüber dem Bahnhof (1) gehen wir durch eine Quergasse an den parallelen Strassen Rue des Terreaux und Rue des Remparts vorbei zur Place du Marché mit dem Banneret-Brunnen. Hier steht das 1786–1789 im Stil des französischen Klassizismus erbaute Rathaus (Hôtel de Ville; 2) aus ockergelbem Jurakalkstein. Schräg gegenüber befindet sich in der Rue du Château, an die Wehrmauer grenzend, die reformierte Pfarrkirche (3). Der Chorturm des gotischen Baus von 1404–1407, der später mehrfach umgebaut wurde, wird von vier Erkertürmchen gekrönt und gehörte ursprünglich zur Stadtbefestigung. Besonders sehenswert sind die phantastischen Figuren der Konsolen im Mittelschiff und die biblischen Skulp-

Auskunft:
Office du tourisme
Place de la Gare, 1350 Orbe
Tel. 022/61 22 61

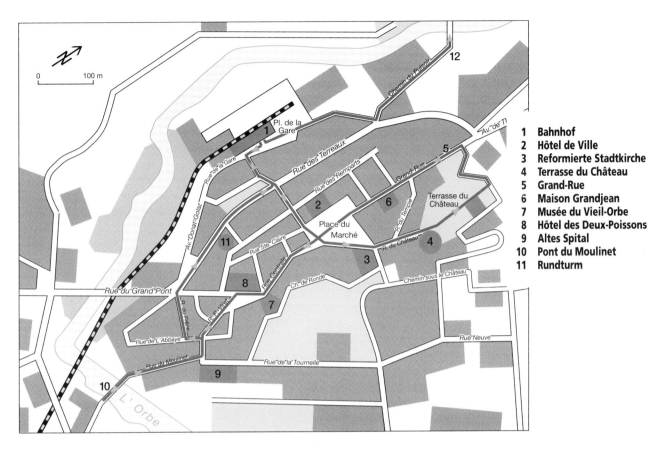

1. Bahnhof
2. Hôtel de Ville
3. Reformierte Stadtkirche
4. Terrasse du Château
5. Grand-Rue
6. Maison Grandjean
7. Musée du Vieil-Orbe
8. Hôtel des Deux-Poissons
9. Altes Spital
10. Pont du Moulinet
11. Rundturm

turen der Hängeschlusssteine in der Südostecke. In nördlicher Richtung weitergehend erreichen wir die Schlossterrasse (4), eine baumbestandene Esplanade, die gegen die Rue du Château vom runden Bergfried (13. Jh.) der ehemals mächtigen Stadtburg abgeschlossen wird. Am Ostrand erhebt sich ein Viereckturm, und daneben öffnet sich das weite Panorama über die Orbeebene hinweg, mit den Jurahöhen und dem Alpenkranz im Hintergrund. Der Wehrmauer nach Westen folgend kommen wir zur Grand-Rue (5); besonders sehenswert sind Nr. 16, Maison Grandjean (6), und die Fassaden von Nr. 3 und 5. Nun traversieren wir erneut die Place du Marché und gehen durch die Rue Centrale zum Musée du Vieil-Orbe (7) und weiter zum Hôtel des Deux-Poissons (8), einem 1426 gegründeten und 1555 aufgehobenen Klarissinnenkloster, das dann als Rathaus diente. Nun geht's durch die Rue Pierre-Viret zum 1778 erbauten Alten Spital (9) und durch die Rue du Moulinet hinunter zur gleichnamigen Brücke (10) von 1421. Dann gehen wir wieder zurück und durch die Rue de l'Abbaye zur Rue du Grand Pont. An der Ecke Rue Ste-Claire/Rue des Terreaux erhebt sich ein Rundturm (11) der ehemaligen Stadtmauer.

Einen Abstecher lohnen die römischen Mosaiken von Bossaye (2 km Richtung Mathod) und die wildromantische Schlucht der Orbe bis zum Dörfchen Les Clées (Wanderweg vom Bahnhof aus).

DER PLATZ AUF DEM HÜGEL schützte das mittelalterliche Städtchen nicht nur vor Feinden, sondern auch vor der stürmischen Orbe, die bis zur Kanalisierung 1860 oft die ganze Ebene bis nach Yverdon überschwemmte.

FROMME EDELDAMEN

Die betenden Frauen stehen am Fuss des Kenotaphs der Grafen von Neuenburg, des grössten Grabdenkmals der Vorrenaissance nördlich der Alpen.

Das eidgenössische Fürstentum

Das Ufer des Neuenburgersees zwischen Cortaillod und La Tène – letzteres hat einer Eisenzeitkultur den Namen gegeben – war schon vor rund 6000 Jahren besiedelt (interessante Funde zeigt das Musée d'archéologie). Neuchâtel selbst ist viel jünger: Es wird 1011 als «novum castellum» der Könige von Burgund erwähnt; im 12. Jh. bauten dann die Grafen von Neuenburg erneut ein Schloss und eine erste Kirche. Nach

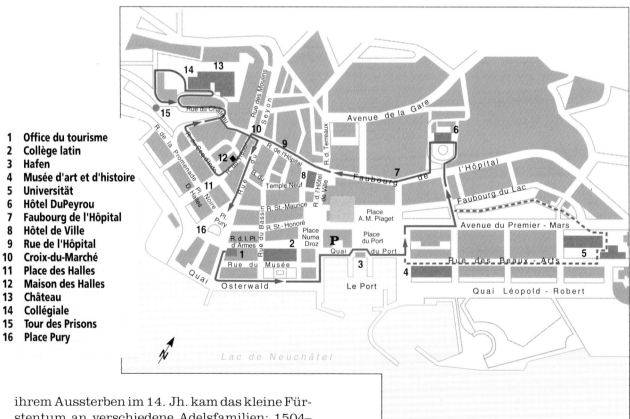

1 Office du tourisme
2 Collège latin
3 Hafen
4 Musée d'art et d'histoire
5 Universität
6 Hôtel DuPeyrou
7 Faubourg de l'Hôpital
8 Hôtel de Ville
9 Rue de l'Hôpital
10 Croix-du-Marché
11 Place des Halles
12 Maison des Halles
13 Château
14 Collégiale
15 Tour des Prisons
16 Place Pury

ihrem Aussterben im 14. Jh. kam das kleine Fürstentum an verschiedene Adelsfamilien; 1504–1707 gehörte es dem Haus Orléans. 1707, nach dem Tod der letzten Fürstin dieser Linie, der katholischen Herzogin Marie de Nemours, wählten die calvinistischen Neuenburger unter Druck der Berner den ebenfalls calvinistischen König von Preussen zum neuen Souverän. 1814

Auskunft:
Office du tourisme
Rue Place d'Armes 7, 2001 Neuchâtel
Tél. 038/25 42 42

trat Neuchâtel, obwohl noch immer ein preussisches Fürstentum, als 21. Kanton der Eidgenossenschaft bei. Diese «Doppelbürgerschaft» führte zu etlichen Belastungen, die 1856 in einer diplomatischen Krise gipfelten, welche mit dem Verzicht Preussens auf das Fürstentum endete. In der Reformation hatte sich Neuenburg zu einem bedeutenden Handels- und Kulturzentrum entwickelt, und von Beginn des 18. Jh. an bauten vor allem hugenottische Flüchtlinge die Indienne-Stoffdruckerei auf, der schon bald der Aufstieg der Uhrmacherei folgte. Ihre heutige Bedeutung verdankt die Kantonshauptstadt mit rund 35 000 Einwohnern nicht zuletzt der Universität, privaten Schulen und einer Industrie, die seit der Uhrenkrise neue Wege im High-Tech-Bereich sucht. Den Besuchern bietet Neuenburg interessante Museen, eine originelle Küche sowie Ausflugsmöglichkeiten am See und im Jura, etwa die wilde Areuse-Schlucht hinter Boudry.

Rundgang durch die Altstadt

Vom Office du tourisme (1) in der Nähe des städtischen Verkehrsknotenpunkts Place Pury (16; unterirdisches Parking) gehen wir zum See hinunter. Der Quai Osterwald führt an der Parkanlage des Collège latin (2) vorbei. In der 1835 fertiggestellten Lateinschule befindet sich heute die öffentliche Universitätsbibliothek. Nach dem quadratischen Hafenbecken (3) der Juraseen-Schiffahrtsgesellschaft folgt das Musée d'art et d'histoire (4; besonders sehenswert die berühmten Automatenpuppen von Jaquet-Droz). Durch die Rue des Beaux-Arts oder dem Quai Léopold-Robert entlang können wir einen Abstecher zur Universität (5) machen und durch den Jardin des Anglais zwischen Avenue du Premier-Mars und Faubourg du Lac bis zur Rue de l'Orangerie spazieren. Sie führt zum reizvollen französischen Garten des Hôtel DuPeyrou (6), des repräsentativsten neuenburgischen Herrschaftshauses des 18. Jh. In einem Annexbau ist das Musée cantonal d'archéologie untergebracht. Durch den Faubourg de l'Hôpital (7) mit seinen eleganten Häusern aus derselben Epoche (besonders Nr. 8, 14, 21, 24) gelangen wir auf den Rathausplatz mit dem Hôtel de Ville (8) von 1786, dem Hôtel

communal (1729; ehemaliges Armenasyl) und dem ehemaligen Spital (1782, heute Gebäude des Gas- und Elektrizitätswerks). Die laubengesäumte Rue de l'Hôpital (9) führt uns zur Croix-du-Marché (10) mit der Tour de Diesse (dem früheren Osteingang zum Flecken), dem Hôtel du Banneret (1609), dem Bannerherrn-Brunnen von 1581 und dem ehemaligen Speicher und Schatzhaus (Maison du Trésor; 1639). Durch die Rue du Trésor kommen wir auf die früher vom See her zugängliche Place des Halles (11) mit ihren Patrizierhäusern und der Maison des Halles (12) als profanem Wahrzeichen der Kaufmannsstadt. Dann steigen wir durch die Rue du Coq d'Inde und die Rue du Château hinauf zum Château (13) aus dem 12. bis 15. Jh. und zur Collégiale (14), der Stiftskirche von 1275, in der Guillaume Farel 1530 die Reformation verkündete. Auf der Südwestseite des weiten Kirchenvorplatzes mit seiner einmaligen Aussicht kommen wir zur Tour du Donjon und zur Tour des Prisons (15) aus dem 11. Jh., dem früheren Westeingang, und steigen dann wieder hinab in die Altstadt und zurück zur Place Pury (16).

HOCH ÜBER DEN DÄCHERN
Neuenburgs thronen das Schloss und die Kollegiatskirche. Nach der Aussicht auf der Terrasse locken die Läden, Museen und Restaurants in der Altstadt.

MURTEN/MORAT

Nach dem grossen Brand von 1486 baute man die Häuser neu aus Stein; ihre überwiegend barocken Fassaden erhielten sie jedoch erst im 17. und 18. Jh. Zuvor, im 16. Jh., hatte man den äusseren und den inneren Graben aufgefüllt. 1803 kam das Städtchen zum Kanton Freiburg; der heutige Hauptort des Bezirks See mit 4600 Einwohnern wurde in der Folge freisinniges Gegengewicht zur konservativen Kantonshauptstadt. Wichtige Änderungen im Stadtbild waren die Schleifung zweier Tortürme und die Absenkung des Sees um 2,5 m bei der Juragewässerkorrektion, der nun einen breiten Uferstreifen freigab.

LEBENDIGES MITTELALTER

bietet ein Rundgang durch die Gassen und über die Wehrgänge des Zähringerstädtchens Murten.

Auskunft:
Verkehrsbüro Murten
Schlossgasse 5, 3280 Murten
Tel. 037/71 51 12

Die Zähringerfeste über dem See

Moriduno, «Festung am See», hiess die keltische Siedlung, der Murten seinen Namen verdanken soll, und die Römer, die im nahen Avenches/Aventicum den Hauptort des römischen Helvetien errichtet hatten, nannten den Ort auf dem Uferhügel Muratum. Gegen Ende des 12. Jh. legte dann Herzog Berchtold IV. das im Grundriss erhalten gebliebene, 225 m lange und 155 m breite Städtchen mit seinen drei Längsgassen an; 1238 kam eine Ringmauer hinzu. 1255 fiel Murten an die Grafen von Savoyen, die ein erstes Schloss bauten und vor 1377 die Stadtmauer erhöhten. In den Burgunderkriegen ergaben sich die savoyischen Verteidiger Murtens im Frühjahr 1476 den Bernern kampflos. Dies im Gegensatz zur nun einrückenden bernischen Besatzung, die sich unter Adrian von Bubenberg der Belagerung durch Karl den Kühnen widersetzte, bis die eidgenössischen Verbände am 22. Juni zum Entsatz herbeigeeilt waren und den Burgundern eine vernichtende Niederlage beifügten. Von nun an blieb Murten bis 1798 unter der gemeinsamen Verwaltung der Stände Bern und Freiburg.

GOTIK IN BAROCKER ZEIT zeigt das im 17. Jh. erbaute Haus zum Rübenloch vor allem bei der Gestaltung der Fensterfronten im ersten und zweiten Stock.

Stadtrundgang durch Murten

Wir beginnen unsern Rundgang an der Nordecke bei der reformierten Französischen Kirche (1), einer eleganten kleinen Saalkirche mit Dachreiter von 1480, die man von der Schiffstation oder den Parkplätzen an der Ryf sowie vor der Nordfront her erreicht. Gegenüber steht das Französische Pfarrhaus (2), ungeachtet seines Namens eine typisch bernischer Bau von 1732. An der Nordmauer entlang kommen wir zum Berntor oder Unteren Tor (3), 1778 im Stil des Berner Zytgloggenturms neu aufgebaut. Gegenüber, ausserhalb der Stadtmauer, erhebt sich das mächtige U des Primarschulhauses (4) von 1836–1839; beim schräg dahinterliegenden Sekundarschulhaus befindet sich eine Weltzeit-

stiegen werden (Blick nach Südosten aufs Schlachtfeld). Nun geht's wieder hinunter zur Deutschen Kirche (8), deren Chorturm, der auf einen Burgturm des 12. Jh. zurückgehen dürfte, ebenfalls in die Stadtmauer einbezogen ist. Im Deutschen Pfarrhaus (9) wurde Jeremias Gotthelf geboren. Durch die Deutsche Kirchgasse, die Kreuz- und die Hauptgasse mit ihren schönen Häuserfronten erreichen wir das Rübenloch (10), ein 1672 erbautes Haus mit grosser Rûnde und gotischen Elementen. Die Fortsetzung der Kreuzgasse führt direkt zum Rathaus (11), dessen klassizistische Fassade von 1832 die Strukturen zweier spätmittelalterlicher Häuser verbirgt. Durch die Rathausgasse kommen wir zum Waisenhaus (12; heute Amts-

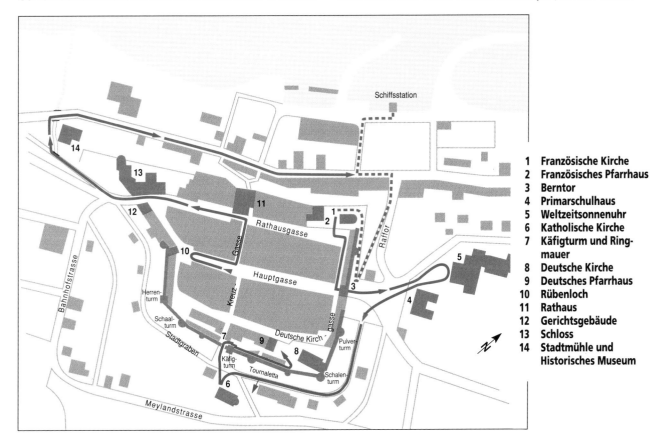

1	**Französische Kirche**
2	**Französisches Pfarrhaus**
3	**Berntor**
4	**Primarschulhaus**
5	**Weltzeitsonnenuhr**
6	**Katholische Kirche**
7	**Käfigturm und Ring-**
	mauer
8	**Deutsche Kirche**
9	**Deutsches Pfarrhaus**
10	**Rübenloch**
11	**Rathaus**
12	**Gerichtsgebäude**
13	**Schloss**
14	**Stadtmühle und**
	Historisches Museum

sonnenuhr mit fünf Zifferblättern (5). Wir gehen durch den Fussweg im aufgeschütteten inneren Stadtgraben vor dem Pulverturm in der Nordostfront und dem Schalenturm in der Ostecke der Mauer vorbei zur römisch-katholischen Kirche (6) von 1887 und durch das Törli neben dem Käfigturm (7) über eine Treppe auf die Ringmauer hinaus. Vom offenen Wehrgang aus geht der Blick über die Dächer der Stadt; der nächste Turm, «Tournaletta» genannt, kann be-

gericht), das 1806 anstelle des Avenchestors erbaut wurde. Gegenüber erhebt sich das Schloss (13), das im 15./16. Jahrhundert seine heutige Form erhielt. Der Vierecturm «Luegisland» soll von Graf Peter II. von Savoyen erbaut worden sein.

Vom Schloss führt ein Fussweg hinunter zur Stadtmühle (14) mit dem Historischen Museum und zur Ryf, vor deren Häuserzeile sich früher der Hafen befand.

SOLOTHURN

EINE DER SCHÖNSTEN KIRCHEN

der Schweiz ist zweifellos die St.-Ursen-Kathedrale mit ihrer frühklassizistischen Fassade, aus leuchtendhellem «Solothurner Marmor» erbaut.

Barocke «Ambassadorenstadt»

Eine helvetische Siedlung an der Aare-Schmalstelle bei der Wengibrücke wurde zu Beginn der Römerzeit ausgebaut; unter Augustus war der Vicus Salodurum ein Heerlager und Verkehrsknotenpunkt (Funde im Lapidarium bei der Jesuitenkirche). In den Stürmen der Völkerwanderungszeit lag die Grabstätte der thebäischen Märtyrer Ursus und Viktor im schützenden Einflussbereich des römische Castrums. 1032 fiel Solothurn mit Burgund an das Deutsche Reich, von 1127 an war die Stadt ein Lehen der Zähringer. Sie befestigten den Ort mit einer Mauer, die ungefähr vom heutigen Ritterquai über Nord- und Westringstrasse zum Postplatz führte. Die Hauptgasse verband die beiden Stadtteile um St. Ursen und Kastell mit der Stadtburg am Marktplatz, von welcher der Zeitglockenturm zeugt. Nach dem Tod des letzten Zähringers, Herzog Berchtolds V., kam Solothurn 1238 wieder ans Reich. 1481 wurde der Stadtstaat, der sich inzwischen ein kleines Territorium erkämpft hatte, in die Eidgenossenschaft aufgenommen, und nach dem «Ewigen Frieden» von 1516 lies-

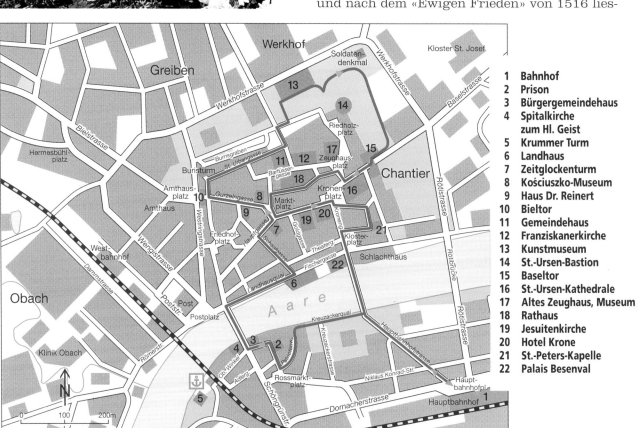

1 Bahnhof
2 Prison
3 Bürgergemeindehaus
4 Spitalkirche zum Hl. Geist
5 Krummer Turm
6 Landhaus
7 Zeitglockenturm
8 Kościuszko-Museum
9 Haus Dr. Reinert
10 Bieltor
11 Gemeindehaus
12 Franziskanerkirche
13 Kunstmuseum
14 St.-Ursen-Bastion
15 Baseltor
16 St.-Ursen-Kathedrale
17 Altes Zeughaus, Museum
18 Rathaus
19 Jesuitenkirche
20 Hotel Krone
21 St.-Peters-Kapelle
22 Palais Besenval

sen sich 1522 die Ambassadoren des französischen Königs in Solothurn nieder. Im Ambassadorenhof (1717 nach einem Brand neu aufgebaut) handelten sie mit den Delegationen der eidgenössischen Stände die Soldverträge und Pensionen aus. Bis 1798 war Solothurn ganz auf die französische Monarchie eingeschworen; erst in der Mairevolution von 1830 setzten sich die liberalen Kräfte gegen das Patriziat durch. Heute ist die Bischofsstadt Solothurn (16 000 Ew.) Verwaltungszentrum eines Kantons mit mehreren bedeutenden Regionalzentren.

len Haus Dr. Reinert (9) von 1692 vorbei zum Bieltor (10), dem 1336 neu aufgebauten Westtor. Vorbei am Buristurm in der Westecke der ehemaligen Stadtbefestigung gehen wir zum Gemeindehaus (11) und zur Franziskanerkirche (12; 15. Jh.). Über die Nordringstrasse machen wir einen Abstecher zum Kunstmuseum (13) und weiter zur 1667 begonnenen St.-Ursen-Bastion oder Riedholzschanze mit dem Riedholzturm (14) von 1548. Zur Stadtbefestigung gehört auch das machtvolle Baseltor (15) von 1504–1535, das zum Wahrzeichen Solothurns

VOR ANKER GEGANGEN
wie ein Luxusliner scheint nicht nur die Solothurner Kathedrale, sondern auch das Palais Besenval (links aussen); weiter aareaufwärts schliesst sich das Landhaus an, wo früher der Wein aus dem Welschland angelandet wurde.

Rundgang von Kirche zu Kirche

Von der Kreuzackerbrücke gehen wir an der Aare entlang zum Rossmarkt mit dem 1756 erbauten Prison (2). Im Hof finden sich Überreste der Stadtmauer, die den südlichen Brückenkopf des einzigen Aareübergangs sicherte. Direkt an der Brücke stehen das Alte Waisen- oder Bürgergemeindehaus (3), 1465 als Spital gestiftet, und die 1736 wiederaufgebaute Spitalkirche zum Hl. Geist (4); jenseits der Eisenbahnbrücke der Krumme Turm (5; auf Mauern des 12. Jh. 1460 neuerbaut). Das mächtige Landhaus (6) von 1772 beherrscht das Nordufer. Der ehemalige Weinumschlagplatz brannte 1955 aus; heute wird er für kulturelle Anlässe genutzt (u.a. Solothurner Filmtage). Durch die Schaalgasse erreichen wir die Hauptgasse und den Marktplatz mit dem Zeitglockenturm aus dem 12. Jh. (7; berühmte astronomische Uhr von 1545). Gegenüber steht das Kościuszko-Museum (8) zur Erinnerung an den polnischen Nationalhelden. Die Gurzelengasse führt am prachtvol-

und bedeutendsten frühklassizistischen Bau der Schweiz führt, der St.-Ursen-Kathedrale von 1762–1773 (16). Der elegante Barockbau des Alten Zeughauses (17) birgt eine reiche militärgeschichtliche Sammlung. Besonders interessant am Rathaus (18; 1476, mehrfach umgebaut) ist die manieristische Ostfassade. Über den Marktplatz gehen wir durch die Hauptgasse zur Jesuitenkirche (19; 1680–1689, eine der schönsten Barockkirchen der Schweiz). Vor der Freitreppe von St. Ursen steht das stattliche Hotel Krone (20, Neubau 1772). An der Südseite der Kathedrale vorbei gehen wir zur St.-Peters-Kapelle (21) aus dem 17. Jh., die über dem Grab der Stadtheiligen Ursus und Viktor stehen soll. Am Klosterplatz befindet sich das Naturmuseum, schräg gegenüber an der Aare das prachtvolle Palais Besenval (22) von 1706 (1829–1874 Residenz des Bischofs).

Auskunft:
Verkehrsbüro
Hauptgasse 69/Kronenplatz
4500 Solothurn, 065/22 19 24

DELÉMONT

ITALIENISCHER BAROCK IM JURA

Das Rathaus von Delsberg ist 1745 von Giovanni Gaspare Bagnato erstellt und 1868 um ein Stockwerk erhöht worden.

Von der Sommerresidenz der Basler Fürstbischöfe zur Kantonshauptstadt

Lange bevor die Basler Fürstbischöfe Delsberg als Sommerresidenz benutzten (1527–1792) und sich vor der Reformation ins benachbarte Pruntrut zurückzogen, war der 708 erstmals als Delimonte erwähnte Ort auf Basel und das Elsass ausgerichtet. 727 wird hier Grundbesitz des Klosters Murbach erwähnt, und die gesamte Gegend unterstand den elsässischen Herzögen. 1271 kaufte der Bischof von Basel die elsässische Grafschaft Ferrette, zu der inzwischen auch Delsberg gehörte, und 1289 gewährte er den Bürgern der Stadt dieselben Privilegien wie den Baslern. Im Dreissigjährigen Krieg wurde

Auskunft:
Office jurassien du tourisme
Rue du 23-Juin 1, 2800 Delémont
Tel. 066/22 66 86

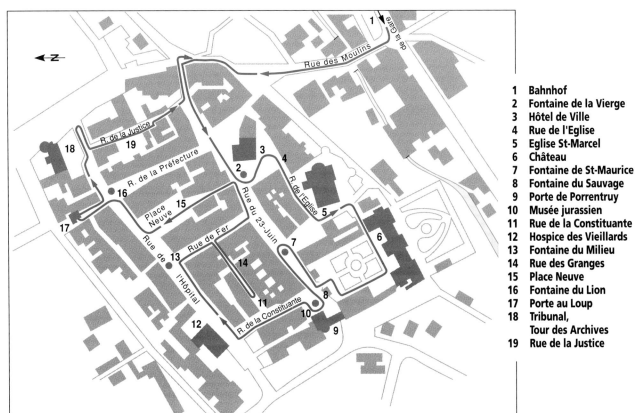

1 Bahnhof
2 Fontaine de la Vierge
3 Hôtel de Ville
4 Rue de l'Eglise
5 Eglise St-Marcel
6 Château
7 Fontaine de St-Maurice
8 Fontaine du Sauvage
9 Porte de Porrentruy
10 Musée jurassien
11 Rue de la Constituante
12 Hospice des Vieillards
13 Fontaine du Milieu
14 Rue des Granges
15 Place Neuve
16 Fontaine du Lion
17 Porte au Loup
18 Tribunal,
   Tour des Archives
19 Rue de la Justice

Delémont von den Schweden belagert und verwüstet, und nach dem Zerfall der weltlichen Macht der Fürstbischöfe schlug der Wiener Kongress die Stadt 1815 mit dem grössten Teil des ehemaligen Fürstbistums dem Kanton Bern zu. Mit dieser Neuorientierung vermochte man sich nie ganz abzufinden, und schon 1893 verwarfen die Jurassier die neue bernische Verfassung. Im Kampf für einen eigenen Kanton Jura spielte Delsberg immer eine führende Rolle, und deshalb wurde es denn auch 1979 zum Regierungs- und Verwaltungssitz des jüngsten Schweizer Kantons. Heute zählt die Stadt etwa 12 000 Einwohner und lässt damit die Rivalin Pruntrut (7000 E.) deutlich zurück, was sich auch im wirtschaftlichen Gewicht des Hauptorts spiegelt. Dieses wurde in der zweiten Hälfte des 19. Jh. begründet, als Delémont zum Eisenbahnknotenpunkt wurde und sich die Bevölkerung zwischen 1870 und 1900 mehr als verdoppelte. Von der geschlossenen mittelalterlichen Ringmauer mit vier Stadttoren sind nur noch Teilstücke, zwei Tore und ein Eckturm erhalten. Die Altstadt ist vor allem barock geprägt; viele frühere Bauten fielen den Bränden von 1487 und 1661 zum Opfer.

Rundgang von Brunnen zu Brunnen

Vom 1875 erbauten Bahnhof (1) aus gehen wir durch die Rue des Moulins in die ehemalige Grand-Rue, die heute Rue du 23-Juin heisst (Datum der entscheidenden eidgenössischen Abstimmung 1974). Sie öffnet sich auf die Place de la Liberté mit der Fontaine de la Vierge (2; 1583), dem Muttergottesbrunnen, vor dem Hôtel de Ville (3), einem eleganten, auf drei Seiten freistehenden Barockbau von 1742–1745. Durch die Rue de l'Eglise (4) gehen wir weiter zur katholischen Pfarrkirche St-Marcel (5; 1762–1767), die zusammen mit dem Schloss das Stadtbild beherrscht und ein Beispiel für den Übergang vom Spätbarock zum Frühklassizismus ist. Südwestlich gegenüber der Kirche gelangen wir durch eine Passage zwischen Hauptbau und Nordostflügel in die barocke Hufeisenanlage des Schlosses (6), 1716–1721 anstelle der mittelalterlichen Bischofsburg erbaut. Durch die Parkanlage spazieren wir zur Rue du 23-Juin mit den beiden 1576 geschaffenen Fontaines de St-Maurice (7) und du Sauvage (8). Der Wildenmann-Brunnen steht unmittelbar vor der Porte de Porrentruy (9); an das Stadttor angebaut ist das Musée jurassien (10; archäologische und kulturgeschichtliche Sammlungen). Durch die

VON DER FONTAINE DU MILIEU geht der Blick durch die belebte Rue du Fer zur Rue du 23-Juin. Im Hintergrund erhebt sich der Turm der Kirche St-Marcel.

Rue de la Constituante (11) gelangen wir zum städtischen Altersheim (12) in der Rue de l'Hôpital; als Spital geplant, diente es nach der Fertigstellung 1700 als Ursulerinnenkloster und Mädchenschule. Den nächsten Brunnen, die Fontaine du Milieu (13; 1596), erreichen wir bei der Einmündung der Rue du Fer, durch die wir einen Abstecher in die Rue des Granges (14) mit ihren spätgotischen Häusern und Scheunen machen. Durch die Rue du Fer und die Rue du 23-Juin geht's weiter zur Place Neuve (15) und zum letzten Brunnen, der Fontaine du Lion (16; 1591) mit dem Bischofswappen auf der Säule. Er wird auch Fontaine de la Porte au Loup genannt, weil er in der Fluchtlinie dieses Stadttors steht (17; Wiederaufbau 1775). In der Fortsetzung der Rue de l'Hôpital erreichen wir das Tribunal (18; heute Préfécture); der Barockbau von 1717 ist an einen auf das 13. Jh. zurückgehenden Rundturm, die Tour des Archives, angebaut. Die Rue de la Justice (19) führt uns wieder zum Rathaus zurück.

LIESTAL

Kantonshauptort aus Opposition

Seine heutige Bedeutung verdankt Liestal (rund 12 000 Einwohner) vor allem der führenden Rolle im Kampf gegen die Vormacht Basels, das seits aus Geldnot 1400 an Basel abtrat, dessen Bürger ihm kurz zuvor ihre Unabhängigkeit abgetrotzt hatten. Auf eine gewisse Blüte im 15. und 16. Jh. folgten verheerende Pestepidemien: 1593 hatte Liestal noch 500 Einwohner. Im Bauernkrieg (1653) und bei späteren Konfrontationen entzog Basel der widerspenstigen Tochter manche traditionelle Selbstverwaltungsrechte. Doch nach der Französischen Revolution erzwangen die Landschäftler in einer unblutigen Revolution die Gleichstellung mit der Stadt, von der sie sich nach den Wirren von 1831–1833 ganz lösten. Nach dem Bau der Centralbahn 1854 blühte der junge Hauptort des Kantons Basel-Landschaft im 19. Jh. rasch auf. Man

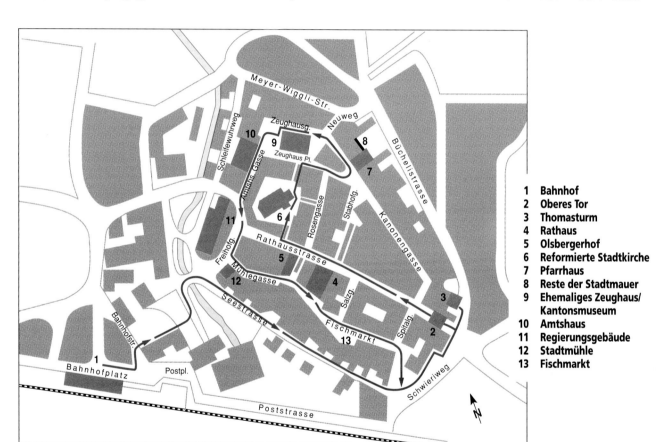

1 Bahnhof
2 Oberes Tor
3 Thomasturm
4 Rathaus
5 Olsbergerhof
6 Reformierte Stadtkirche
7 Pfarrhaus
8 Reste der Stadtmauer
9 Ehemaliges Zeughaus/
  Kantonsmuseum
10 Amtshaus
11 Regierungsgebäude
12 Stadtmühle
13 Fischmarkt

seine vom Fürstbischof übernommenen Untertanengebiete während des Ancien Régime mit harter Hand regierte. Besiedelt war der Ort an der Gabelung der beiden Hauensteinübergänge bereits in römischer Zeit; zur Stadt wurde er 1240, als die Grafen von Froburg hier einen Markt und eine Zollstation gründeten, um vom wachsenden Warenverkehr über den Jura zu profitieren. Doch schon 1305 mussten sie Liestal dem Basler Bischof verkaufen, der es seiner-brauchte Platz und schleifte den grössten Teil der Stadtbefestigungen aus dem 13. Jh. Trotz zahlreicher Umbauten ist die Altstadt in ihrem Grundriss weitgehend erhalten geblieben.

Auskunft:
Verkehrsbüro
Rathausstrasse 51, 4410 Liestal
Tel. 061/921 58 07

AM «CHIEN-BÄSE»-UMZUG BRENNT'S

in Liestal lichterloh. Zu dem am Funkensonntag vor dem Basler «Morgestraich» stattfindenden Brauch kommen auch viele Basler Fasnächtler angereist.

ler Metzger. Haus Nr. 28, der Olsbergerhof (5), wurde 1571 als Sitz des Schultheissen erbaut (1674–1744 fand hier das Frauenkloster Olsberg Zuflucht). Die vollständig von Häusern umringte reformierte Stadtkirche (6) steht auf römischen Grundmauern und Vorgängerbauten des 9.–13. Jh.; sie wurde in der Mitte des 13. Jh. als Basilika mit drei Schiffen konzipiert, aber in der Folge stark umgebaut. 1620 kam der Turm mit seinem Spitzhelm hinzu. In ziemlicher Distanz befindet sich an der Kanonengasse das barocke Pfarrhaus von 1743 (7), neben einigen schmalen Altstadthäusern, deren Rückfront die Stadtmauer bildete. Kleine Reste der Befestigung (8) sind bei den benachbarten Scheunen erhalten. Am Zeughausplatz erhebt sich das mächtige, freistehende ehemalige Zeughaus (9), das im 17. Jh. als Kornspeicher erbaut wurde und heute das Kantonsmuseum beherbergt. Das Amtshaus (10), ein spätklassizistischer Bau von 1879–1881, bildet stilistisch ein Pendant zum Regierungsgebäude (11; Neubau 1779, Erweiterungen 1850 und 1894), dem ehemaligen Fronhof und froburgischen, später bischöflichen Lehen des Geschlechts der Eptinger. Die im 13. Jh. erstmals erwähnte spätgotische Stadtmühle (12) und die spätgotischen, barocken und klassizistischen Fassaden am Fischmarkt (13) zeugen vom Reiz Alt-Liestals.

Einen Abstecher lohnt die 5 km entfernte Römerstadt Augusta Raurica in Augst.

Rundgang durch den Baselbieter Hauptort

Vom Bahnhof (1) gehen wir am Neurenaissancebau der ehemaligen Post (heute Kulturhaus Palazzo) durch eine Parkanlage mit dem Denkmal des Dichters Georg Herwegh, queren den Orisbach und folgen der Seestrasse und dem Schwieriweg bis zum Oberen Tor (2), dem südlichen Eingang zum ehemals befestigten Stadtkern. Der untere Teil des Torturms stammt aus dem 13. Jh., der obere mit Helm und Dachreiter von 1554 (Fresken des Liestaler Malers Otto Plattner, 1951). Der Thomasturm (3) wurde 1509 beim Abschluss der Ringmauer-Erneuerung errichtet. Das Obere Tor öffnet sich auf die zentrale Rathausstrasse. In der Mitte steht das rote Rathaus (4; 1568 neuerbaut) mit Stufengiebeln und Fassadenmalereien von 1590 (Renovation 1978); der schmalere Südteil, ein ehemaliges Bürgerhaus, wurde 1938 stilistisch angeglichen und von Plattner bemalt. Im Erdgeschoss des Rathauses befand sich früher die Bank der Liesta-

DIE GESCHICHTE VON KÖNIG Zaleukos von Lokri und diejenige der Baselbieter Hauptstadt sind auf der Fassade des Liestaler Rathauses mit ihren harmonisch gegliederten spätgotischen Fenstern verewigt.

ZOFINGEN

Mittelalterlicher Kern, modernes Umfeld

Im wirtschaftlich und kulturell regen Aargauer Bezirkshauptort ist der von den Froburger Grafen Ende des 12. Jh. zur Sicherung der Gotthardroute gegründete Marktflecken im Grundriss (ein ungefähres Rechteck von 470 auf 225 m) erhalten geblieben. Allerdings bestimmen heute spätgotische und barocke Fassaden neben neuzeitlichen Bauten das Strassenbild; die mittelalterliche Ringmauer wurde 1820 bis auf einige Türme und ein Teilstück geschleift und machte Gärten und Promenaden Platz. Nach dem Aussterben der Froburger fiel Zofingen an die Habsburger, erhielt 1363 das Stadtrecht und kam 1415 bei der Eroberung des Aargaus durch die Eidgenossen an Bern. Von der 400jährigen bernischen Herrschaft zeugen einige der Bürgerhäuser in der Altstadt, aber auch verschiedene stattliche Landhäuser. Im 19. Jh. scheiterte der Plan des aufstrebenden Industrieorts, Eisenbahnknotenpunkt der Schweiz zu werden, am Konkurs der Nationalbahngesellschaft. Dafür haben Zofingens 8700 Einwohner heute das N1/N2-Kreuz vor der Tür.

Spaziergang durch Zofingen

Vom Bahnhof (1) aus blickt man direkt auf den halbrunden Folter- oder Strecketurm (2) mit seinem Zinnenkranz, als Teil der Ringmauer im 14. Jh. errichtet und heute in ein Warenhausgebäude integriert. Wir biegen auf die andere Seite in die Vordere Hauptgasse ein; mit ihren Läden und Gasthäusern ist sie die Lebensader der Unterstadt. Die meisten Fassaden der historischen Bauten wurden im 18. Jh. erneuert. Auf halber Höhe kann man einen Abstecher nach rechts auf den baumbestandenen Lindenplatz machen. Die Vordere Hauptgasse führte zum verschwundenen Unteren Stadttor. Zwei Löwen auf Steinsockeln erinnern an die Gründung der Schweizerischen Studentenverbindung «Zofingia» 1819 im Hotel Rössli. Durch die Bärengasse oder ent-

lang der Anlagen vor der Altstadt erreichen wir das Städtische Museum (4; Neurenaissancebau von 1902) mit lokal- und druckgeschichtlicher Sammlung an der General-Guisan-Strasse, gefolgt vom mächtigen Hufeisenbau des Schulhauses (3) von 1877 und dem Alten Schützenhaus (5), einem klassizistischen Gesellschaftshaus von 1813. Durch den Durchbruch in der Häuserzeile gegenüber kommen wir auf den Thutplatz mit dem Niklaus-Thut-Brunnen (6). Schultheiss Thut soll sich 1386 in der Schlacht von Sempach sterbend das Stadtbanner in den Mund gestopft und es so vor den Eidgenossen gerettet haben. Zur Rathausgasse hin dominiert das Rathaus (7), nach Plänen des Zofinger Architekten Niklaus Emanuel Ringier 1792–1795 erbaut (Renovation 1965–1968). Der altrosa Bau mit elfachsiger Fassade gilt als eines der Hauptwerke schweizerischer Profanarchitektur des 18. Jh.; hier wurde 1806 die Schweizerische Kunstgesellschaft gegründet. Nördlich ange-

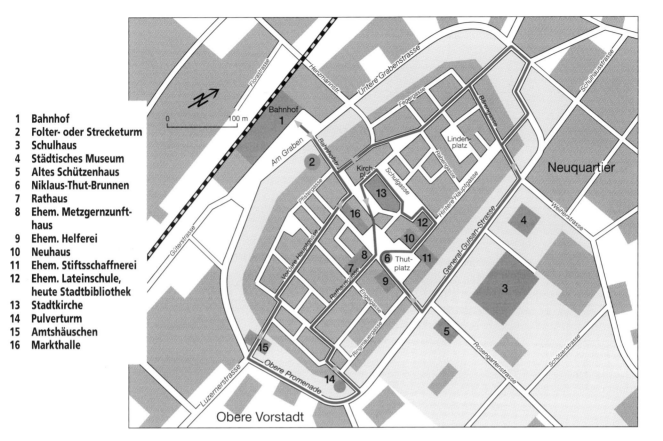

1 Bahnhof
2 Folter- oder Strecketurm
3 Schulhaus
4 Städtisches Museum
5 Altes Schützenhaus
6 Niklaus-Thut-Brunnen
7 Rathaus
8 Ehem. Metzgernzunft-
   haus
9 Ehem. Helferei
10 Neuhaus
11 Ehem. Stiftsschaffnerei
12 Ehem. Lateinschule,
   heute Stadtbibliothek
13 Stadtkirche
14 Pulverturm
15 Amtshäuschen
16 Markthalle

STADTPLANER IST EIN ALTER BERUF

und war jedenfalls die Leidenschaft der Fro-burger wie anderer Adelsgeschlechter. Sie konnten – anders als heute – auf der grü-nen Wiese nach festem Muster bauen... und die Un-tertanen mussten pa-rieren.

Auskunft:
Verkehrsbüro
Vordere Hauptgasse 33
4800 Zofingen

baut ist das ehemalige Metzgernzunfthaus (8). Es ist 1603 als letztes der vier Zofinger Zunft-häuser in nachgotischer Manier errichtet wor-den, ebenso die ehemalige Helferei (9) von 1599. Das Neuhaus (10), 1770 fertiggestellt, be-herrscht mit seiner reich geschmückten Haupt-fassade den Thutplatz. Die ehemalige Stifts-schaffnerei (11) an der Hinteren Hauptgasse ist heute Kirchgemeindehaus. An der Ecke zur Schulgasse steht die ehemalige Lateinschule (12; 1602 erbaut, 1974 renoviert und für die 1693 gegründete Stadtbibliothek eingerichtet). Westlich davon kommen wir zum Chor der re-formierten Stadtkirche (13), die als Stiftskirche St. Mauritius im späten 12. Jh. neu- und später mehrfach umgebaut wurde. Über den Thutplatz und durch die Rathaus- und Gerbergasse gehen wir nun zum Pulverturm (14) aus dem 14. Jh., der die Südostecke der Ringmauer sicherte, und ausserhalb der südlichen Häuserzeile mit Resten der Stadtmauer zu den beiden klassizistischen Amtshäuschen (15), die 1846 anstelle des ge-schleiften Obertors entstanden. Die Vordere Hauptgasse bringt uns zur 1726 erbauten Markthalle (16; Arkaden im Erdgeschoss) vor dem Kirchplatz, der sich auf die Bahnhofstrasse öffnet.

THUN

**EINE NOR-
MANNISCHE
RITTERBURG**

ist das Thuner Schloss,
im 12. Jh. von den
Zähringern erbaut und
1264 unter Elisabeth
von Kyburg-Châlons
erneuert.

Zwischen Mittelland und Oberland

Der Ort mit dem Hügel (keltisch «dun») am Aa-reausfluss war schon in der Jungsteinzeit besiedelt, und 660 ist der See als «lacus dunensis» erwähnt. Erste nachweisbare Besitzer der Feste waren die Herren von Thun, 1152 fiel sie an Berchtold IV. von Zähringen, und Berchtold V. baute sie nach 1191 zum heutigen Schloss aus. Mit seinem Tod erlosch das Geschlecht 1218, sein Erbe wurde von den Grafen von Kyburg übernommen. Nachdem Eberhard II. auf Schloss Thun 1322 seinen Bruder Hartmann ermordet hatte, trat er das Lehen Thun 1323 der Stadt Bern ab und regierte als ihr Vasall weiter. 1375 sicherte sich Bern den Besitz durch einen erneuten Kauf endgültig; bis zum Sturz des An-

Auskunft:
Offizielles Verkehrsbüro
Bahnhofplatz, 3600 Thun
Tel. 033/22 23 40

1 **Bahnhof**
2 **Schiffshafen**
3,4 **Oberes und Unteres Inseli**
5 **Obere Schleuse**
6 **Freienhof (Hotel)**
7 **Haus zum Rosengarten**
8 **zum Thunerhof/ Kunstmuseum**
9 **Gedeckte Kirchentreppe**
10 **Unteres Pfarrhaus**
11 **Reformierte Stadtkirche**
12 **Burgitor**
13 **Oberes Pfarrhaus**
14 **Statthalteramt**
15 **Schloss, Hist. Museum**
16 **Zunfthaus zu Metzgern**
17 **Burgerhaus**
18 **Velschenhaus**
19 **Rathaus**
20 **Zunfthaus zu Pfistern**
21 **Chutzenturm**
22 **Knabenschützenhaus**
23 **Venner-Cyro-Turm**
24 **Berntorscheune**
25 **Altes Waisenhaus**
26 **Scherzligkirche**
27 **Schadaupark**
28 **Schloss Schadau**
29 **Wocher-Panorama**

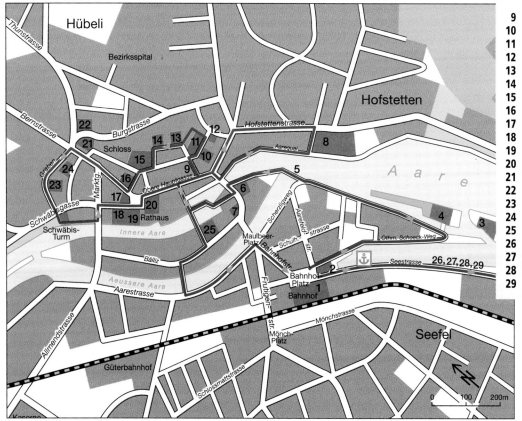

cien Régime verwaltete ein Berner Schultheiss die Landvogtei Thun. Bis in die Mitte des 19. Jh. bildete der Warenumschlag auf der Aare eine wichtige Einnahmequelle; doch bereits zu Beginn des Jahrhunderts hatte der Fremdenverkehr eingesetzt, der mit der Bahnlinie Bern–Thun 1859 zusätzliche Bedeutung gewann. Um 1900 war Thun einer der bekanntesten Fremdenverkehrsorte der Schweiz, ja Europas; mit der wachsenden Erschliessung des Oberlandes verlagerten sich die Tourismuszentren aber immer mehr. Heute sind Armee und Industrie für Thun (37 000 E.) weit wichtiger.

Rundgang mit Abstechern

Vom Bahnhof (1) gehen wir dem Schiffshafen (2) entlang zur Landzunge beim Oberen Inseli (3; auch Kleist-Insel genannt) und am Unteren Inseli (4) vorbei zur Oberen Schleuse (5), die auf das Bälliz führt. Diese zweite kyburgische Stadterweiterung wurde 1714 bei der Umleitung der Kander in den Thunersee zur Insel zwischen Innerer und Äusserer Aare. Das Hotel Freienhof (6) ist 1308 erstmals als Gasthof erwähnt; der klassizistische Neubau von 1781 wurde 1958 mit den alten Fassaden rekonstruiert. Schräg gegenüber steht das erkergeschmückte Haus zum Rosengarten (7; 1441, mehrfach renoviert). Über die Untere Schleuse und die Mühlegasse erreichen wir die Obere Hauptgasse mit ihren herrschaftlichen Häusern, Hochtrottoirs und Lauben. Von hier ist ein Abstecher durch die Hofstettenstrasse oder dem Aarequai entlang zum Kunstmuseum im Thunerhof (8) möglich. Die gedeckte Kirchentreppe (9) führt hinauf zum Unteren Pfarrhaus (10; 14. Jh.) und weiter zur Aussichtsterrasse vor der Stadtkirche St. Mauritius (11). Der Bau aus dem 10./11. Jh. wurde im 14. und 18. Jh. umgebaut. Der wuchtige Frontturm bildet ein Gegengewicht zum 42 m aufragenden, von vier Ecktürmen gefassten Bergfried des Zähringerschlosses (15). Südöstlich unterhalb der Kirche steht das Burgitor (12) als einzige erhaltene Pforte der Stadtbefestigung. Zwischen Kirche und Schloss folgen das Obere Pfarrhaus (13; Neubau 1772) und das Statthalteramt (14), eine ehemalige Schlossscheune. Der Sodbrunnen im Burghof ist 33 m tief. Im Rittersaal des Bergfrieds normannischen Typs befindet sich das Historische Museum mit seiner heimatkundlichen Sammlung. Unter dem Neuen Schloss von 1430, das Verwaltung und Gericht beherbergt, absteigend kommen wir zum Rathausplatz mit dem Zunft-

haus zu Metzgern (16; 1597, erneuert 1768). Statt den zentralen Platz der Altstadt zu queren, biegen wir vor dem Burgerhaus (17) aus dem 18. Jh. in die Untere Hauptgasse ein und machen einen Abstecher zum Berntorplatz mit dem Chutzenturm (21) und dem Knabenschützenhaus (22). Durch den Graben kommen wir an der Berntorscheune (24) vorbei zum Venner-Cyro-Turm (23) und zum Schwäbis-Turm an der Inneren Aare. Bei der Kuhbrücke kehren wir durch die Markt- und die Gerberngasse zurück zum Rathausplatz mit dem Velschenhaus (18; ältestes Haus der Altstadt, 1406 erwähnt), dem mächtigen Rathaus (19) von 1514–1530 und dem Zunfthaus zur Pfistern (20; Hotel Krone).

SPAZIER-GÄNGE AM AAREUFER bietet Thun in reicher Vielfalt: zum Beispiel über die Untere Schleuse (vorn rechts) Richtung Freienhof (mit Türmchen).

Der Route auf dem Plan folgend geht's zum Alten Waisenhaus (25) auf dem Bälliz und zurück zum Bahnhof. Von hier führt ein letzter Abstecher durch die Seestrasse zum Ortsteil Scherzligen. Die Scherzlig-Kirche (26) enthält bedeutende Wandmalereien des 13.–16. Jh.; im ausgedehnten Schadaupark (27) steht Schloss Schadau (28; 1849–1854) mit dem Schweizerischen Gastronomie-Museum, ferner das Wocher-Panorama (29) mit einem Rundbild der Stadt Thun um 1810.

ZUG

Geschichtliche Stichworte

Die heutige Stadt erstreckt sich entlang der Hauptachsen von Gotthard–Arth in Richtung Baar–Zürich und um die Seebucht herum in Richtung Cham–Luzern. Die Altstadt liegt in geschützter Lage über der Nordostecke des Sees. Sie wurde um die Wende vom 12. zum 13. Jh. von den Grafen von Kyburg gegründet. Bewohnt ist die Gegend jedoch seit der Jungsteinzeit; die Zuger Burg dürfte gegen Ende des 11. Jh. entstanden sein. 1435 versank die seeseitige unterste Häuserzeile der dreigassigen Kyburgerstadt im See. Im 16. Jh. wurde die Burg in die neue Stadtmauer einbezogen; ein Teil dieser Wehranlage mit vier Rundtürmen ist erhalten geblieben. In der Reformation schlug sich Zug auf die Seite der altgläubigen Innerschweizer und wurde deshalb im Zweiten Villmerger Krieg von den Zürchern verwüstet. Im Sonderbundskrieg ergab sich Zug 1847 kampflos den Bundestruppen von General Dufour. 1852 fuhr das

Kleinstadt mit Weltbedeutung

Zug, Kantonshauptort mit 22 000 Einwohnern, besitzt viel, um Besucher anzulocken: einen lieblichen, von den Innerschweizer Voralpen gerahmten See vor der Tür und den Zugerberg im Rücken mit seinen Aussichtspunkten, gepflegten Wanderwegen und Langlaufloipen im Winter. Verträumte Altstadtwinkel mit Baudenkmälern verschiedener Stilepochen einerseits und eine moderne City andererseits, die heute

DIE MALERI-SCHE ALT-STADT ist ebenso klein wie sehenswert.

vom Einkaufstempel der «Metalli» beherrscht wird, welche von der neuen Hochblüte und Finanzkraft Zugs zeugt. Der kleinstädtische Charakter kontrastiert mit dem regen Kulturleben und dem Hauch von Weltstadtdynamik, den alteingesessene Industriebetriebe und Niederlassungen internationaler Konzerne hierhergebracht haben. Gepflegte Gaststätten, viele mit Blick auf den See, sind für das leibliche Wohl der Besucher besorgt.

erste Dampfschiff auf dem Zugersee, und 1864 wurde die Bahnstrecke Zürich–Affoltern–Zug eröffnet. 1887 forderte der See erneut seinen Tribut: Die Vorstadt versank mit 30 Häusern und 11 Personen in den föhngepeitschten Fluten.

Auskunft:
Verkehrsbüro
Bahnhofstrasse 23, 6300 Zug
Tel. 042/21 00 78

DIE ZUGER BURG IN NEUEM GLANZ

Sie geht vermutlich auf das 11. Jh. zurück und beherbergt heute das Historische Museum.

senden Rathauskeller, früher Amtshaus des Klosters Kappel am Albis. Das Kunsthaus (6) an der Unter-Altstadt ist ein besonders schönes Beispiel für die Zuger Häuser aus dem 15. Jh. Am Ende der Unter-Altstadt steht der Greth-Schell-Brunnen (7), der an die traditionelle Zuger Fasnachtsgestalt erinnert. Gegenüber befinden sich die Liebfrauenkapelle (8) und weiter seeaufwärts das Theater und Casino (9). Durch die malerische Ober-Altstadt gehen wir zurück zum Schatzturm (10) und dann über den Kolinplatz

1 Schiffstation
2 Regierungsgebäude
3 Chaibenturm
4 Zytturm
5 Rathaus und Rathauskeller
6 Kunsthaus
7 Greth-Schell-Brunnen
8 Liebfrauenkapelle
9 Theater und Casino
10 Schatzturm
11 Kolinplatz
12 Kirche St. Oswald
13 Burg mit Hist. Museum
14 Huwilerturm
15 Kapuzinerkloster
16 Münz
17 Postplatz

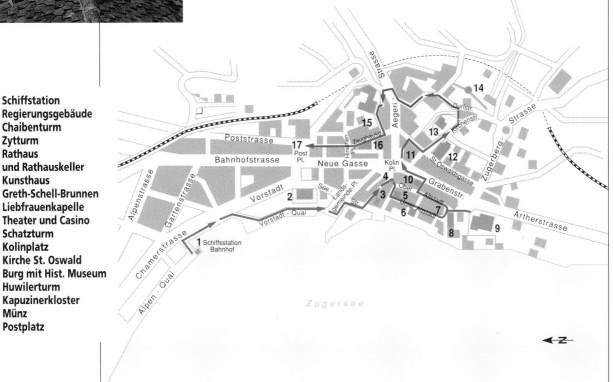

Stadtrundgang

Von der Schiffstation Bahnhof (1) spazieren wir am Vorstadtquai entlang vor dem Regierungsgebäude (2; 1869–1874) zum ehemaligen Landsgemeindeplatz mit seiner Voliere, etlichen Strassencafés sowie Kunstgalerien am Platz und in den Nebengassen. Dann geht's links durch die Goldgasse – der Chaibenturm (3; «Chaiben» wurden die hier eingesperrten Gesetzesbrecher genannt) ist von Häusern umbaut – zum Zytturm (4) mit seiner astronomischen Uhr von 1574. Hinter dem Zytturm öffnet sich die Altstadt mit dem Fischmarkt und dem Rathaus (5), dessen Bürgersaal im 3. Stock zu den schönsten Ratssälen der Schweiz gehört, und dem anschlies-

(11), mit dem Pannerherrn auf seiner Renaissancesäule, hinauf zur Kirche St. Oswald (12), einem der bedeutendsten spätgotischen Gotteshäuser der Schweiz (1478–1557). In der benachbarten Burg (13) ist das sehenswerte Historische Museum untergebracht. Durch die Dorfstrasse gelangen wir unterhalb des Huwilerturms (14) zum Kapuzinerkloster (15; 1675 neuerbaut), von hier über eine holzgedeckte Treppe hinunter zum ehemaligen Zeughaus (heute Stadtbibliothek) und durch die Zeughausstrasse zur Münz (16), bevor wir unseren Stadtrundgang am Postplatz (17) beenden. Das Einkaufszentrum «Metalli» erreicht man durch die Bahnhof- und die Baarerstrasse.

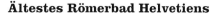

Ältestes Römerbad Helvetiens

Wegen der Thermalquellen beidseits des Limmatknies gründeten die Römer hier um 15 n. Chr. den Badeort Aquae Helveticae. Funde weisen jedoch darauf hin, dass die wohltuende Wirkung des 48 °C heissen Schwefelwassers schon vor 5000 Jahren bekannt war. Nach einem Niedergang zur Zeit der alemannischen Landnahme erwachte der Bäderbetrieb im Mittelalter zu neuem Leben. Im 11. Jh. ist unterhalb der Burg Stein eine Siedlung erwähnt, die auf einen Kirchhof aus karolingischer Zeit zurückgeht und 1172 durch Erbschaft an die Grafen von Kyburg fiel (Marktort um 1230). Nach 1264 baute Rudolf von Habsburg Baden zu einem befestigten Stützpunkt aus. Eine Burg auf dem Ostufer (heute Landvogteischloss) sicherte die 1242 erstmals erwähnte Brücke. Bei der Eroberung des Aargaus 1415 schleiften die Eidgenossen Burg Stein; Baden wurde Gemeine Herrschaft und war von 1421 an als Tagsatzungsort für Jahr-

hunderte das politische, aber auch gesellschaftliche Zentrum der Eidgenossenschaft. Badekuren und -lustbarkeiten waren für die betuchteren Bürger – ob gesund oder krank – ein Muss. Bis um 1700 badeten beide Geschlechter gemeinsam, und die lockeren Sitten zogen auch unternehmungslustige Ausländer aller Stände an, nicht zuletzt die Geistlichkeit. Besonders

DER HEILIGE NEPOMUK

bei der gedeckten Holzbrücke. Gestiftet wurde der Brückenheilige Anfang des 17. Jh. vom österreichischen Gesandten, Franz Ehrenreich von Trauttmansdorff.

Auskunft:
Verkehrsbüro
Bahnhofstrasse 50,
5400 Baden
Tel. 056/22 53 18

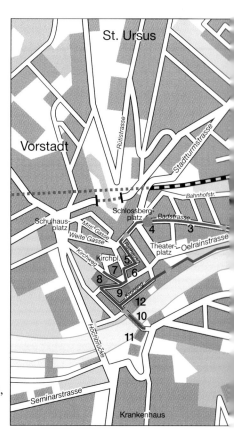

BADEN IN BADEN

ist heute noch genauso gesund wie zur Zeit, als hier die Tagsatzungsherren tagten. Getafelt und gebechert wird allerdings nicht mehr von Tabletts im Wasser, wie dies auf alten Stichen zu sehen ist.

wohnern. Einen erneuten Aufschwung erlebte der Badebetrieb dank der Eisenbahn: Die erste rein schweizerische Strecke war 1847 die «Spanisch-Brötli-Bahn» zwischen Baden und Zürich. Im alten Bäderbezirk «Niederbaden» entstanden in der zweiten Hälfte des 19. Jh. die weitgehend erhaltenen mondänen Hotels und Badeanlagen; gleichzeitig wurde Baden dank der elektrotechnischen Fabrik der Ingenieure Brown und Boveri ein wichtiger Industriestandort.

Rundgang durch Altstadt und Badeviertel

Vom ältesten Bahnhof der Schweiz (1; Stationsgebäude von 1847) gehen wir zur reformierten Kirche (2) von 1714 und durch die verkehrsfreie Badstrasse (3) nach Süden zum Stadtturm (4; nach 1440) unterhalb der Ruine Stein. Der quadratische Torturm beherrscht den Schlossbergplatz. Beim Löwenplatz (klassizistischer Brunnen) führt die Rathausgasse am Amtshaus (5; Stadtpolizei) vorbei zum mächtigen Komplex des Stadthauses (6; im spätgotischen Mittelbau besonders sehenswert der Tagsatzungssaal). Nördlich angebaut sind der Schwibbogen, das ursprüngliche Osttor, und das Baldingerhaus (18. Jh.), südlich das ehemalige Zeughaus und die Kanzlei (Treppengiebel). Die später mehrfach veränderte katholische Stadtkirche (7) von 1460 (1624–1875 ein Chorherrenstift) steht an der Stelle einer karolingischen und einer romanischen Anlage. Die spätgotische Kapelle St. Sebastian (8) aus der Wende des 15. zum 16. Jh. war früher das Beinhaus. Eine Treppe führt hinunter zur Oberen Halde mit der ehemaligen Propstei (9; auch Trudelhaus genannt). Durch die Untere Halde machen wir einen Abstecher zur gedeckten Holzbrücke (10; letztmals 1809 ersetzt) und zum Landvogteischloss (11), einer 1265 erstmals erwähnten Burg mit Bergfried (Historisches Museum). Vom ehemaligen Kornhaus (12) an der Kronengasse spazieren wir dann an der Limmat zur Schiefen Brücke (13) und ehemaligen Trinklaube (14). Der Bäder- oder Kurplatz (15) ist noch heute das Zentrum des Badebetriebs, der allerdings nicht mehr im Freien, sondern in den Hotels der Umgebung stattfindet. Das Hotel «Blume» (16) von 1421 hat eine spätmittelalterliche Fassade bewahrt. Der Torbogen (17) ist ein Überbleibsel der mittelalterlichen Mauer des Bäderbezirks und öffnet sich auf den Kurpark mit dem imposanten Kursaal (18; heute Stadtcasino) von 1875 und dem Theater (19) von 1952.

ausgelassen ging es zu, wenn die Zürcher Ratsherren mit Gefolge per Limmatschiff zu mehrwöchigen «Kuren» eintrafen. Einen Rückschlag brachte der Zweite Villmerger Krieg 1712, als die Tagsatzung nach Frauenfeld verlegt wurde. Während der Helvetik war Baden kurz Hauptort eines eigenen Kantons; seit 1803 ist es aargauischer Bezirkshauptort mit heute 14 000 Ein-

1 **Bahnhof**
2 **Reformierte Kirche**
3 **Badstrasse**
4 **Stadtturm**
5 **Amtshaus**
6 **Stadthaus**
7 **Katholische Stadtkirche**
8 **Kapelle St. Sebastian**
9 **Ehemalige Propstei**
10 **Gedeckte Holzbrücke**
11 **Landvogteischloss**
12 **Ehemaliges Kornhaus**
13 **Schiefe Brücke**
14 **Ehemalige Trinklaube**
15 **Kurplatz**
16 **Kurhotel Blume**
17 **Torbogen-Durchgang**
18 **Kursaal und Stadtcasino**
19 **Theater**

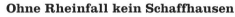

SCHAFFHAUSEN

Ohne Rheinfall kein Schaffhausen

Seit der Rhein befahren wird, muss bei den beiden Stromschnellen oberhalb des Rheinfalls eine Schifflände bestanden haben; ausserdem verlief hier schon früh eine Nord-Süd-Handelsstrasse.

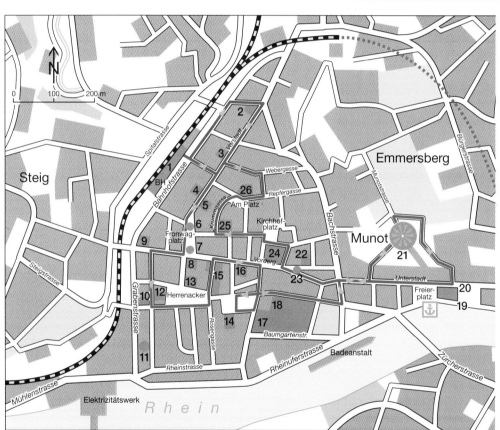

1 Bahnhof
2 Schwabentorturm
3 Grosser Käfig
4 Haus zum
   Goldenen Ochsen
5 Amtshaus
   Bistum Konstanz
6 Mohrenturm
7 Metzgerbrunnen
8 Fronwagturm
9 Obertorturm
10 Haberhaus
11 Diebsturm
12 Ehem. Kornhaus
13 Stadttheater
14 Regierungsgebäude
15 Rathaus/Staatsarchiv
16 Haus zum Ritter
17 Museum zu Allerheiligen
18 Münsterkirche/Kreuzgang
19 Schifflände
20 Güterhof
21 Munot
22 Häuser Wasserquelle
   und Zieglerburg
23 Tellen- oder
   Schuhmacherbrunnen
24 Ref. Pfarrkirche St. Johann
25 Stadthaus
26 Haus Drei Könige

1045 verlieh Kaiser Heinrich III. seinem Vetter Graf Eberhard von Nellenburg das Münzrecht für den Ort «Scafhusun», und 1049 gründete Eberhard das Benediktinerkloster Allerheiligen, das 1080 die Herrschaft über den Ort erhielt. 1218 konnte die inzwischen reiche Handelsstadt die Reichsfreiheit erwerben, wurde aber 1330 an die Habsburger verpfändet. 1415 löste sich Schaffhausen von Österreich und verbündete sich in der Folge mit der Eidgenossen-

schaft. 1501, nach dem Schwabenkrieg, trat es ihr als 12. Stand bei. Im 19. Jh. setzte mit dem Bau des Moserdamms 1866 für die Nutzung der Wasserkraft die Industrialisierung ein, und der Rheinfall wurde zu einem Fremdenverkehrsmagnet. Im 2. Weltkrieg wurde die Stadt irrtümlich von den Amerikanern bombardiert.

Auskunft: Verkehrsverein, Vorstadt 12, 8201 Schaffhausen, Tel. 053/25 51 41

«KLINGE, MUNOT-GLÖCKELEIN...»

Als einzigartige Höhenfeste 1585 fertiggestellt, schützt Schaffhausens imposante Festung vor allem die Reben vor rauhen Nordwinden. Auf dem beliebten Aussichtspunkt veranstaltet der Munotverein romantische Sommernachtsbälle.

Rundgang durch die Munotstadt

Vom SBB/DB-Bahnhof (1; 1868) gehen wir nach Nordosten zum Schwabentorturm (2) aus dem 14. Jh. und in die Vorstadt(-gasse) mit ihren reichbemalten und erkergeschmückten Häusern. Besonders schöne Beispiele sind das Haus zum Grossen Käfig (3; Nr. 43), 1586 neuerbaut, das Haus zum Goldenen Ochsen (4; Nr. 17) und das Amtshaus (5; Nr. 14), 1528–1813 Sitz des Konstanzisch-Bischöflichen Amtsmanns. Auf dem Fronwagplatz stehen der Mohrenbrunnen (6; mit hl. Kaspar) und der Metzgerbrunnen (7; Schaffhauser Landsknecht, beide Figuren 1. Hälfte 16. Jh.). Der heutige Bau des bereits 1299 erwähnte Fronwagturms (8) entstand wie die angebaute Herrenstube 1747. Der Obertorturm (9), 1273 als Wohnturm erwähnt, hat seinen mittelalterlichen Habitus bewahrt. In der Mitte der Neustadtgasse befindet sich das Haberhaus (10), ein Getreidespeicher von 1593, gegen das Südende der Diebsturm (11). Das ehemalige städtische Korn- oder Kaufhaus (12) von 1679 beherrscht mit seiner wuchtigen Renaissancefassade den Herrenacker; auf dem

ZWEI MILLIONEN BESUCHER

bewundern jährlich das Schauspiel des Rheinfalls, rund fünf Kilometer stromabwärts von Schaffhausens Zentrum gelegen.

Platz fanden im Mittelalter Turniere und geistliche Spiele statt. Das Stadttheater (13) wurde 1956 erbaut (Kuppelmalereien von Max Gubler, Teppich von Lissy Funk über der Bühne). Das Alte Zeughaus, heute kantonales Regierungsgebäude (14), 1617 an der Beckenstube erbaut, ist eines der schönsten Zeugnisse deutscher Renaissancearchitektur in der Schweiz. Die Rathausgasse führt am Staatsarchiv und Rathaus (15; 1408–1412) vorbei durch den Rathausbogen auf die Vordergasse mit ihren prachtvollen Zunfthäusern. Die bedeutendsten Fassadenmalereien der deutschen Spätrenaissance zeigt das Haus zum Ritter (16; Nr. 65; Originalfresken von 1570 im Museum Allerheiligen). Sehenswert ist auch Nr. 61, Schmiedstube, mit fünfseitigem Erker. Durch den Schneidergang bei Nr. 51 gehen wir zur 1529 aufgehobenen Benediktinerabtei Allerheiligen (17; heute ein bedeutendes kulturgeschichtliches Museum) mit der 1103 geweihten Münsterkirche (18), einer dreischiffigen romanischen Basilika; die Glocke von 1484 im Kreuzgang hat Schiller zum «Lied von der Glocke» inspiriert. Über den Münsterplatz und durch die Unterstadt erreicht man die Schifflände (19) und den 1787 erbauten quadratischen Güterhof (20). Der Römerstieg führt hinauf zum Munot (21). Die imposante Festung ist 1564–1585 nach Dürers Befestigungslehre erbaut worden. Nach dem Abstieg durch den Rebberg gelangen wir in der Vordergasse vorbei am Doppelhaus Wasserquelle und Zieglerburg (22; einheitliche Fassade von 1738) und am Tellen- oder Schuhmacherbrunnen (23; 1522/1632) zur reformierten Pfarrkirche St. Johann (24), die auf das 11. Jh. zurückgeht (Neubau 15. Jh. mit späteren Erweiterungen und ungewöhnlich weiträumigem fünfschiffigem Langhaus). Am Stadthaus (25; 1730 erbaut) und dem Haus Drei Könige (26; 1746) vorbei geht's nun durch malerische Gassen zum Bahnhof.

FRAUENFELD

Rundgang durch Frauenfeld

Vom 1859 erbauten Bahnhof (1) gehen wir durch die Bahnhof- und Rheinstrasse zum Rathausplatz, der vom Schloss (2; heute kantonales Historisches Museum) überragt wird. Im 14. und 15. Jh. erweiterten die Habsburger den kyburgischen Bergfried und den zur Murg gerichteten, wenig jüngeren Palas um mehrere Wohntrakte auf der Nordseite; weitere Umbauten erfolgten 1534–1538 unter den Eidgenossen, deren Landvögte in der Gerichtsstube amtierten. Das 1794 erbaute Rathaus (3) ist ein siebenachsiger klassizistischer Bau mit ursprünglich offener Erdgeschosshalle; das Hintergebäude mit dem Rathausturm kam erst 1906 hinzu. An der Zürcherstrasse 153 steht das Walzmühlekontor (4), ein 1790 fertiggestellter klassizistischer Bau

**MITTEL-
ALTERLICHE
WOHNKULTUR**

ist das Wahrzeichen
Frauenfelds. Heute wird
das Schloss als historisches
Museum genutzt.

Auskunft:
Verkehrsverein Frauenfeld
Rathaus, 8500 Frauenfeld
Tel. 054/21 31 28

Vom Landvogteisitz zum Hauptort

Der Name Frauenfeld geht auf eine Marienkapelle im «Feld Unserer Lieben Frau» zurück, die in der Nähe des Wohnturms stand, der 1226 von den Grafen von Kyburg als ältester Teil des heutigen Schlosses über der Murg erbaut wurde. Nördlich davon bildete der ummauerte Marktflecken mit drei Toren ein Rechteck von 200 auf 110 m mit zwei Hauptgassen. Nach dem Erlöschen der Kyburger fiel Frauenfeld an die Grafen von Habsburg. Als Landvogtei der 1460 von den Eidgenossen eroberten Gemeinen Herrschaft Thurgau war es 1713–1798 Tagsatzungsort und wurde 1803 Hauptort des neuen Kantons. Die meisten Altstadthäuser wurden nach den Bränden von 1771 und 1777 neu erbaut. Im 19. Jh. entwickelte sich die Industrie, die die Wasserkraft der Murg nutzte.

mit Erdgeschossarkaden. Hier wohnte Anfang des 19. Jh. der Arzt Franz Anton Mesmer, der den Mesmerismus, die Lehre vom tierischen Magnetismus, in die Heilkunde einführte. Das Zürcherhaus (5; Nr. 177) wurde nach 1771 in rotem Sandstein erbaut und war das erste der verschiedenen Logierhäuser der Tagsatzungsgesandten in der kleinen Frauenfelder Altstadt. Das im gleichen Jahr errichtete Haus zum Hirschen (6; Nr. 179), der einzige Bau mit strassenseitigem Giebel, beherbergte die Glarner, St. Galler und Schaffhauser Vertreter. Im Eckhaus der Alten Landeskanzlei oder Landschreiberei (7; Nr. 180), ebenfalls 1771 im Rokoko- und Louis-XVI-Stil erbaut, war 1807–1867 die Thurgauer Kantonsregierung domiziliert. Gegenüber steht die katholische Kirche St. Nikolaus (8). An dieser Stelle ist bereits 1286 eine erste Kirche erwähnt; das nach dem Stadtbrand von 1771 errichtete Gotteshaus machte 1904–1906 dem heutigen Bau Platz, einer Mischung aus Jugendstil und Neubarock. Am Bankplatz gegenüber steht das Haus zur Krone (9; 1771). Es teilt sein Mansartdach mit dem Haus zur Palme und hat ein schönes Rokoko-Mittelportal. Bankgasse Nr. 5 ist das Haus zur Geduld oder Bernerhaus (10), 1771 für die Berner Gesandten erbaut; das Sandsteinportal ist eine Kopie von 1965. In der gegenüber mündenden Freiestrasse steht das nach 1771 errichtete grosse Luzernerhaus (11), in dem heute das Thurgauer Naturmuseum untergebracht ist. Nach der Kirchgasse folgt die reformierte Kirche (12); der Frontturm stammt von 1665, er wurde beim Neubau von Schiff und Chor 1927 modernisiert (Glasfenster von Augusto Giacometti, 1930). Im viergeschossigen Haus zum Schwert (13), nach 1730 als Gasthaus entstanden, stiegen bis 1790 die Zürcher Gesandten ab; die Fassade wurde 1912 im barockisierenden «Heimatschutzstil» umgebaut. Das prachtvolle spätgotische Haus zum Licht (14) von 1598 hingegen hat als eines der wenigen die Stadtbrände des 18. Jh. überlebt. Nun machen wir einen Abstecher ums Schloss und der Murg entlang zum 1848 aufgehobenen Kapuzinerkloster (15; Kirche 1596, Kloster 1644). Durch die St.-Galler- und die Promenadenstrasse erreichen wir die 1848 gebaute Kan-

tonsschule, heute Obergericht und Kantonsbibliothek (16). Am mächtigen, L-förmigen Regierungsgebäude (17) von 1868 und der Nikolauskirche vorbei führt uns der Rundgang wieder zum Bahnhof.

UNGENUTZTER INDUSTRIERAUM ist eine der Möglichkeiten zeitgenössischer Wohnkultur. Das ehemalige Frauenfelder Eisenwerk an der Industriestrasse 23 beherbergt seit 1985 eine kreative Genossenschaft.

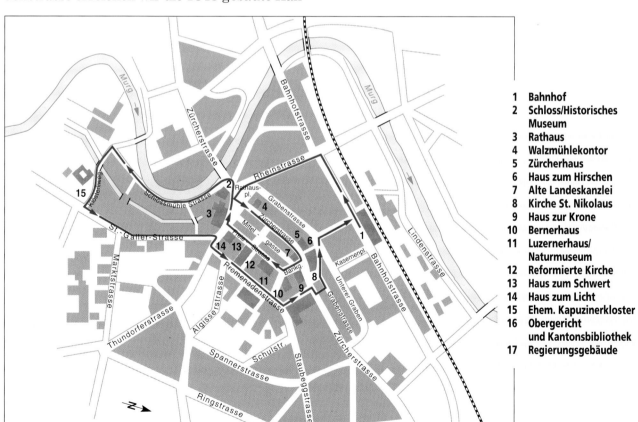

1 Bahnhof
2 Schloss/Historisches Museum
3 Rathaus
4 Walzmühlekontor
5 Zürcherhaus
6 Haus zum Hirschen
7 Alte Landeskanzlei
8 Kirche St. Nikolaus
9 Haus zur Krone
10 Bernerhaus
11 Luzernerhaus/ Naturmuseum
12 Reformierte Kirche
13 Haus zum Schwert
14 Haus zum Licht
15 Ehem. Kapuzinerkloster
16 Obergericht und Kantonsbibliothek
17 Regierungsgebäude

HERISAU

ler Rhoden, die im Gegensatz zu den sechs inneren den neuen Glauben annahmen. Bei der Teilung des Standes von 1597 wurde mit knapper Mehrheit Trogen zum Hauptort bestimmt. Seit 1876 ist Herisau Sitz der Regierung und der Verwaltung sowie Tagungsort des Kantonsrats und damit faktischer Hauptort, obwohl die Landsgemeinden noch immer abwechselnd in Trogen und Hundwil stattfinden. 1606 wurde Herisau von einem verheerenden Brand heimgesucht, dem 48 Häuser zum Opfer fielen. Im ausgehenden 18. Jh. kam der Ort, wie das ganze Appenzellerland, dank dem Textilgewerbe zu Wohlstand. Davon zeugen die Bürgerhäuser aus dieser Zeit. Heute zählt Herisau rund 15 000 Einwohner.

Vom Bauerndorf zum Kantonshauptort

Die bewaldete Gegend um Herisau wurde im 7./8. Jh. von alemannischen Bauern gerodet; «Herinisauva» (Au des Herin) ist 837 erwähnt. 868 hatte sich das Kloster St. Gallen durch Schen-

1 Bahnhof
2 Häuser an der Bach-
    strasse
3 Obstmarkt
4 Regierungsgebäude
5 Kantonalbank
6 Altes Pfarrhaus
7 Altes Rathaus
8 Dorfplatz
9 Reformierte Kirche
10 Doppelhaus Walser
11 Haus zur Rose
12 Haus Wetter
13 Haus zum Baumgarten
14 Gemeindehaus
15 Ehemaliges Realschul-
    haus
16 Kantonales Zeughaus
17 Schmiedgasse
18 Häuser im Spittel
19 Katholische Kirche

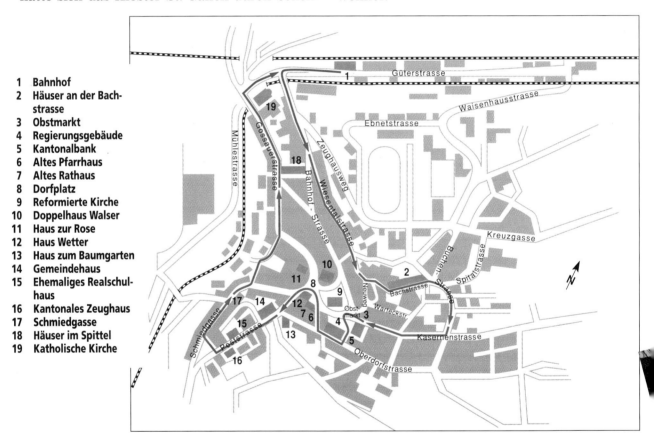

kung, Tausch und Kauf den grössten Teil des heutigen Gemeindegebiets gesichert und setzte einen Verwalter ein. Als Reaktion auf das immer härter gewordene Regime der St. Galler Fürstbischöfe traten die Herisauer 1401 dem Bund der Appenzeller bei. Im Freiheitskampf von 1403 zerstörten sie die Burgen Rosenberg und Rosenburg über dem Dorf und vertrieben die äbtischen Amtsleute. In der Reformationszeit gehörte Herisau zu den sechs äusseren Appenzel-

Rundgang durch Herisau

Vom 1910 gebauten Bahnhof (1) gehen wir durch die Bahnhof- und Wiesental- in die obere Bachstrasse (2). Im 17./18. Jh. liessen sich hier Gerber und Bleicher nieder, die charakteristische Holzgiebelhäuser in Strickbauweise bewohnten. An Neujahr 1812 brannten 24 Firste der Häuserzeile nieder, wurden jedoch wiederaufgebaut. Unser Rundgang bringt uns weiter zum Obstmarkt (3). Seine heutige Form erhielt der Platz 1914, nach dem Bau des repräsentativen spätklassizistischen Aussenrhoder Regierungsgebäudes (4). Im Kantonsratssaal kann eine lückenlose Porträtreihe der Landammänner seit 1597 bewundert werden. 1984 zog die zuvor im Regierungsgebäude domizilierte Kantonalbank in den Neubau (5) an der Ostseite des Obstmarkts um. Am Eingang der Oberdorfstrasse stossen wir auf den 1989 renovierten Riegelbau des ehemaligen Pfarrhauses (6), nach dem Dorfbrand von 1606 wiederaufgebaut und damit eines der ältesten Häuser Herisaus. Das angebaute Alte Rathaus (7) löste 1828 einen Vorgängerbau von 1606 ab und war bis 1877 Sitz des Kantons- und Gemeinderats (seit 1967 historisch-heimatkundliches Museum). Den Raum zwischen dem Dorfplatz (8) und dem Obstmarkt beherrscht die reformierte Kirche St. Laurentius (9) am Standort des 907 erwähnten Gotteshauses. Die spätgotische Landkirche mit nur einem Schiff wurde 1516–1520 vom Konstanzer Münsterbaumeister Lorenz Reder über einem Vorgängerbau des 14. Jh. errichtet, von dem der Turmschaft erhalten blieb (Turmumbau 1741). Das Walsersche Doppelhaus (10) mit Eckerker und zwei Sandsteinportalen stammt von 1779, das Haus zur Rose (11) in der westlichen Häuserzeile von 1732, ebenso das 1820–1830 in klassizistischem Stil umgebaute Haus Wetter (12) neben dem Alten Rathaus. Das

**DER AUF-
GEBAHRTE
GIDIO
HOSESTOSS**

ist an einem gestohlenen Leckerli erstickt, und deshalb geleitet ihn die Herisauer Schuljugend an Aschermittwoch zur Abdankung. Am Funkensonntag nach Aschermittwoch geht die Strohpuppe in Flammen auf.

Haus zum Baumgarten (13) von 1780 bildet mit seiner klassizistischen Verandenfassade die Ecke Oberdorf-/Poststrasse. Das gegenüberliegende Gemeindehaus (14) ist ein Neurenaissancebau von 1878 mit Walmdach, das spätklassizistische ehemalige Realschulhaus (15) stammt von 1868. Gegenüber steht das kantonale Zeughaus (16), 1838 im Stil der Florentiner Renaissance errichtet. Das Geschäftshaus Friedeck leitet über zur Schmiedgasse (17) mit einer malerischen Gruppe appenzellischer Holzhäuser. Zwischen Gossauer- und Bahnhofstrasse, im Spittel (19), stossen wir erneut auf eine Zeile typischer Holzgiebelhäuser des 18. Jh. Die Kirche St. Peter und Paul (19) am Strassenkreuz westlich des Bahnhofs war 1879 das erste seit der Reformation gebaute katholische Gotteshaus Ausserrhodens.

**PRACHTVOLLE
BÜRGER-
HÄUSER**

schmücken den Dorfkern Herisaus und zeugen vom Wohlstand, den das Textilgewerbe dem Appenzellerland bescherte.

Auskunft:
Offizielles Verkehrsbüro
Oberdorfstrasse 29, 9100 Herisau
Tel. 071/51 44 60

CHUR

DER SPITZE TURM VON ST. MARTIN

bildet das städtische Pendant zum hochaufragenden Glockenturm der Kathedrale im Hof. Beide beherrschen die schöne mittelalterliche Altstadt.

Auskunft:
Verkehrsverein der Stadt Chur
Grabenstrasse 5, 7000 Chur

5000 Jahre Geschichte

Jungsteinzeitliche, bronzezeitliche, keltische und römische Funde belegen, dass der Raum Chur seit über 5000 Jahren kontinuierlich besiedelt ist. Als obligater Durchgang am Weg zu und von elf Bündner Pässen wurde der keltische Ort 15 v. Chr. unter Kaiser Augustus von den Römern besetzt. 284 n. Chr. wurde «Curia» Hauptstadt der Provinz Raetia Prima; im 4. Jh. dürfte das römische Kastell im Hof entstanden sein, der 451 als Bischofsresidenz erwähnt ist (ältestes Bistum nördlich der Alpen). 958 verlieh Kaiser Otto dem Churer Bischof das Münz-, Markt- und Zollrecht. Die mittelalterliche Stadt entwickelte sich nordwestlich zu Füssen des Hofs; 1464 musste der Bischof die weltliche Macht an die Bürger abtreten. Von der Churer Reformation 1532 bis 1854 bildete der Hof eine politische und konfessionelle Enklave. Die

Hauptstadt des Kantons Graubünden, die ihre Altstadt recht intakt zu bewahren verstand, zählt heute gut 32 000 Einwohner.

Rot und Grün für Stadtrundgang

Chur denkt an seine Besucher: Rote Fussspuren führen zu den wichtigsten Baudenkmälern, grüne an die Plessur und in die westliche Altstadt. Vom Bahnhof (1) kommen wir auf der roten Spur zuerst zum Bündner Kunstmuseum (2; u. a. die Familie Giacometti, Segantini, Kirchner) am Postplatz; einen Abstecher wert ist das Bündner Natur-Museum (3) an der Masanserstrasse 31. Das Alte Gebäu (4) wurde 1730 als barocker Stadtpalast der Salis-Soglio fertiggestellt. Das hohe Satteldach des Rathauses (5; nach 1464) überdeckt drei spätmittelalterliche Baukörper. Durch das gotische Erdgeschoss (Kauf- und Lagerhalle) erreichen wir das Geburtshaus der berühmten Malerin Angelika

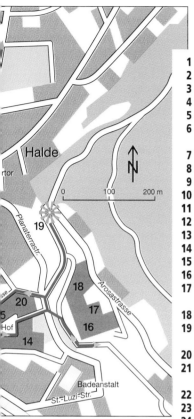

8. Jh. erbaut und wurde 1272 eingeweiht (hervorragende Bauplastik, reiche Ausstattung und bedeutender Kirchenschatz). Das Schloss wurde in der 1. Hälfte des 17. Jh. zum Teil neu- und später mehrfach umgebaut. Gegenüber befindet sich das Pristerseminar mit der ehemaligen Klosterkirche St. Luzi (16; einmalig die karolingische Ringkrypta, 8. Jh., und der dreischiffige spätromanische Hochchor). Die Kirche wurde 1811 um zwei Stockwerke erhöht, der heutige Turm stammt von 1937. Bei der Kantonssschule (18; 1972) wurden die Ruinen der um 500 erbauten Stephanskirche (17) freigelegt. Ein Abstecher führt zum Aussichtspunkt Haldenpavillon (19). Am Marsölturm (20) vorbei kommen wir zum Grauen Haus oder Neuen Gebäu (21) aus dem 18. Jh. (heute Sitz der Kantonsregierung) sowie zum Denkmal für die Drei Bünde (22). Weiter nördlich befinden sich das Haus Planaterra oder Capol (23; eine ehemalige Stadtburg) und die spätgotische reformierte Kirche St. Regula (24) von 1500.

Die grüne Spur führt vom Rathaus (5) zum neuen Arcas-Platz. Unweit des Obertors (26) und des Malteser- oder Pulverturms (27) steht das Haus zum Brunnengarten (25), eine Villa im Palladiostil von 1848. Durch den Stadtgarten geht's nun zum ehemaligen Predigerkloster St. Nicolai (28), 1280 gegründet und 1658 säkularisiert. Das Fontana-Denkmal (29) im Park erinnert an den Sieg bei der Calven über die Österreicher von 1799.

Kauffmann (6; 1741–1807). In der Rabengasse steht das Haus Pestalozza (7; Ende des 16. Jh.) mit seinen frühbarocken Grisaille-Fassadendekorationen. Am Ende der Reichsgasse stossen wir auf die reformierte Stadtkirche St. Martin (8; ihr Kern ist eine bereits 769 belegte karolingische Saalkirche, die nach dem Stadtbrand von 1464 in Etappen um- und ausgebaut wurde. Besonders eindrucksvoll ist das Häuserensemble der Kirchgasse (9) mit dem Antistitium (10; um 1490 in die heutige Form gebracht), ehemals Hof des Klosters Disentis und heute Pfarrhaus, und dem «Bärenloch» (Nr. 6; Durchgänge zu den Höfen und zur Plessur). Der Obere Spaniöl (11; 1635–1640) ist der erste freistehende Bürgersitz der Stadt. Durch den romanischen Torturm (13) gelangen wir in den Hof, den Bischofssitz mit der Kathedrale Mariä Himmelfahrt (14) und dem Bischöflichen Schloss (15). Die spätromanische Kathedrale ist über Vorgängerbauten des 5. und

1 Bahnhof
2 Bündner Kunstmuseum
3 Bündner Natur-Museum
4 Altes Gebäu (Gericht)
5 Rathaus
6 Geburtshaus
A. Kauffmann
7 Haus Pestalozza
8 Kirche St. Martin
9 Kirchgasse 2–12
10 Antistitium
11 Oberer Spaniöl
12 Rätisches Museum
13 Torturm zum Hof
14 Kathedrale
15 Bischöfliches Schloss
16 Kirche St. Luzi
17 Ausgrabung
Stephanskirche
18 Kantonsschule
19 Aussichtspunkt
Haldenpavillon
20 Marsölturm
21 Graues Haus
oder Neues Gebäu
22 Vazerol-Denkmal
23 Haus Planaterra
24 Kirche St. Regula
25 Haus zum Brunnengarten
26 Obertor
27 Malteser- oder Pulverturm
28 Ehem. Predigerkloster
St. Nicolai
29 Fontana-Denkmal

MODERNE WOHNTÜRME prägen das Bild Churs aus der Vogelschau. Der moderne Kantonshauptort ist weit in die Schwemmlandebene zwischen Plessur und Rhein vorgestossen.

BELLINZONA

Verwaltungsstadt und Zentrum des Nordtessins

Die erste Befestigung bei Bellinzona, am Zugang zu den Alpenpässen durch Ticino-Tal und Misox, entstand vermutlich gegen Ende des Weströmischen Reichs zum Schutz vor Germaneneinfällen. Um 590 erwähnt Gregor von Tours ein «Belitionis castrum». Man nimmt an, dass es am Standort des Castel Grande errichtet wurde. 721 übertrug der langobardische König Luitprand die Grafschaft Bellinzona dem Bischof von Como. In der Folge stritten sich die Stadtstaaten Como und Mailand um den Besitz, bis im 13. Jh. Mailand die Oberhand gewann und Bellenz unter den Visconti und Sforza zur «uneinnehmbaren» Festung mit drei gestaffelten Burgen ausbaute. Eine nördliche und eine südliche Stadtmauer riegelten den Ort quer zum Tal ab. Damit konnten die landhungrigen Eidgenossen hingehalten werden, bis diese während des mailändisch-französischen Machtkampfs Ende des 15. Jh. das heutige Tessin eroberten. 1503 richteten die «dritthalb Orte», Uri, Schwyz und Nidwalden, ihre Landvogteisitze in den drei Bellenzer Schlössern Castello Grande (Uri), Montebello (Schwyz) und zuoberst Sasso Corbaro (Nidwalden) ein und verwalteten das Tessin von nun an kaum weniger hart als die früheren fremden Herrscher. 1803 wurde das Tessin ein selbständiger Kanton; die Hauptortfunktion wechselte im 6-Jahres-Turnus von Bellinzona zu Locarno und Lugano, bis sie 1878 definitiv bei der Stadt am Ticino blieb, die heute 17 000 Einwohner zählt. Wirtschaftlich hatte im 19. Jh. der Bau der Gotthardbahn einen bedeutenden Entwicklungsschub gebracht; in den letzten Jahrzehnten trug die Autobahn zur Ansiedlung neuer Industrie- und Dienstleistungsbetriebe bei.

Auskunft:
Ente turistico, Piazza Nosetto
6500 Bellinzona
Tel. 092/25 21 31

1 **Casa Chicherio**
2 **Kollegiatskirche SS. Pietro e Stefano (Collegiata)**
3 **Bruderschaftsoratorium Corpus Domini**
4 **Castello di Montebello (Museo civico)**
5 **Kath. Kirche S. Rocco**
6 **Palazzo del Municipio (Rathaus)**
7 **Altes Stadttheater**
8 **Palazzo del Governo (Regierungsgebäude)**
9 **Palazzo Sacchi**
10 **Castello Grande**
11 **Kath. Kirche SS. Giovanni Battista ed Evangelista**

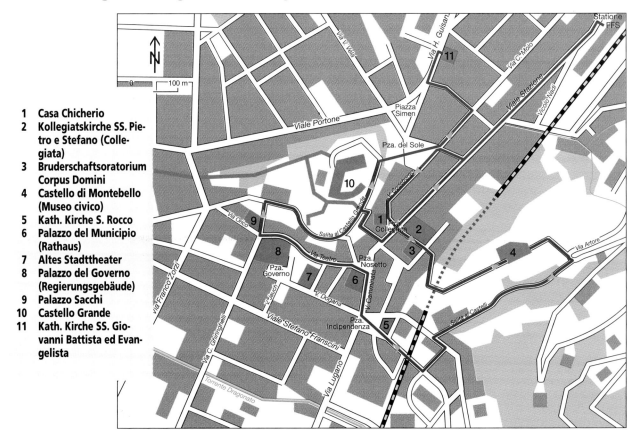

Rundgang durchs Tor zum Süden

Vom Bahnhof führt der Viale Stazione schnurgerade auf die Piazza Collegiata, den Hauptplatz der Altstadt und Standort des Samstagsmarkts. Die reichverzierte Fassade der Casa Chicherio (1) aus dem 18. Jh. antwortet der Renaissancefront der Collegiata SS. Pietro e Stefano (2). Die 1424 erstmals erwähnte Pfarrkirche wurde ab 1517 und erneut im 17. und 18. Jh. (barockes Interieur) umgebaut; im 17. Jh. kam das Bruderschaftsoratorium S. Marta an der Nordseite hinzu. Auf der andern Seite der Kirche steht das 1584 durch Umbau eines Wohnhauses entstandene Bruderschaftsoratorium Corpus Domini (3). Hier führt ein teilweise getreppter Steig zum Castello di Montebello (4) hinauf. Die mittlere der drei Burgen ist eine der beeindruckendsten mittelalterlichen Festungsanlagen der Schweiz. Der Kernbau geht auf das 13. Jh. zurück, die Wehranlagen wurden 1460–1470 perfektioniert. Nach der umfassenden Renovation von 1971–1974 richtete man hier das Museo Civico (Archäologie und Geschichte) ein. Die Salita Castelli führt hinunter in die Via Bonzanigo und zur Piazza Independenzia. Die 1330 gegründete Kirche S. Rocco (5; sehenswerte Gemälde) wurde beim Bau der südlichen Stadtmauern 1478 stark umgebaut. Die Piazza Nosetto wird beherrscht vom Palazzo del Municipio oder Palazzo Civico (6), dem Rathaus. Es wurde 1924 unter Verwendung von Elementen des Vorgängerbaus aus dem 15. Jh. errichtet. In der Via Teatro kommen wir an der Casa Cusa (Nr. 9) vorbei zum spätklassizistischen alten Stadttheater (7; 1847) und zum Palazzo del Governo (8), 1743 als Ursulerinnenkloster entstanden und seither mehrmals umgebaut. Vor dem Palazzo Sacchi (9), einem herrschaftlichen Dreiflügelbau des 18. Jh., gehen wir durch den Vicolo Socino und über den Schlosssteig (Salita) hinauf zum Castello Grande (10), auch Castello Vecchio, Uri oder San Michele genannt. Zur mittelalterlichen Burg gehörten drei Kirchen, das bischöfliche Palais und Kanonikerhäuser. Seit der jüngsten Renovation führt ein Lift im Fels hinunter zur Piazza del Sole. Durch Altstadtgassen geht's nun zur frühklassizistischen Kirche SS. Giovanni Battista ed Evangelista (11) und zurück zum Bahnhof.

Südlich der Altstadt stehen zwei sehenswerte Kirchen: S. Maria delle Grazie mit dem Passionsfresko vom Ende des 15. Jh. sowie (in Ravecchia) S. Biagio mit Wandmalereien des 14./15. Jh. u. a. an der Fassade.

MENDRISIO

Wegweiser zum Spital (Ospedale regionale della Beata Vergine, 1), zu dem die Konventgebäude des 1623 gegründeten und 1848 aufgehobenen Kapuzinerklosters gehören. Der zweigeschossige Bau des Spitals selbst wurde 1853 wie viele andere Gebäude Mendrisios vom einheimischen Architekten Luigi Fontana erbaut. Im Park auf der andern Seite der Via Gismonda steht die Villa Argentina (2), eines der Hauptwerke von Antonio Croce, dem zweiten grossen Baumeister Mendrisios im 19. Jh. An der Ecke Corso Bello/ Via alla Torre treffen wir auf den 1720 erbauten Palazzo Pollini (3), einen der prachtvollsten Barockpaläste des Tessins, dem der Zahn der Zeit allerdings stark zugesetzt hat. Von hier geht der Blick hinauf nach Torre, dem 1350 zerstörten Feudalsitz der Familie Della Torre oder Torriani.

KOSMAS UND DAMIANUS, die Schutzheiligen der Ärzte und Apotheker, sind auch die Patrone der Pfarrkirche von Mendrisio. Hier ahnt man noch nicht, wie verbaut die Ebene des Mendrisiottos heute ist.

DAS LÄNDLICHE TESSIN verkörpert dieses Tabakbauern-Paar aus der Nähe Mendrisios. In der Campagna Adorna, wie das Mendrisiotto auch genannt wird, war die Landwirtschaft noch bis weit in unser Jahrhundert hinein der wichtigste Erwerbszweig.

Das «prachtvolle Städtchen» im Südzipfel

Funde von Gräbern, Mosaiken und Thermen belegen, dass der «Magnifico Borgo», wie der Hauptort des Mendrisiotto auch genannt wird, in die Römerzeit zurückreicht. 793 war der «locus Mendrici» Teil der Grafschaft Castel Seprio. Nach 1170 kam die Gegend an den Stadtstaat Como und mit diesem 1412 an den Herzog von Mailand. 1499 von französischen Truppen und 1512 von den Eidgenossen besetzt, wurde Mendrisio 1522 Sitz eines eidgenössischen Landvogts. Dieses Amt vererbte sich 1666–1798 in der Urner Familie Beroldingen. 1814 wurde der Bezirk Mendrisio um das Gebiet von Riva S. Vitale, Rancate, Arzo, Besazio, Tremona, Meride und Capolago erweitert. Die Gegend von Mendrisio über Balerna bis Chiasso ist heute die am stärksten industrialisierte Region des Tessins.

Rundgang durch Mendrisio

Kern der Altstadt, die im Süden etwa auf der Höhe des Bezirksspitals beginnt und auf der untersten Geländestufe des Monte Generoso liegt, ist das Viertel zwischen der Kirche S. Giovanni und der Piazza del Ponte. Vom Bahnhof führen

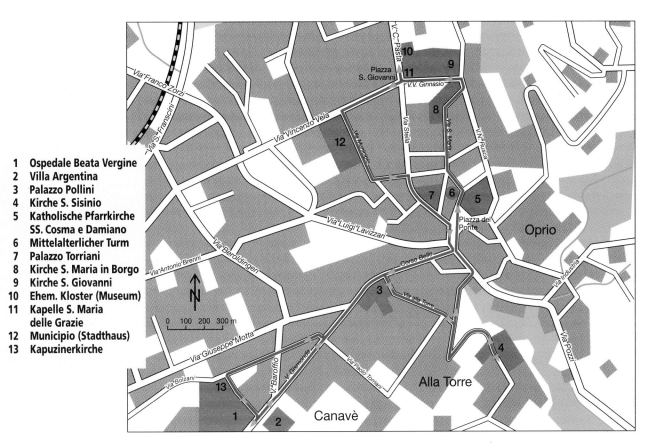

1 Ospedale Beata Vergine
2 Villa Argentina
3 Palazzo Pollini
4 Kirche S. Sisinio
5 Katholische Pfarrkirche
   SS. Cosma e Damiano
6 Mittelalterlicher Turm
7 Palazzo Torriani
8 Kirche S. Maria in Borgo
9 Kirche S. Giovanni
10 Ehem. Kloster (Museum)
11 Kapelle S. Maria
   delle Grazie
12 Municipio (Stadthaus)
13 Kapuzinerkirche

Die heutigen Bauten stammen überwiegend aus der Zeit der Familie Beroldingen, die 1679 hier Wohnsitz nahm. Die Kirche S. Sisino alla Torre (4), 1276 Privatkapelle der Torriani, diente 1454–1477 dem Servitenorden des angebauten Klosters und wurde 1692 umgebaut. Durch die Via A. Soldati und Via Pozzi kommen wir hinunter zum Zentrum Mendrisios, der Piazza del Ponte, über der die Pfarrkirche SS. Cosma e Damiano (5) thront, der monumentalste Tessiner Kirchenbau des 19. Jh., 1875 nach Plänen Fontanas fertiggestellt. Das prachtvoll geschnitzte Altarziborium in Form eines zweistöckigen Tempels von 1670 wurde aus der Vorgängerkirche übernommen. Die Torre medievale (6), ein sorgfältig gequaderter romanischer Viereckturm, stammt vermutlich aus dem 12. Jh. und diente lange als Campanile. In der Nordwestecke des Platzes erhebt sich der Palazzo Torriani (7) auf dreieckigem Grundriss; das Rundbogenportal zu den zwei malerischen Innenhöfen stammt von 1541; andere Bauteile sind älter. An der Ostfront vorbei gehen wir weiter zur Kirche S. Maria in Borgo (8), die im Hochmittelalter gegründet (romanischer Turm mit barockem Abschluss) und im 17. Jh. umgebaut wurde. An der Via Ginnasio kommen wir zum 1852 aufgeho-

benen Klosterkomplex, der 1251 als Niederlassung der Humiliaten erwähnt ist und 1476 von den Serviten aus Torre bezogen wurde. Die Klosterkirche S. Giovanni (9; 1772, Turm Anfang 16. Jh.) ist einer der einheitlichsten Spätbarockbauten im Tessin, während die Kapelle S. Maria delle Grazie (11) aus dem Mittelalter stammt (romanische Mauerteile, Innenausstattung 17. und 19. Jh.). In den ehemaligen Konventsgebäuden mit Kreuzgang (10) befindet sich das Kunstmuseum. Am pompösen Municipio (12) aus dem 19. Jh. vorbei kehren wir zur Piazza del Ponte und zum Spital zurück, wo wir noch die ehemalige Kapuzinerkirche (13) besichtigen können. Besonders sehenswert: die 1964 restaurierte romanische Kirche S. Martino, 1 km nordwestlich der Piazza del Ponte mitten im Feld an der Autobahn gelegen. Sie steht über drei Vorgängerbauten, von denen der erste aus dem Frühmittelalter stammt (die Fundamente können besichtigt werden).

Auskunft:
Ente turistico del Mendrisiotto
Via Borromini 3, 6850 Mendrisio
Tel. 091/46 57 61

Wenn einer ein Vehikel nimmt,
so kann er was erreisen ...

Fahren plus Nicht-Fahren gleich beste Kilometerleistung

Haben Sie sich auch schon überlegt, wie bei Ihnen zwei Wochen Ferien aussähen, wenn die Erfindung des Rades für diese Zeit rückgängig gemacht würde? Das Rad ist heute mehr als eine Erleichterung unserer Fortbewegung: Es ist schlichtweg eine zweite Basis unserer Mobilität, so etwas wie ein zweites Beinpaar. Zwar floss nach dem ersten Erscheinen des Rades in Mesopotamien vor rund 5000 Jahren noch viel Wasser den Euphrat und den Tigris hinunter, bis das Rad die «Pool Position» in der technischen Revolution einnehmen konnte. Und noch vor hundert Jahren war eine Reise z. B. vom Berner oder Zürcher Oberland «in die Stadt» ein gewichtiges Tagesunternehmen: auf einer Strecke, die heutige Pendler täglich mit der grössten Selbstverständlichkeit der Welt zurücklegen. Die Euphorie der grenzenlosen Mobilität wuchs schliesslich nach dem Zweiten Weltkrieg ins Ungeheuerliche.

MOTIVATION UND GEWINN

Was motiviert die Menschen überhaupt, in der Freizeit herumzureisen? Ist es der Drang nach neuen Kontakten mit einer ungewohnten Umgebung, mit anderen Menschen? Ist es das Bedürfnis, Werte, die im eher städtischen Alltag verlorengegangen sind, abseits auf dem Land wiederzufinden? Ist es die Suche nach Romantik? Alles mag zutreffen oder auch nichts – aber eines ist sicher: Die Erreichung eines Motivationsziels setzt die Freude am Entdecken voraus und die innere Ruhe, sich einer Sache zu widmen. Die Benützung öffentlicher Verkehrsmittel bietet hierin Vorteile. Aber wer hier und dort mit dem eigenen Auto anfährt, benütze den Zeitgewinn gerade dazu, sich mit dem Neuen intensiver zu beschäftigen: Erreisen bedeutet besser kennenlernen.

Revolutionen bringen Gegenrevolutionen hervor: Inzwischen stecken wir bereits mitten in einem Umdenkprozess, der die Mobilität nicht mehr zum Ziel um seiner selbst willen kürt, sondern sie zweckgebunden in den Dienst anderer Ziele stellt. Unter diesem Aspekt sollen auch die folgenden Ausflugsvorschläge zu verstehen sein: «Kilometerfressen» ist «out», dagegen sind Wege zu vertiefenden Erlebnissen irgendwo unterwegs «in». Der Aufenthalt auf einem Gipfel z. B., an einem Fluss, oder das Schweben mit einer Seilbahn über einer Felswand usw. mögen uns Anstösse für Gedanken und Empfindungen geben, die uns von den Fesseln des Alltags loslösen. Tanken wir auf!

Die meisten **öffentlichen Verkehrsmittel** bieten eine Fülle von Vergünstigungen an, die solche Unternehmungen wesentlich erleichtern (s. u.: Reisetips). Diese Verkehrsmittel stehen in den Vorschlägen speziell im Vordergrund. Aber auch die Verwendung des Privatautos, das unbestrittenermassen gewisse spezifische Vorteile bringt, wird bei den folgenden Vorschlägen mit einbezogen – das Auto ermöglicht es uns, unterwegs den Reiserhythmus den jeweiligen Bedürfnissen optimal anzupassen: nach Belieben anzuhalten, Sehenswertes zu besuchen, Neues zu entdecken. Man überwinde dazu herzhaft die bequeme Trägheit! Ganz nach dem Motto: Weniger Kilometer sind bessere, gehaltvollere Kilometer.

Reisetips

Die **öffentlichen Verkehrsmittel** der Schweiz bieten eine ganze Palette von Dienstleistungen und Ermässigungen, die das Reisen nicht nur angenehm, son-

dern auch preisgünstig machen; es handelt sich dabei nicht nur um die Eisenbahn, sondern auch um die Postautos, die Schiffahrtsverbindungen und – zumindest teilweise – die Bergbahnen.

Arrangement Bahn-Hotel:
Wer einen Bahnausflug mit Übernachtung(en) im In- oder Ausland plant, kann neben den Reisebilletten auch die Hotelreservationen bei der SBB beziehen. Die «bahntastischen» Angebote sind am Bahnschalter oder in Reisebüros erhältlich.

Familienkarte: Sie kostet für ein Jahr 20 Franken. Mit der Familienkarte, die an jedem Bahn- oder Postschalter erhältlich ist, können Kinder bis zu 16 Jahren in Begleitung eines Elternteils gratis mitfahren. 16–25jährige, unverheiratete Jugendliche reisen – die Begleitung von Mutter und/oder Vater vorausgesetzt –

zum halben Preis. Die Familienkarte gilt überall dort, wo auch das Halbtax-Abo gültig ist. Die Familienkarte kann auch von Ausländern erworben werden.

Generalabonnement (GA): Es ermöglicht freie Fahrt auf fast allen Bahn-, Postauto- und Schiffstrecken, aber auch in Tram und Bus vieler Schweizer Städte und Agglomerationen. Ausnahmen: die meisten Luftseilbahnen, die Brig-Visp-Zermatt- und die Furka-Oberalp-Bahn. Auf diesen Strecken muss trotz GA ein halbes Billet bezahlt werden. Das GA kann an allen Bahnhöfen, bei vielen Poststellen und Reisebüros bezogen werden. Passfoto erforderlich. Senioren, Junioren und Invalide erhalten das GA zu reduzierten Preisen. Dies gilt ebenfalls für Familienangehörige von GA-Besitzern. GA können auch für einzelne Monate gelöst werden.

Neuer Triebwagen der Wengernalpbahn WAB vor «klassischer» Bergkulisse.

Gruppenreisen: Für Gruppen ab 10 Personen sind ermässigte Kollektivbillete erhältlich. In Kombination mit dem Halbtax-Abo werden Gruppenreisen fast um die Hälfte billiger. Gruppen-

Wer hat Angst vor Kühen, die beim Alpaufzug zu schnell zu ihren Weidegründen «rasen»?

reisen sollten mindestens zwei Tage vor Antritt der Fahrt beim Bahnhof angemeldet werden. Bahnplätze werden gratis reserviert.

Hunde: Für Hunde ist auf allen Bahnstrecken der Preis eines halben Zweitklass-Billets zu bezahlen, egal, ob sie 1. oder 2. Klasse mitfahren. Das gleiche gilt auch für Postautos und Schiffe. Einzelne Schiffahrtsgesellschaften geben für die vierbeinigen Begleiter Tageskarten ab oder lassen Kleinstexemplare und Katzen im Korb gratis mitfahren. Bergbahnen kennen sehr unterschiedliche Regelungen.
Für Hunde kann auch ein GA gelöst werden.

Halbtax-Abonnement: Mit dem Halbtax-Abonnement kosten Bahn-, Schiff- und Postautoreisen und auch die meisten Bergbahnstrecken nur noch den halben Preis. Halbtax-Abos sind an allen Bahnhöfen, vielen Postautostationen und Reisebüros erhältlich. Passfoto erforderlich.

Postauto-Sieben-Tage-Karte: Diese Karten sind für die folgenden touristischen Gegenden der Schweiz erhältlich: Sion, Siders/Leukerbad, Oberwallis, Appenzellerland, Toggenburg, Ilanz/Bündner Oberland, Thusis/Andeer/Splügen, Saanenland und Hasliberg/Meiringen. Während sieben aufeinanderfolgender Tage sind auf den Postautolinien im Geltungsbereich beliebig viele Fahrten möglich. Im Tessin/Mendrisiotto werden neu Zwei-Tages-Karten abgegeben. Die Postauto-Karten können bei den Poststellen der Region oder direkt bei den Postautochauffeuren bezogen werden. Familienkarte und Halbtax-Abos verbilligen das Angebot zusätzlich.

Regionalpass: Die Regionen Montreux/Vevey, Chablais, Berner Oberland, Zentralschweiz, Churfirsten/Säntis, Graubünden, Locarno/Ascona und Lugano geben Regionalpässe für 7 oder 15 Tage ab. Diese berechtigen im Geltungsbereich zu beliebigen Fahrten an 2 bis 5 frei wählbaren Tagen und zu 50% ermässigten Billetten in der restlichen Zeit. Inhaber von Familienkarten, GA, Halbtax-Abos, Swiss Card und Swiss Pass können von zusätzlichen Ermässigungen profitieren. Die Abonnemente sowie genauere Informationen sind bei den Stationen der betreffenden Regionen erhältlich.

Rundfahrtbillette sind an jedem Bahnhof erhältlich und sollten ein bis zwei Tage im voraus bestellt werden. Wer ein Rundreisebillet kauft, muss sich vorweg für eine feste Route entscheiden und die Reise entweder an ihrem Anfangspunkt oder an einem Grenz- bzw. Flughafenbahnhof beenden. Für Inhaber von Halbtax-Abos lohnen sich Rundfahrtbillette nur für Reisen,

die sich über mehrere Tage hinziehen. Wer am gleichen Abend heimkehrt, fährt unabhängiger und oft auch günstiger mit einer Tageskarte.

Swiss-Boat-Pass ist das Halbpreis-Abonnement der Schweizerischen Schiffahrtsunternehmungen und gilt auf praktisch allen fahrplanmässigen Kursen. Der Pass kann für 35 Fr. (1993) an allen Schiffstationen bezogen werden.

Swiss Pass: Der Swiss Pass, der Swiss Flexi Pass und die Swiss Card sind Personen mit ständigem Wohnsitz ausserhalb der Schweiz oder des Fürstentums Liechtenstein vorbehalten. Der Swiss Pass ist das GA für Ausländer und kann für 4, 8, 15 oder 30 Tage gelöst werden. Der Swiss Flexi Pass kann an drei frei wählbaren Tagen – innerhalb seiner 15tägigen Gültigkeit – wie ein GA zu beliebigen Fahrten genutzt werden. Die Swiss Card berechtigt zu einer Freifahrt ab dem Grenz- oder Flughafenbahnhof zum Schweizer Zielort und zurück und dient am Aufenthaltsort als Halbtax-Abo für einen Monat.
Die verschiedenen Billette können zu ermässigten Preisen auch für **alleinreisende Kinder** gelöst werden. Für Kinder bis 16 Jahren – in Begleitung ihrer Eltern – lohnt sich die Anschaffung einer **Familienkarte.**

Tageskarten können nur von Inhabern von Halbtax-Abos erworben werden. Sie sind einzeln oder im Sechser-Set (eine Karte gratis) erhältlich. Die Tageskarten – sie müssen vor Antritt der Reise am Bahnhof entwertet werden – machen das Halbtax-Abo zum GA für einen Tag – mit einer Ausnahme; auf vorab touristischen Postautolinien (Pässefahrten) muss neuerdings ein Zuschlag von 5 Fr. auf die Tageskarte bezahlt werden.

Velos (City Bikes oder Mountain Bikes) können an 170 Bahnhöfen in der ganzen Schweiz gemietet werden. Die Broschüre «Rent a bike» – bei jeder Bahnstation gratis erhältlich – enthält neben Angaben über Preise, Versicherungen, Pauschalangeboten und Gruppenermässigungen viele anregende Tips für ein- und mehrtägige Velotouren.

Wer am Zielbahnhof mit dem eigenen Velo weiterfahren möchte, sollte sein Fahrrad nach Möglichkeit bereits am Vortag auf die Reise schicken. Eine Ausnahme bilden die Regionalzüge. Bei allen im Kursbuch nicht fett gedruckten Verbindungen kann das Velo eigenhändig ein-, um- und ausgeladen werden. Das hierfür notwendige Velobillett ist am Billett- oder Gepäckschalter oder am Automaten erhältlich.

Es läuft rund
Ohne Eile zur Weile

Rund um den Genfersee

Autoroute:
Lausanne–Genf–Evian-les-Bains–Villeneuve–Montreux–Lausanne. Strecke: 173 km; Grenzausweis erforderlich

Unsere Fahrt rund um den Lac Léman beginnen wir in der Waadtländer Metropole *Lausanne* (wer gleichentags aus der Deutschschweiz anfährt, kann natürlich auch in Vevey starten). Wir verlassen Lausanne über den

Hafen Ouchy (beim Kreisel nicht auf den Autobahnzubringer Richtung Genf fahren oder diesen bei der nächsten Ausfahrt wieder verlassen) und erreichen über St-Sulpice *Morges* mit seiner sehenswerten Altstadt und der bernischen Hafenanlage sowie der 1286 von Ludwig von

SYMBOLE
Die Stadt Genf blickt auf einen spannenden Geschichtsverlauf zurück. Kelten, Römer, Burgunder und Franken prägen die frühe Geschichte. Als souveräne Bischofsstadt erreichte dieser Ort des Leinwandhandels einen ersten Höhepunkt im 15. Jh. Aus den Wirren der Reformation und der Rückeroberungsversuche durch Savoyen entstand eine gestärkte Republik, die 1815 zum 22. Kanton wurde. Reiche Traditionen in Wissenschaft, Wirtschaft und internationalen Beziehungen machten Genf zu dem, was es heute ist. Bild: Sind nicht der hochschiessende Jet d'eau und der Mont-Blanc Symbole für die Lebenskraft Genfs?

Savoyen erbauten Burg. Weiter geht's auf der Kantonsstrasse dem See entlang nach *St-Prex* mit seiner berühmten dreieckigen Altstadt auf einer Landzunge. In *Allaman* grüsst uns eine mittelalterliche, im 15./16. Jh. umgebaute Burg. Dann folgt *Rolle*, das Zentrum der La-Côte-Weine. Das stattliche, direkt am See gelegene Schloss (13. Jh.) wurde 1530

und 1536 stark beschädigt und vom neuen Besitzer 1558 umgebaut. Das malerische *Nyon* (vgl. Stadtrundgang S. 6/7) braucht einen Vergleich mit seiner Schwesterstadt Nyons im französischen Département Drôme nicht zu scheuen, auch wenn am Genfersee die köstlichen

schwarzen Oliven fehlen. Charme strahlt auch das altehrwürdige Städtchen *Coppet* mit dem in einem schönen Park gelegenen Schloss der Madame de Staël aus.

Versoix ist die nächste Station vor *Genf,* wo prachtvolle Promenaden mit Blick auf den Jet d'eau zum Bummeln einladen. Die eigentliche Altstadt befindet sich zu Füssen der Kathedrale St-Pierre auf dem linken Rhoneufer, doch lohnt sich auch ein Spaziergang an der Rousseau-Insel vorbei ans «schweizerische» Ufer. Durch die Vororte Cologny und Collonge fahren wir weiter nach *Hermance*, einem ehemaligen Fischer- und Handwerkerdorf, wo das gleichnamige Flüsschen die Grenze zu Frankreich bildet.

Weiter geht's über die D 25 nach *Yvoire*, dem schmucken Savoyer Dorf, wo früher Piraten gehaust haben sollen, und nach *Thonon-les-Bains*, Bezirkshauptort im französischen Département Haute-Savoie. Hier lohnt sich ein Abstecher ins Hafenviertel und zur Place du Château. Am Château de Ripaille vorbei fahren wir am Dranse-Delta (Naturschutzgebiet) vorbei nach *Evian-les-Bains*, dem bekannten Thermalkurort mit seinem Spielcasino, und immer am Ufer unter den steil abfallenden Chablais-Bergen entlang ins französisch-walliserische Grenzdorf St-Gingolph.

Die Rhonemündung mit dem Naturschutzgebiet Les Grangettes zwingt uns zu einem Abstecher ins Rhonetal, bevor wir im Hafenstädtchen *Villeneuve*, einer Gründung der Savoyer Grafen, wieder den See erreichen. Das imposante Wasserschloss *Chillon* erhebt sich auf einem Felsen an einem leicht zu verteidigenden Engpass zwischen See und Steilufer an der alten Handelsroute vom Grossen St. Bernhard Richtung Lausanne. Weltberühmt wurde es durch den englischen Dichter Lord Byron und sein Gedicht «The Prisoner of Chillon», dessen tragischer Held, der für die Unabhängigkeit Genfs streitende Prior François de Bonivard, hier sechs Jahre im savoyischen Kerker schmachtete, bevor er 1536 von den Bernern befreit wurde.

Von den Fremdenverkehrszentren *Montreux* und *Vevey* aus bieten sich für den, der die Rundtour nicht in einem Tag zurücklegt, viele lohnende Ausflugs-

Wer zum krönenden Abschluss der Genfersee-Tour Schloss Chillon (o.) besucht: Genügend Zeit einplanen! Unten: Le Pont – «die Brücke» – in entsprechender Lage zwischen Lac de Joux und Lac Brenet.

möglichkeiten in die unmittelbare Umgebung, zum Beispiel die Aussichtspunkte Rochers de Naye (2042 m) und Les Pléiades (1397 m) sowie das Museumsbähnchen Blonay–Chamby. Zwischen Vevey und Lausanne kann man die Route des Vignes durchs Lavaux wählen oder auf der Uferstrasse bleiben ... Rebberge begleiten uns in beiden Fällen bis kurz vor die Tore der Waadtländer Hauptstadt.

Hinein ins westliche Juragebirge

Autoroute:
Genf–Vallée de Joux–Col du Marchairuz–Nyon–Genf. Strecke: 205 km; Grenzausweis erforderlich

Ungeachtet seiner im internationalen Vergleich bescheidenen Grösse ist *Genf* seit langem weltbekannt: in unserem Jahrhundert vor allem als Sitz des Völkerbundes und als europäischer Hauptsitz der UNO sowie von insgesamt mehr als 200 anderen internationalen Organisationen. Darüber hinaus ist das kosmopolitische Genf eine florierende Handelsstadt, Sitz prestigeträchtiger Uhrenmarken und alteingesessener Privatbanken. Gern besucht wird die Stadt mit ihrer einzigartigen Lage am Ausfluss der Rhone aber auch wegen der prachtvollen Uferpromenaden, der sehenswerten Altstadt und des vielfältigen kulturellen Angebots.

Wenn man in Genf dem Wegweiser nach Annecy/Lyon folgt, fährt man westlich am längst völlig mit Genf zusammengewachsenen Vorort *Carouge* vorbei (ein

Abstecher ins Zentrum lohnt sich). Über Plan-les-Ouates erreichen wir bei Perly den Zoll (kurz vorher geht's links zur neuen Autobahn-Zollstelle Bardonnex). Von beiden Grenzübergängen kann man in den französischen Bezirkshauptort *St-Julien-en-Genevois* (Département Haute-Savoie) hineinfahren. Am südwestlichen Ende des Städtchens folgen wir der N 206 (Achtung, grüne Wegweiser; blaue verweisen

Bellegarde, der Pont-des-Pierres und das Défilé de Sous-Balme weiter talaufwärts). Nach *Mijoux* zweigt die Strasse Richtung Col de la Faucille und Gex ab. Wir bleiben aber westlich der Jurahauptkette, die sich hier vom Grand Crêt d'Eau bei Bellegarde über den 1718 m hohen Crêt de la Neige bis zur La Dôle (1677 m) hinzieht, und fahren durch das Vallée des Dappes weiter zum Grenzort *La Cure.*

vorbei zurück nach *Le Brassus.* Nach der Abzweigung Richtung *Col du Marchairuz* beginnt die Strasse zu steigen. Der Pass (1477 m) bietet einen faszinierenden Fernblick auf den Genfersee und die Alpen mit dem Mont-Blanc. Nun fahren wir durch die schönen Dörfer St-George, Longirod, Marchissy, Le Vaud und Bassins hinunter nach *Begnins,* dessen spätmittelalterliche Herrensitze von Weinbergen umgeben sind. Der Genfersee und *Nyon* (vgl. Stadtrundgang S. 6/7) sind nicht mehr weit.

VERGÄNG-LICHKEIT

Es waren tüchtige Mönche, die das Vallée de Joux nach der Klostergründung 1126 bei L'Abbaye urbar machten. Auch in der Beackerung des geistlichen Bereichs taten sie sich hervor und gründeten neue Klöster. Danach zerfiel diese klösterliche Gesellschaft, und Brände zerstörten die Gebäude – zurück blieb wie ein Mahnmal dieser Turm.

Von Nyon fahren nun über die Kantonsstrasse am Genfersee entlang nach *Coppet,* dessen Schloss (13. Jh.) durch Madame de Staël berühmt geworden ist. Sehenswert ist aber auch das alte Coppet mit seinen engen Gassen und Arkaden. Durch *Versoix* kehren wir an den Ausgangspunkt zurück.

 Zwischen den grossen Westschweizer Seen

Autoroute:
Lausanne–Freiburgerland–Neuenburgersee. Strecke: 160 km

in Frankreich auf Autobahnen) Richtung Bellegarde und erreichen *Viry* mit seinem Schloss in einer schönen Parkanlage. Kurz nach *Vulbens* nähern wir uns der Rhone (Aussichtspunkt mit Blick auf die beeindruckende Schlucht, das Défilé de l'Ecluse). Das alte Fort de l'Ecluse (13./14. Jh.) diente noch im Zweiten Weltkrieg als Festung. Dem gewundenen Rhonelauf entlang erreichen wir *Bellegarde-sur-Valserine* mit Schloss Mussel.

Wir folgen dem Flüsschen Valserine durch das romantische Val Mijoux (sehenswert die Perte de Valserine unmittelbar nach

Am Lac des Rousses vorbei erreichen wir das Vallée de Joux, ein weites Hochtal von eigenartigem Reiz. Die Gegend um *Le Brassus,* bekannt als einer der kältesten Orte der Schweiz, ist im Winter ein Langlauf-, im Sommer ein Wanderparadies. Wir biegen hier links nach *Le Sentier* ab und folgen dem Nordwestufer des Lac de Joux. In *Le Pont,* zwischen dem Lac de Joux und dem Lac Brenet (Möglichkeit für einen Abstecher), haben wir den nördlichsten Punkt unseres Ausflugs erreicht und fahren nun am Südostufer des Lac de Joux an *L'Abbaye* (Kloster aus dem 12. Jh.)

Vom Hafen Ouchy zieht sich *Lausanne,* das administrative und kulturelle Zentrum der Waadt, den Hang hinauf; die frühgotische Kathedrale Notre-Dame mit ihren prachtvollen Glasfenstern und Skulpturen erhebt sich auf einem kleinen, durch ein Tälchen abgesetzten und von der Altstadt eingefassten Sporn. Beinahe ebenso berühmt ist die reformierte Kirche St-François (13./14. Jh.). Zum Kennenlernen Lausannes müssen wir uns aber unbedingt mehr Zeit lassen, als wir bei unserer Rundfahrt zur Verfügung haben.

Über *Ouchy* oder eine der

Harmonie: Kloster Hauterive bei Arconciel, eingebettet in eine Saaneschlaufe, die sich dem Fels anschmiegt.

Gross, dynamisch und trotzdem mit edlem Kern – so recht zum Besuchen: Freiburg.

höhergelegenen Ausfallstrassen (blauer Wegweiser Richtung Vevey) erreichen wir *Pully* (kleines Museum über den Schriftsteller C.F. Ramuz) sowie Lutry und Cully, zwei weitere Weinbauerndörfer am Ufer. In *Cully* halten wir links und fahren durch die Lavaux-Rebberge über Riex und Epesses hinauf nach *Chexbres*. Am Ausgang von Chexbres Richtung Vevey biegen wir rechts ab, fahren steil hinunter zum Winzerdorf *Rivaz* am See und weiter nach *St-Saphorin*. Dabei kommen wir am schön gelegenen Château de Glérolles vorbei. In *Vevey* biegen wir unmittelbar nach dem mächtigen Ypsilon-Bau der Nestlé AG nach rechts ab und parkieren auf der Grande-Place, wenn uns der Sinn nach einem Bummel durch die Altstadt und entlang der Uferpromenaden steht. Dann geht's von Vevey oder dem östlich angrenzenden La Tour-de-Peilz bergauf nach *Blonay* mit seiner imposanten Burg, 1175 von den Herren von Blonay gegründet und bis heute praktisch ununterbrochen im Besitz dieser Familie.

Über *La Chiésaz* fahren wir am Fuss des langgestreckten Hügelzugs Les Pléiades (1397 m; Zahnradbahn) ins Freiburgerland – die Grenze bildet hier die Veveyse de Fégire kurz vor Châtel-St-Denis – und über Vaulruz nach *Bulle*, dem Zentrum des Greyerzerlandes mit seinem mächtigen Schloss von 1259. Ein Abstecher ins mittelalterliche Burgstädtchen *Greyerz* (Schaukäserei) beeindruckt, selbst wenn man der starken touristischen Nutzung kritisch gegenübersteht.

Von Greyerz können wir über Broc, Pont-la-Ville und Arconciel Richtung Freiburg weiterfahren oder in Bulle die Kantonsstrasse oder die Autobahn nehmen. Alle drei Routen bieten prachtvolle Ausblicke auf den langgezogenen, gestauten Lac de Gruyère. Der Kantonshauptort *Fribourg* mit seiner sehenswerten Altstadt thront hoch über der Saane.

Jetzt können wir entweder über Villars-sur-Glâne direkt nach *Payerne* mit seiner prachtvollen romanischen Kirche und Benediktinerabtei fahren oder einen Abstecher über *Avenches* machen. Hier erwarten uns neben dem mittelalterlichen Städtchen die guterhaltenen Überreste (Theater, Amphitheater, Ringmauer) von Aventicum, dem Verwaltungszentrum von Römisch-Helvetien. In *Estavayer-le-Lac* (Schloss aus dem 13. Jh., schöne Altstadt, amüsantes lokalhistorisches Museum) erreichen wir den Neuenburgersee. Am malerisch gelegenen Kirchlein von *Font* vorbei kommen wir über einen kleinen Pass nach *Cheyres,* wo wir wieder auf Waadtländer Boden gelangen, den wir in diesem waadtländisch-freiburgischen Flickenteppich zwischen Avenches und Yverdon schon mehrmals erreicht und wieder verlassen haben. Zwischen *Yvonand* und *Yverdon*

durchfahren wir auf schnurgerader Strecke den Auenwald, dem die Grande Cariçaie vorgelagert ist, ein einzigartiges, 14 km² grosses Ufer-Schilfgebiet, das sich bis nach Font hinzieht. Yverdons Altstadt wird beherrscht vom mächtigen savoyischen Schloss (13. Jh.), das Anfang des 19. Jh. durch Pestalozzis Knabeninstitut europaweit bekannt wurde.

Durch das Waadtländer Plateau mit seinem Zentrum *Echallens* gelangen wir zurück nach *Lausanne.*

Mit dem Genfersee zu unseren Füssen: Montreux–Rochers de Naye

Hinreise:
Montreux ist bequem mit dem **Zug** *oder mit dem* **Schiff** *erreichbar. Die* **Zahnradbahn,** *die zu den Rochers de Naye hinaufführt, beginnt am Bahnhof von Montreux.*

Montreux liegt an zwei Buchten des Genfersees und ist durch

Bergketten vor rauhen Winden geschützt. Das milde Klima und die wundervolle Landschaft – heute wird sie leider von der Autobahn zerschnitten – haben Montreux zu einem der meistbesuchten Orte an der Waadtländer Riviera gemacht. Die prunkvollen Hotelpaläste stammen aus dem 19. Jh., einer Zeit, als

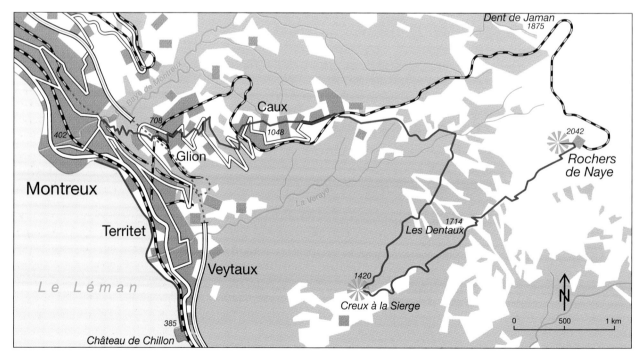

hauptsächlich vornehme englische Touristen zu den Stammgästen des Ferienortes zählten.

Die 1892 eröffnete schmalspurige Zahnradbahn (Spurweite 80 cm) hat wesentlich zum Bekanntwerden von Montreux und seiner Umgebung beigetragen. Die Fahrt bis zur Bergstation **Rochers de Naye** (1973 m ü. M.) dauert eine knappe Stunde. Von hier kann in wenigen Minuten auf den 2042 m hohen Berggipfel aufgestiegen werden. Dort bietet sich eine prächtige Sicht auf den Genfersee und die stolzen Gipfel der Savoyer, der Walliser und der Berner Alpen.

Der in der Nähe der Bergstation gelegene Alpengarten Ramberta beherbergt alpine Pflanzen aus der ganzen Welt. Von den Rochers de Naye kann auf gut ausgeschilderten Wegen bis Montreux (3 1/2 Std.) oder einer der Zwischenstationen (Caux 2 1/4 Std., Glion 3 Std.) abgestiegen werden.

Entlang der **Seepromenade** ist das Wasserschloss Chillon (11.–13. Jh.) von Montreux aus zu Fuss in einer Dreiviertelstunde

Aus der grossen Höhe der Rochers de Naye überblickt man die gewichtige Mündung der Rhone am besten.

erreichbar. Die Strecke kann auch auf dem Schiff oder mit dem Bus zurückgelegt werden. Die vorzüglich erhaltenen Wehranlagen, in einer Schlüsselposition der Genferseeroute zum Grossen St. Bernhard gelegen, waren 1536–1733 Sitz der bernischen Landvögte.

Dem Mont-Blanc zu Füssen

Autoroute:
Martigny–Aosta–Chamonix–Col de la Forclaz–Martigny. Strecke: 180 km; Grenzausweis erforderlich

Die strategische Lage von *Martigny* an der Einmündung der Route von der Lombardei über den Grossen St. Bernhard ins Unterwallis hatten schon die Römer erkannt, die hier eine Siedlung der keltischen Veragrer nach 10 v. Chr. zum Vicus Octodurus ausbauten. Die reiche römische Siedlung war vom Ende des 4. Jh. bis um 585 Sitz der Walliser Bischöfe. Die Pfarrkirche (1645), das Alte Rathaus, die Burg La Bâtiaz auf einem Felssporn und die Fondation Pierre-Gianadda mit dem Gallorömischen Museum sind besonders sehenswert.

Wir fahren Richtung Italien ins Val d'Entremont hinein. In *Sembrancher* mit seinen pittoresken Gassen und Häusern aus dem 18. Jh. fliessen die Drance de Bagnes und die Drance d'Entremont zusammen. Von *Orsières* führt eine kurvenreiche Strasse hinauf zum Ferienort *Champex,* der einen idyllischen Bergsee und einen Alpengarten zu bieten hat. Die Passstrasse folgt weiter steigend dem Val d'Entremont; linker Hand reihen sich die Gipfel des Combin-Massivs, das im Grand Combin auf 4314 m kulminiert.

Bourg-St-Pierre, letzte schweizerische Ortschaft vor der Passhöhe, hat einige Berühmtheit als Ferienort. Sehenswert sind die Pfarrkirche mit dem romanischen Turm des 11. Jh., das Prioratshaus, der römische Meilenstein aus Jurakalk in der Friedhofsmauer und der Alpengarten der Universität Genf. Durch

cher Zeit rege benutzt und von den Römern ausgebaut. 218 v. Chr. passierte ihn Hannibal mit seinen Kriegselefanten. Später folgten die römischen Legionen und um 1800 Napoleon mit 40 000 Mann. Das *Hospiz* (heute mit interessantem Museum) gründete der hl. Bernhard von Aosta im 11. Jh.; die Klosterkirche stammt von 1686. Hinter dem Hotel befindet sich der Zwinger mit den weltberühmt gewordenen Bernhardinerhunden. Ein Sessellift führt vom Pass auf die 2889 m hohe Chenalette mit prachtvollem Rundblick auf rund 20 Gletscher.

Auf der italienischen Seite windet sich die Strasse durchs Val del Grand-St-Bernard nach *Aosta*

birgsszenerie mit dem Blick auf das Mont-Blanc-Massiv, dessen 4807 m hoher Gipfel die höchste Erhebung Europas ist. Von *Entrèves* in der Nähe des Tunnelportals können wir mit der Mont-Blanc-Luftseilbahn zum Hôtel Torino auf 3371 m Höhe fahren. Von hier geht's in der Luft weiter über den Glacier du Géant zur Aiguille du Midi (3842 m) und hinunter nach Chamonix. Doch wir müssen zurück und den Strassentunnel wählen, der kurz oberhalb von *Chamonix* mündet. Vom bekannten französischen Wintersportort führt eine malerische Passstrasse durch Argentière auf den *Col des Montets* (1461 m). Hier lohnt es sich, nochmals einen Blick zurück auf den Mont-Blanc zu werfen. Kurz nach der Grenze erreichen wir *Le Châtelard.* Hier befindet sich die Talstation der steilsten Standseilbahn Europas, die in 22 Min. 692 m Höhendifferenz überwindet. Als Anschluss führt ein Eisenbähnchen zum Fuss der Staumauer des Lac d'Emosson, die ihrerseits von einer Monorail-Bahn bezwungen wird.

Von Le Châtelard nähern wir uns steigend dem *Col de la Forclaz* (1526 m), und dann geht's in langen Kehren hinunter

OBENDURCH

Dem besonders ehrwürdigen, jahrtausendealten Grossen St. Bernhard wurde seine Bedeutung zum «Verhängnis»: Er wurde mit einem Tunnel durchlöchert, der den Verkehr vom oberen Teil des Passes ableitet. Dem mussevoll Reisenden kommt dies zugute. Im Bild das Hospiz, das auch ein Museum beherbergt.

Galerien fahren wir dem Stausee Les Toules entlang. Vor dem 5,8 km langen, gebührenpflichtigen Tunnel können wir uns bei geeignetem Strassenzustand für die alte Passstrasse entscheiden. Sie führt aussichtsreich auf 2469 m zum Hospiz des Grossen St. Bernhard. Der Alpenübergang wurde schon in vorchristli-

hinunter, dem Hauptort der französischsprachigen Autonomen Region Val d'Aoste. In Aosta mit seinen zahlreichen römischen Baudenkmälern wenden wir uns nach rechts und folgen dem Fluss Doire Baltée durchs Aostatal aufwärts. Je mehr wir uns dem Wintersportort *Courmayeur* nähern, um so schöner wird die Ge-

Um 1830 wurde das heutige Rassebild der Bernhardinerhunde durch Kreuzung mit dem Neufundländer erreicht.

nach *Martigny-Combe* und durch die Weinberge zurück zum Ausgangspunkt.

Inmitten von erhabenen Viertausendern Bergbahnen: Zermatt–Gornergrat

Hinreise:
*Zermatt ist autofrei und nur mit der Brig–Visp–Zermatt-Bahn erreichbar. Für **Autoreisende** stehen in Täsch gebührenpflichtige Parkplätze zur Verfügung. Der alle 20 Min. verkehrende **Pendelzug** von Täsch nach Zermatt bewältigt die rund 5 km lange Strecke in 12 Min. Fahrzeit.*

Zu Beginn des 19. Jh. wurden Zermatt und sein «Horu» von den Engländern «entdeckt». Die Erstbesteigung des Matterhorns gelang 1865 Edward Whymper. Von der Siebner-Seilschaft kehrten allerdings nur drei – Whymper und die beiden einheimischen Führer, Vater und Sohn Taugwalder – lebend ins Tal zurück.

1891 wurde die Visp-Zermatt-Bahn eröffnet – mit durchschlagendem Erfolg für den touristischen Aufschwung des Ferien-

Zweifelsohne einer der Höhepunkte der schweizerischen Eisenbahn- und Gebirgsbahngeschichte ist die Gornergratbahn: Sie erreicht in einem 1485 Höhenmeter umfassenden «Klimmzug» von Zermatt (1604 m) die hochalpine, der Erdgebundenheit des Tales enthobene Aussichtsterrasse des Gornergrates (3089 m). Viertausender rundherum und gleissende Gletscher zu unseren Füssen: Das sucht seinesgleichen! Die Gornergratbahn wurde 1898 als erste elektrische Zahnradbahn der Schweiz eröffnet. Bei Riffelalp (l.o.) und ab Riffelberg ist die Bahn doppelspurig. Oben: Gornergletscher, darüber Liskamm.

orts. Bereits 1896–1898 konnte die Fortsetzung auf den Gornergrat gebaut werden. Die Fahrt mit der meterspurigen Zahnradbahn dauert rund drei viertel Stunden. Die Bahnverbindung auf den Gornergrat wird Sommer und Winter aufrechterhalten.

Die Station Riffelalp, 2210 m ü. M., bietet Ausblick auf die Gabelhorngruppe, auf der anderen Talseite. Am Riffelberg aufwärts

schiebt sich die imposante Pyramide des Matterhorns, 4477 m, immer eindrücklicher ins Bild. Die letzte Bahnstrecke führt hoch über dem Gornergletscher zur Bergstation **Gornergrat,** 3090 m ü. M.

Das Matterhorn bildet den Mittelpunkt der Rundsicht. Nach links schliessen sich dem Wahrzeichen von Zermatt Breithorn, Zwillinge, Liskamm, Monte Rosa und Dufourspitze an. Die Dufourspitze ist mit 4634 m ü. M. der höchste Gipfel der Schweiz. In der Mischabelgruppe in nördlicher Richtung liegt der Dom, mit 4545 m der höchste Gipfel, der ganz auf schweizerischem Gebiet liegt.

Vom Gornergrat aus kann in 3½ Stunden nach Zermatt abgestiegen werden. Der Weg bis Rotenboden – hier spiegelt sich im Riffelsee das Matterhorn – ist ziemlich steil.

Verbindung von Gegensätzen: Zwischen Berner Oberland und Genfersee

Bahnreise:
Thun–Zweisimmen–Pays d'Enhaut–Lausanne–Bern–Thun

Auf der kurzen Bahnreise von *Thun* nach Spiez präsentiert sich im Hintergrund das grossartige

In *Zweisimmen* geht es mit der meterspurigen Montreux-Oberland Bernois-Bahn (MOB) weiter. Die mit 73‰ steilste Adhäsionsbahn der Schweiz wird schon seit ihrer Eröffnung im Jahre 1901 elektrisch betrieben. Sie führt durch das *Saanenland* mit den berühmten Ferienorten Saanenmöser, Schönried, Gstaad und Saanen ins waadtländische *Pays d'Enhaut*. Der sehr schön gelegene Kurort *Les Avants* bietet

NICHT GROSS, ABER GROSSARTIG
Das Streckennetz der Montreux-Oberland Bernois-Bahn MOB ist nicht gross (Montreux–Zweisimmen 64 km, Zweisimmen–Lenk 14 km), aber den Reisenden bietet sie sicher eines der schönsten Bahnerlebnisse im Alpenraum. Die Faszination der landschaftlichen Vielfalt und der Gleisführung rechtfertigt im besonderen die von der MOB eingesetzten Züge «Panoramic»- und «Superpanoramic»-Express. Man erkundige sich nach der Reservationspflicht.

Wer vom Gornergrat weiter in die Bergwelt hinaufwill, kann mit der Luftseilbahn zur Bergstation des **Stockhorns,** 3407 m ü. M., fahren. Von dort oben ist die Rundsicht noch ausgedehnter.

Panorama der Berner Alpen. In *Spiez* steigen wir auf die Spiez-Erlenbach-Zweisimmen-Bahn (SEZ) um. Vom Hauptort des Niedersimmentals, *Erlenbach,* führt eine Luftseilbahn auf das Stockhorn (2190 m).

einen faszinierenden Ausblick auf das Genferseegebiet. *Montreux,* das weltbekannte Fremdenverkehrszentrum, ist Endstation der MOB und von Zweisimmen aus in rund 2 Std. erreicht. Dem Genfersee entlang fahren wir mit der Bahn oder mit dem Schiff (Dauer ca. 1½ Std.) in die Waadtländer Metropole *Lausanne* und steigen dort in den Schnellzug nach Fribourg–Bern um. Von der Bundeshauptstadt aus sind wir in einer knappen halben Stunde in Thun.

Variante mit dem Postauto: Statt von Gstaad mit der MOB über Château-d'Œx, den Hauptort des Pays d'Enhaut, weiter Richtung Montreux (Dauer ca. 1¼ Stunden) zu fahren, kann hier die Reise auch mit dem Postauto fortgesetzt werden. Der Saane entlang fahren wir über Gsteig zum *Col du Pillon* (1546 m) und erreichen nach 1 Std. im Vallée des Ormonts den bekannten Ferienort *Les Diablerets*. Beeindruckend ist der Gebirgsstock des Diablerets-Massivs am Ende des Tals. Die Schmalspurbahn Aigle–Sépey–Les Diablerets bringt uns in einer weiteren Stunde hinunter ins fruchtbare Rhonetal. Für die Weiterfahrt nach Lausanne besteigen wir in *Aigle* die Bahn, die uns ab Villeneuve am Ufer des Genfersees entlangführt.

Rundfahrt im Uhrenland

Autoroute:
Biel–St-Imier–La Chaux-de-Fonds –Neuenburg. Strecke: 100 km

Die Uhrenstadt *Biel* an der französisch-deutschen Sprachgrenze ist Ausgangspunkt dieser abwechslungsreichen Rundreise. Die Suze oder Schüss hat sich vom St.-Immer-Tal her eine faszinierende Klus durch zwei Jurafalten gegraben. Sie ist seit alters eine wichtige Passage, die heute auch von Bahn und Strasse durchquert wird. Die Taubenlochschlucht zwischen Vorberg und Malewagwald ist besonders imposant.

Hier entdeckte man 1969 beim Bau der neuen Strasse ein gut 2000 m langes Höhlensystem. Nach Reuchenette weitet sich die Klus zum reizvollen, südwestlich-nordöstlich orientierten Tal. Wenn wir die Pierre Pertuis, das Felsentor einer alten Römerstrasse, besichtigen wollen, müssen wir in Sonceboz rechts Richtung Tavannes abbiegen.

Weiter geht die Fahrt durch Courtelary nach *St-Imier*. Über der linken Talseite steigt der vielbesuchte Bergrücken des Chasseral (1607 m) auf. Das Industriestädtchen St-Imier hat auch ein reiches touristisches Angebot: den Aussichtspunkt Mont-Soleil (Standseilbahn, Fahrstrasse), viele Wanderwege und Langlaufloipen. Die romanische Stiftskirche, eine Pfeilerbasilika, geht auf das 12. Jh. zurück. In *Renan* verlassen wir das Tal rechts hochfahrend und kommen über die Jurahöhen nach *La Chaux-de-Fonds*. Mit 37 000 Einwohnern ist diese Uhrenmetropole grösser als die Kantonshauptstadt Neuenburg (34 400 E.). Nach einem Grossbrand 1794 wurde La Chaux-de-Fonds fast vollständig neu aufgebaut, mit rechtwinkligen Strassenzügen nach dem amerikanischem Blocksystem. Das internationale Uhrenmuseum und die Villa Schwob, ein Frühwerk von Le Corbusier, sind nur zwei der vielen Sehenswürdigkeiten.

Wir fahren weiter in Richtung Neuenburg. Auf dem Anstieg zur *Vue-des-Alpes* (1283 m) könnten wir bei La Motte wieder ins Vallon de St-Imier hinunterstechen. Doch wir wollen den einzigartigen Alpenrundblick auf der Passhöhe geniessen, bevor wir über *Les Hauts-Geneveys* (Luftseilbahn auf die 1422 m hohe Tête-de-Ran) und Boudevilliers *Valangin* im Val de Ruz erreichen. Das bezaubernde mittelalterliche

Städtchen wird von einem mächtigen Schloss mit sehenswertem Museum überragt. Bis zur Über-

La Chaux-de-Fonds, städteplanerische Rarität der Schweiz: Ist es Zufall, dass der weltberühmte Architekt Le Corbusier aus dieser Stadt hervorging?

nahme durch die Grafen von Neuenburg 1592 war die Herrschaft von Valangin ein unabhängiges Fürstentum mit grossem Grundbesitz im Jura. Vom Schloss führt übrigens ein unterirdischer Gang zum Seyon.

Der Schlucht dieses Flüsschens folgt auch die Strasse, bevor wir über dem südwestlichen Vorort Serrières ins Zentrum von *Neuenburg* hinunterfahren (vgl. Stadtrundgang S. 10/11).

Nach dem Zwischenhalt in Neuenburg fahren wir durch die Winzerdörfer *Hauterive* mit seinem reizvollen Dorfzentrum und *St-Blaise*, gefolgt von *Cressier* zwischen Neuenburger- und Bielersee. Ein Besuch des Städtchens *Le Landeron* mit seinem mittelalterlichen Kern und den nach aussen gerichteten Scheunen sollte keinesfalls fehlen, bevor wir durch das bernisch geprägte *La Neuveville* und das Weinbaugebiet am Bielersee mit seinen malerischen Dörfern zu unserem Ausgangspunkt zurückkehren.

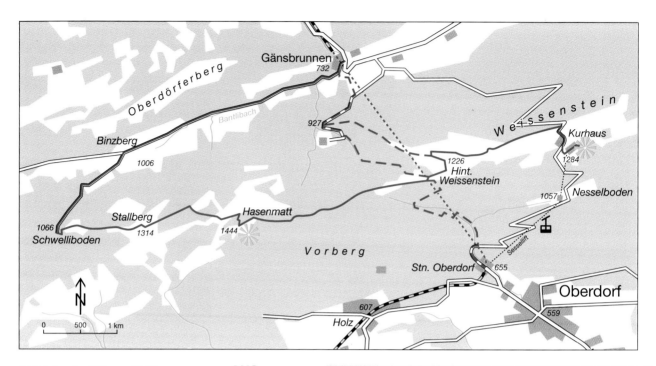

In luftige Höhen der aussichtsreichsten Jurakette: Mit dem Sessellift Solothurn–Weissenstein

Hinreise:

*Mit der **Bahn** oder mit dem **Auto** nach Solothurn. Umsteigen auf die Solothurn-Moutier-Bahn. 2 Min. vom Bahnhof Oberdorf entfernt befindet sich die Talstation der Sesselbahn auf den Weissenstein. **Wanderung** von der Bergstation Weissenstein über Hasenmatt, Binzberg nach Gänsbrunnen. Dauer: 3^1/$_2$ Stunden. Mit der Bahn zurück nach Solothurn.*

Das 240 km lange Mergel- und Kalksteingebirge des Französisch-Schweizerischen Jura zieht sich von Grenoble (F) bis in den Kanton Schaffhausen. Dort, wo sich ein Bergrücken parallel hinter den andern reiht – zwischen dem Neuenburgersee und dem Tal des Doubs sind es gegen zwanzig Ketten –, spricht man von Faltenjura. Die nur wenige hundert Meter hohen Plateau-

AUSGEBREITETES LAND

Wer sich auf die höchsten Juraketten begibt, erlebt wie nirgendwo sonst den klaren Aufbau unseres Landes. Bewegt man sich drunten im Mittelland zwischen Hunderten von Teilflächen und Hügeln hin und her und verliert man sich in den Alpen in Scharen von Tälern oder Gipfeln, so überschaut man hier alles in souveräner Grosszügigkeit. Das Mittelland erscheint als das «Plateau», wie es im Französischen bezeichnet wird, und die Alpen trennen die Nord- und die Südschweiz und umgrenzen sich selbst als eigenen Lebensraum. Im Vordergrund das Kurhaus Weissenstein.

berge zwischen Basel und Brugg werden als Tafeljura bezeichnet. Vor Jahrmillionen befand sich im heutigen Juragebiet ein Meer. Die Meeresbodenschichten wurden in Fortsetzung der Alpenauffaltung langsam vom Alpenrand nach Norden geschoben. Der Schwarzwald und die Vogesen widersetzten sich diesem Druck. So begannen sich die mächtigen Schichten zu falten; es entstanden die heutigen Ketten und Täler.

Der *Weissenstein,* 1284 m ü. M., ist der Hausberg Solothurns, bekannt für seine Aussicht auf das Mittelland, an das die Voralpen grenzen. Den Horizont bildet die gewaltige Alpenkette vom Säntis bis zum Mont-Blanc.

Die Sesselbahn Oberdorf–Nesselboden–Weissenstein überwindet die 626 m Höhendifferenz in 16 Min. Fahrzeit.

Den Markierungen des Jurahöhenwegs folgend wandern wir zum Gasthaus *Hinterer Weissenstein,* von wo in etwas mehr als 1 Std. direkt nach Gänsbrunnen abgestiegen werden kann.

Unser Weg führt weiter durch Wald und über Weiden der *Hasenmatt* zu, dem höchstgelegenen Punkt im Kanton Solothurn (1444.8 m ü. M.). Nach dem Abstieg in den Sattel verlassen wir den Höhenweg in Richtung Stallberg und steigen über den *Schwelliboden* zum Bach hinunter. Von Binzberg führt der Weg durch das Bantlibachtal zur

Klus von *Gänsbrunnen.* Mit der Bahn fahren wir nach *Solothurn* zurück und durchqueren den 3,7 km langen Weissensteintunnel.

In den Tälern der beiden Emmen

Autoroute:
Bern–Emmental–Entlebuch–Luzerner Hinterland–Bern. Strecke:
145 km

Wir verlassen *Bern* auf der Kantonsstrasse Richtung Langnau–Luzern. Die Hügel beidseits des Worblentals kündigen bereits die charakteristische Höckerlandschaft des Emmentals mit seinen Gräben und Eggen an. *Worb* gehört heute zur Agglomeration Bern. Das Schloss stammt aus dem 12. Jh.

Weiter geht die Fahrt durch *Grosshöchstetten* und *Zäziwil* mit seinen für rustikale Berner Gerichte bekannten Gasthöfen. *Signau* bezaubert durch seinen malerischen Dorfkern. Kurz nach Signau überqueren wir die Grosse Emme und treffen in *Langnau,* am rechten Ufer der Ilfis, ein. In der «Emmentaler-Käse-Metropole» sind verschiedene sehenswerte Häuser im typischen Stil dieser Region zu sehen. Im 1526 erbauten «Chüechlihus», einem dreigeschossigen Blockbau, befindet sich heute das Heimatmuseum mit einer Keramiksammlung, Schliffgläsern und Handwerkszeug.

In *Trubschachen* stehen zahlreiche alte Holzhäuser aus dem 17. und 18. Jh.; das Gasthaus Bären ist sogar schon 1356 urkundlich erwähnt. Linker Hand mündet der Fankhauser Graben, eines der charakteristischen tiefeingeschnittenen Täler, die sich sternförmig in das hohe Hügel-

land des Napfs (1408) eingegraben haben.

Nach Kröschenbrunnen erreichen wir *Wiggen* im Kanton Luzern und das Entlebuch. Doch bis nach *Escholzmatt* befinden wir uns noch im Einzugsgebiet der «bernischen» Grossen Emme. Kurz vor dem Hauptort des Amts Entlebuch, *Schüpfheim,* stossen wir dann auf die vom Brienzer Rothorn und Sörenberg herkommende und nun nach Osten der Reuss entgegenfliessende Kleine

Emme. Ein kurzer Abstecher hinauf nach *Heiligkreuz* (1127 m; Wallfahrtskapelle von 1593) vermittelt ein weites Panorama auf die Napflandschaft. Von *Entlebuch* mit seinen behäbigen Gaststätten aus führt ein Abstecher nach *Doppleschwand* ins Grosse und ins Kleine Fontannental. Kurz vor *Wolhusen* erreichen wir wieder das Haupttal, das hier scharf in Richtung Werthenstein (ehemaliges Franziskanerkloster mit Wallfahrtskapelle) abbiegt. Wir halten in Wolhusen nach Nordwesten über *Menznau* Richtung *Willisau,* dem Hauptort des gleichnamigen Amts, das auch Luzerner Hinterland genannt wird. Das alte Landstädtchen hat seine geschlossene, guterhaltene Altstadt bewahrt. In Burgrain bei *Alberswil* befindet sich das interessante Schweizerische Museum für Landwirtschaft und

Wehe einem verirrten echten Flachländer, z. B. einem Holländer, ohne Karte im Napfgebiet, das zum schweizerischen «Flachland» gehört: Die Suche nach Orientierung in dem von Bächen und Flüsschen zersägten Hügelland wäre ganz schön schweisstreibend ... Das gilt auch für die Bauernarbeit im Gelände.

Agrartechnik. Über *Zell* erreichen wir in *Huttwil* wieder bernischen Boden und fahren über Dürrenroth nach *Sumiswald.* In *Trachselwald* ist der ehemalige bernische Landvogteisitz, ein Schloss aus dem 12. Jh., einen Besuch wert. Dann führt uns die Route nach Ramsei und *Lützelflüh,* wo der Pfarrer Albert Bitzius 1830–1854 wirkte und den Stoff für seine unter dem Namen Jeremias Gotthelf veröffentlichten Romane und Erzählungen über die bernische Bauernsame fand (kleines Museum).

Über Hasle und Oberburg erreichen wir *Burgdorf,* das 1175 durch Herzog Berchtold IV. von Zähringen gegründet wurde. Sehenswert ist die Oberstadt mit ihrem mittelalterlichen Stadtkern, dem Zähringerschloss, dem volkskundlichen Museum Kornhaus und der spätgotischen Pfarrkirche. Von Burgdorf aus haben wir drei Möglichkeiten für die Rückkehr nach *Bern:* die Autobahn (Auffahrt Kirchberg), die alte Hauptstrasse Zürich–Bern via Hindelbank und Schönbühl oder die ländliche Route über Oberburg und Krauchthal nach Bolligen.

Immer wieder ein herrliches Erlebnis: Bergbahn Brienz–Brienzer Rothorn

Hinreise:

*Brienz ist mit der **Bahn** über den Brünig oder von Interlaken her erreichbar. Empfehlenswert ist die Anreise mit dem **Schiff**. Neben modernen Motorschiffen ab Interlaken Ost verkehrt während der Sommermonate auch der altehrwürdige Raddampfer «Lötschberg» auf dem Brienzersee.*

Rauchen verboten? Nicht so für die Dampfloks am Brienzer Rothorn, die neben Dieselloks im Einsatz stehen.

genbauschule (nur für Gruppen, nach Anfrage) das Geburtshaus des Dichters Heinrich Federer,

1933/36 und eine letzte, brandneu, 1992 angeschafft. Die 1892 eröffnete Bahn bewältigt auf ihrer einstündigen Fahrt eine Höhendifferenz von 1681 m. Von der Bergstation Rothorn Kulm kann in einer Viertelstunde auf den Gipfel des Rothorns, 2350 m ü. M., aufgestiegen werden. Die Aussicht gehört zu den schönsten des Alpengebietes. Neben den Hügellandschaften des Emmentals und des Entlebuchs sind der Jura, der Schwarzwald, die Vogesen, der Säntis, die Glarner, Zentralschweizer und die Berner

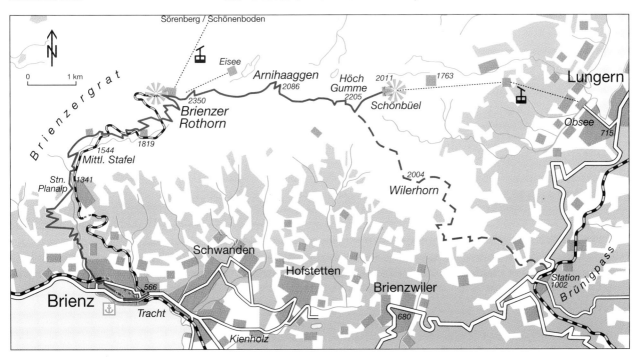

Im heimeligen Oberländerdorf **Brienz** fallen die zahlreichen Läden mit ihrem reichen Angebot an Holzschnitzerein auf. Die kunstvolle Bearbeitung von Holz hat in Brienz Tradition. Die Inschriften und Verzierungen an den aus dem 17. und 18. Jh. stammenden Häusern an der Brunnengasse geben davon beredtes Zeugnis. An weiteren Sehenswürdigkeiten bietet Brienz neben der Schnitzlerschule (Ausstellung während der Schulzeit Mo–Fr, 14–17 Uhr) und der Gei-

das Denkmal für den Dialektdichter Albert Streich (sitzendes Mädchen) und den Fischer-Brunnen.

Hauptattraktion von Brienz allerdings ist die **Brienz-Rothorn-Bahn,** eine der letzten zumindest teilweise mit Dampf betriebenen Zahnradbahnen Europas. Der Wagenpark umfasst – neben modernen Diesellokomotiven – acht Heissdampf-Lokomotiven. Die fünf Veteranen stammen aus den Jahren 1891/92. Zwei der Maschinen wurden

Alpen sowie die Diablerets auszumachen.

Das Rothorn, der höchste Berg des Kantons Luzern, ist auch von Sörenberg Schönenboden aus mit einer Luftseilbahn erreichbar. Auf einer grandiosen **Höhenwanderung** kann in 4–5 Std. der Brünig oder in 3 Std. Schönbüel erreicht werden. Der Abstieg vom Rothorn zur Planalp, Zwischenstation der Rothorn-Bahn, beansprucht rund 2 Std., die Wanderung vom Gipfel bis nach Brienz knapp 4 Std.

Im Angesicht der Eisriesen: Jungfrauregion

Mit der Bahn:
Interlaken Ost–Jungfraujoch–Interlaken Ost

Mit den Berner Oberlandbahnen fahren wir von Interlaken Ost über Wilderswil nach *Zweilütschinen*. Wer mit dem Auto anreist, steigt mit Vorteil in Zweilütschinen zu. Weiter geht die Fahrt – der Weissen Lütschine entlang – nach Lauterbrunnen.

Von *Lauterbrunnen* führt die Wegernalpbahn am bekannten Fremdenort *Wengen* vorbei über die Wengernalp an den Fuss der berühmten Eigernordwand. Auf der *Kleinen Scheidegg,* 2061 m ü. M. – Ausgangspunkt vieler Wanderungen –, steigen wir in die Wagen der **Jungfraubahn.** Die Station Eigergletscher beherbergt die Polarhundezucht der Jungfraubahn. Von den Felsenstationen Eigerwand und Eismeer bieten sich den Fahrgästen unvergessliche Ausblicke durch die in den Hochgebirgskalk gehauenen Aussichtsfenster. Es folgt die Ankunft auf dem inmitten der Gletscherwelt gelegenen Dach Europas, auf dem 3454 m hohen **Jungfraujoch.** Bei klarer Sicht reicht der Blick nach Norden bis hin zu den Vogesen und den Schwarzwaldhöhen. Im Süden liegt der Aletschgletscher, der mit 22 km längste Eisstrom Europas.

Auf dem Jungfraujoch, Ausgangspunkt für Gletscherwanderungen und Skitouren, gibt es – abgesehen von der grandiosen Aussicht von der Sphinx-Aussichtsterasse (3573 m) – weitere Sehenswürdigkeiten zu bewundern: den Eispalast, die alpine Forschungsausstellung und das Gletscherrestaurant «Top of Europe». Auf dem Plateau sind Spazierwege im ewigen Schnee angelegt worden.

Für die Rückreise kann ab der *Kleinen Scheidegg* eine neue Route gewählt werden. Statt über Wengen fahren wir Richtung *Grindelwald,* dem berühmten Gletscherdorf. Hier steigen wir ein letztes Mal um. Die Berner-Oberland-Bahnen bringen uns der Schwarzen Lütschine entlang über Zweilütschinen zurück nach Interlaken Ost.

Neben dem Jungfraujoch bietet die Region Interlaken u. a. die folgenden lohnenswerten **Ausflugsziele:** die Schynige Platte ab Wilderswil, den Allmendhubel oder das Schilthorn («Piz Gloria»; Drehrestaurant) ab Mürren, den Aussichtspunkt Männlichen von Wengen und von Grindelwald aus.

IMPOSANT

Hinter Lauterbrunnen
(ca. 800 m ü. M.)
schwingen sich auf nur
rund 7 km Horizontal-
distanz die Viertausen-
der-Hochalpen empor,
und der Bergbahn-
freund durchquert in
rascher Folge die Klima-
und Vegetationszonen
bis zum «ewigen Eis».
Die Blumen am Weg
illustrieren diese Zonen
besonders schön (vorn:
Doronicum).

Durch herbes und liebliches Alpenland

Autoroute:
Altdorf–Furka–Grimsel–Brünig–Beckenried–Gersau–Altdorf.
Strecke: 180 km; wegen Wintersperre der Passstrassen nur ca. Mitte Juni–Mitte Oktober möglich

Im Hauptort des Kantons Uri, *Altdorf,* soll Willhelm Tell der Sage nach seinem Sohn Walter den Apfel vom Kopf geschossen haben. An den treffsicheren Armbrustschützen erinnern hier das Telldenkmal am Hauptplatz sowie im nahegelegenen Bürglen eine Tellskapelle und das Tellmuseum. Auf der Kantonsstrasse oder der Autobahn N 2 fahren wir über *Erstfeld* nach *Silenen* mit dem markanten Wohnturm aus dem 11./12. Jh. und weiter nach *Amsteg* mit der Ruine Zwing Uri. In *Wassen* mit seinem berühmten Kirchlein zweigt die Sustenpassstrasse ins Haslital ab. Die Gotthardbahn windet sich hier mit Kehrtunnels in die Höhe, um dann bei Göschenen im Gotthardtunnel zu verschwinden, genauso wie die Autobahn.

Nach Göschenen beginnt die sagenumwobene *Schöllenenschlucht.* Die 1830 erbaute jüngere der beiden Teufelsbrücken ist heute Fussgängern vorbehalten. Nach einigen Kehren begrüsst uns das flache Hochtal von Urseren. Von *Andermatt* (Luftseilbahn auf den Gemsstock; 2961 m) führt die Strasse über den Oberalppass ins bündnerische Vorderrheintal.

Wir fahren talaufwärts nach *Hospental,* wo es links zum Gotthardpass geht, und folgen dem Trassee der Furka-Oberalp-Bahn nach *Realp.* In zahlreichen Spitzkehren erklimmen wir die 2431 m hohe *Furka.* Der Über-

Vom Reusstal herkommend, nimmt man an Furka und Grimsel (o.) wahr, wie nah beeinander die Hauptflüsse Reuss, Aare und Rhone entstehen. Dagegen vermittelt der Brünig (u.) einen Eindruck vom grossräumigen Divergieren der Haupttäler am Alpenrand.

gang war schon in der Römerzeit bekannt; die erste Fahrstrasse wurde 1866 fertiggestellt. Kurz nach der Passhöhe erreichen wir auf der Walliser Seite *Belvédère* neben der Zunge des Rhonegletschers.

Bei gutem Wetter ist die Aussicht auf die Viertausender der Walliser Alpen einmalig. In Zickzackkehren kurven wir hinunter nach *Gletsch,* wo sich uns nochmals ein Blick auf die imposante Eiswelt eröffnet, in der die Rhone ihren Ursprung hat.

Jetzt geht es gleich wieder in Serpentinen bergwärts, hinauf auf den *Grimselpass* (2165 m). Der Totesee unmittelbar vor der Passhöhe ist im Gegensatz zu den nun folgenden Speicherseen natürlichen Ursprungs. Das neue Hospiz steht über der Staumauer des langgestreckten Grimselsees. Am Kraftwerk Handeck vorbei fahren wir hinunter nach *Guttannen,* der obersten Ortschaft im Haslital. In *Innertkirchen* mündet die Sustenpassstrasse ein.

Kurz vor Meiringen bildet die 1600 m lange und 100–200 m tiefe *Aareschlucht* ein lohnendes Ziel für einen Zwischenhalt. Von

Reichenbach bei Meiringen führt eine Standseilbahn hinauf zum faszinierenden Schauspiel des Reichenbachfalls.

Von *Meiringen* mit seinen schmucken Oberländer Chalets steigt die Strasse allmählich Richtung Brienzwiler an; kurz vorher zweigen wir zum *Brünigpass* (1008 m) ab und fahren auf der Obwaldner Seite hinunter nach *Lungern* am gleichnamigen See.

Die nächste Geländestufe bei Kaiserstuhl bringt uns in die Talsohle Obwaldens zum Sarnersee. In der Pfarrkirche von *Sachseln* ruhen die Gebeine von Niklaus von Flüe, dem berühmtesten Schweizer Heiligen, dessen Klause im oberhalb gelegenen Flüeli-Ranft besichtigt werden kann. In *Alpnachstad* treffen wir auf einen Seitenarm des Vierwaldstättersees, den Alpnachersee. Von hier führt die steilste Zahnradbahn Europas auf den Pilatus (2121 m), dessen Höhen eine prachtvolle Rundsicht bis hinaus in den Schwarzwald bieten. Bei der Lopper-Felsnase queren wir die See-Enge nach *Stansstad,* wo man einen Abstecher auf den berühmten Bürgenstock machen kann. Über die N 2 fahren wir nach *Beckenried.* Wenn die Zeit reicht, bieten sich Abstecher nach Seelisberg (mit dem Auto) an und hinunter zur Rütliwiese – dem legendären Gründungsort der Eidgenossenschaft – oder mit der Luftseilbahn auf die Klewenalp.

In Beckenried setzen wir mit der Autofähre nach Gersau über. Via *Brunnen* und Axenstrasse kommen wir nach *Sisikon* zur Tellskapelle mit der Tellsplatte, wo der Schütze der Überlieferung nach mit einem kühnen Sprung aus Gesslers Kahn flüchtete. *Flüelen* am Ende des Urnersees ist die letzte Station vor unserem Ausgangspunkt *Altdorf.*

Hier dreht sich die Welt im Kreis: Mit Seilbahnen von Engelberg auf den Titlis

Hinreise:

Mit der **Bahn** *oder mit dem* **Auto** *fahren wir von Luzern über Stans nach Engelberg, dem zu Obwalden gehörenden Kur- und Ferienort.*

Einst war **Engelberg** ein selbständiger, kirchlicher Staat, der dem Abt des Benediktinerklosters Engelberg unterstand. Dies änderte sich, als 1798 der Anschluss an den Kanton Waldstätte der Helvetischen Republik erfolgte. Seit dem Jahr 1815 ist Engelberg eine Exklave von Obwalden.

Die Bergstation **Kleintitlis,** 3028 m ü.M, ist das höchstgelegene Ausflugsziel der Zentralschweiz. Vom Bahnhof Engelberg ist die Talstation der Gondelbahn, die in einer ersten Etappe über die Zwischenstation Gerschnialp, 1262 m ü. M., zum *Trüebsee,* 1800 m ü. M., hinaufführt, in rund 10 Min. zu erreichen. Während der Sommerwochenenden werden aus den Gondeln der Gerschnialp-Trüebsee-Bahn Bungy Jumpings (mit elastischen Gummiseilen gesicherte Sturzflüge) organisiert. Vom Trübsee führt eine Luftseilbahn weiter nach *Stand,* 2450 m ü. M., wo vom Gletscherrestaurant aus

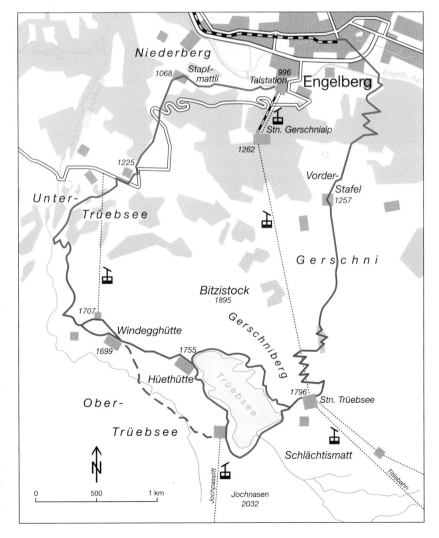

die Alpen und der Titlisgletscher bewundert werden können. Es folgt die eindrückliche Fahrt mit der ersten drehbaren Luftseilbahn der Welt, der am 20. Dezember 1992 eingeweihten «Rotair». Die kreisrunden Kabinen der Luftseilbahn drehen sich während der Fahrt einmal um ihre eigene Achse und ermöglichen den Fahrgästen eine überwältigende Panorama-Rundsicht auf die Alpen. In unmittelbarer Nähe der Bergstation *Kleintitlis* gibt es eine in den Gletscher gehauene Eisgrotte zu besuchen.

Auf einem gut ausgebauten Strässchen kann man in 1 Std. rund um den Trüebsee spazieren. Der **Abstieg** über die Gerschnialp nach Engelberg beansprucht knapp 2 Std. Marschzeit. Das steile Wegstück vom Trüebsee hinab zur Gerschnialp (Dauer: rund 1 Std.) ist allerdings ziemlich anstrengend. Empfehlenswert ist auch die Wanderung Trüebsee–Jochpasslift–Hüethütte–Windegghütte–Unter Trüebsee–Stapfmattli–Gerschnibahn (Talstation)–Engelberg, für die etwa 3 Std. benötigt werden.

■ Land zwischen den Seen in der Zentralschweiz

Autoroute:
Luzern–Zugersee–Ägerisee–Vierwaldstättersee. Strecke:
100 km

Unsere Reise beginnt in der weltweit bekannten Stadt *Luzern* am Vierwaldstättersee. Schöne Kirchen, ein malerisches Altstadtbild entlang der Reuss, die gedeckten Holzbrücken mit ihren Bilderzyklen, der Wasserturm, die 870 m lange Museggmauer mit den erhaltenen 9 Türmen und das einzigartige Panorama

von See und Bergen prägen die Leuchtenstadt, seit dem letzten Jahrhundert eines der führenden touristischen Zentren unseres Landes. Besonders sehenswert sind neben dem Löwendenkmal der Gletschergarten, das Naturmuseum, die Picasso-Sammlung im Am-Rhyn-Haus und das Verkehrshaus der Schweiz.

Wir verlassen Luzern über die alte Zürichstrasse oberhalb des

Rotsees, eines der besten Rudergewässer der Welt, oder wählen die Autobahn Richtung Zürich bis zur Ausfahrt *Rotkreuz*. Auf einer Landzunge bei *Buonas* am Zugersee steht das von den Edlen von Buonas im 11. Jh. erbaute

Schloss, das 1498 seine heutige Gestalt erhalten hat. Von hier geht der Blick über eine Bucht zum Schloss St. Andreas vor Cham mit seiner schönen spätbarocken Pfarrkirche.

Von *Cham* aus erreichen wir nach wenigen Minuten den Kantonshauptort *Zug* (vgl. Stadtrundgang S. 24/25). Mit dem Wagen oder mit der Standseilbahn ab Schönegg können wir einen Ausflug auf den Zuger-

berg machen (prachtvoller Rundblick).

Über Allenwinden oder auf der Hauptstrasse fahren wir nach *Unterägeri* am Nordende des Ägerisees und weiter zum Kurort *Oberägeri*. Bei der Weiterfahrt

Richtung Sattel kommen wir nach *Morgarten,* wo die Urschweizer Bauern den Habsburgern 1315 mit einem unritterli-

LUZERN SEHEH, UND DANN ... NICHT STERBEN

Denn es gibt im Zentralschweizer Umland sonst noch viel zu sehen...! Als neuste technische Errungenschaft kreist die Rotair-Kabine der Titlisbahn (l.) zwischen «Stand» und Kleintitlis einmal um die Achse: Rundsicht gewährleistet! Hingegen ist eine der schönsten Ansichten Luzerns traditionell von der Seeseite (o.): mit Wasserturm, Kapellbrücke, Jesuitenkirche, Rathausturm, «Zuckerbäckerturm» Hotel Gütsch ... Ist zur Abwechslung mal Sturm gefällig: Der Zugersee zeigt's bei Föhn (o.r.).

chen Überraschungsangriff die erste grosse Niederlage beifügten und die schwergerüsteten Ritter mit ihren Pferden in den Sumpf trieben. In *Sattel* zweigen wir nach *Steinen* ab, wo nach der Legende Werner Stauffacher ge-

boren wurde, einer der drei Männer, die den ersten Bund der Waldstätte beschworen haben sollen. Auf der rechten Strassenseite erkennen wir den Lauerzersee mit der Insel Schwanau.

Schwyz ist unser nächstes Ziel. Überragt wird der Kantonshauptort mit seinem sehenswerten Zentrum von den imposanten Felstürmen der Mythen. Wer Zeit hat, kann einen Abstecher ins wildromantische Muotatal sowie hinauf zum Sommer- und Wintersportort Stoos am Fronalpstock machen.

Im Kurort *Brunnen* bekommen wir wieder den Vierwaldstättersee zu Gesicht. Hier wenden wir uns nach Norden und fahren am Westfuss der Rigi entlang zu den Ferienorten *Gersau, Vitznau* und *Weggis.* Vitznau ist Ausgangspunkt der ersten Zahnradbahn Europas (1873), die auf Rigi Kulm führt (einen der berühmtesten und schönsten Aussichtspunkte der Schweiz). Von der Haltestelle Rigi Kaltbad führt eine Luftseilbahn nach Weggis, von Rigi Staffel eine Zahnradbahn nach Arth-Goldau.

Von Weggis fahren wir über Greppen nach *Küsnacht,* wo wir

einen Abstecher zur Hohlen Gasse machen können, in der Wilhelm Tell den Gessler erschossen haben soll. Über *Merlischachen* und *Meggen* fahren wir zurück nach *Luzern,* wo wir beim Lido auf das Verkehrshaus stossen, das grösste europäische Museum zur Geschichte des Transport-, Verkehrs- und Kommunikationswesens.

Von der Metropole zu imposanten Alpenflühen

Autoroute:
Zürich–Glarus–Klausenpass–Einsiedeln–Zürich. Strecke: 230 km; Achtung: von Oktober bis Mai ist der Klausenpass gesperrt

Die grösste Wirtschaftsmetropole der Schweiz ist auch reich an Sehenswürdigkeiten, kulturellen Veranstaltungen und Einkaufsmöglichkeiten, über die die verschiedensten Stadtführer informieren.

Vom Bellevueplatz fahren wir dem See entlang über *Zollikon* nach *Küsnacht.* Vom historischen Küsnacht ist vor allem das «Höchhus», ein Wohnturm des 13. Jh., zu erwähnen. Von *Herrliberg* und *Meilen* führen verschiedene Landstrassen und Wanderwege auf den Pfannenstiel (853 m), der als langgestreckter Moränenhügel den Zürichsee nordöstlich begrenzt. In Meilen führt eine Autofähre nach Horgen auf der andern See-seite. Hin und wieder brausen die doppelstöckigen Zugskomposi-tionen der S-Bahn Zürich–Rap-perswil zwischen der Strasse und den Rebbergen an uns vorbei.

Das schöne alte Zentrum der Rosenstadt *Rapperswil* ist einen Besuch wert; die Aussicht vom Schloss über den See ist pracht-

von Uznach, am Fuss des Buech-bergs, steht Schloss *Grynau*, ein imposanter Wohnturm aus dem Anfang des 14. Jh., an der Brücke über den Kanal. Unter dem Chor der Tuggener Pfarrkirche wur-den Überreste eines Gotteshau-ses aus dem Ende des 7. Jh. ge-funden.

Von *Uznach* fahren wir über

SIGNALE
Weithin sichtbar signalisiert der Schlosshügel von Rapperswil (u.r.) die Lage der charman-ten und heiteren «Rosenstadt». Sig-nalartig erheben sich auch die ein-drücklichen Fels-wände über dem Klausen (l.). Hinge-gen gibt der Besu-cher der Insel Schwanau im Lauer-zersee mit der Glocke ein akusti-sches Signal, dass er zum Burgrestaurant hinübergerudert werden möchte (r.).

Die burgartigen Felswände am Klausen sind am schönsten in der Morgensonne.

des Landes Glarus. Der Kantons-hauptort *Glarus* brannte 1861 fast vollständig nieder und wurde zum Teil nach amerikani-schem Schachbrettmuster wie-deraufgebaut. Anfang Mai fin-det auf dem Zaunplatz jeweils die Landsgemeinde als Ver-sammlung der Glarner Stimm-bürgerinnen und Stimmbürger statt. Beherrscht wird der Ort von den steilaufragenden Berg-stöcken Glärnisch und Schilt. Ein beliebtes Ausflugsziel westlich über Glarus ist das Klöntal mit seinem See.

voll. Für Kinder ist ein Besuch des Kinderzoos des Zirkus Knie zwei-fellos ein Höhepunkt. Bei *Schme-rikon* erreichen wir das Ende des Obersees; etwas weiter südlich mündet der Linthkanal, dank dem die nun folgende Linth-ebene im letzten Jahrhundert in fruchtbares Ackerland verwan-delt werden konnte. Gegenüber

Kaltbrunn und *Schänis* nach *Zie-gelbrücke* und hinein ins Haupt-tal des Glarnerlandes. Bei *Näfels* siegten die Glarner am 9. April 1388 mit Hilfe der Eidgenossen über ein habsburgisches Heer – ein Ereignis, das alljährlich mit der Näfelser Fahrt gefeiert wird. Der Freulerpalast in Näfels von 1647 birgt heute das Museum

lange Brücke ans Westufer oder um das Nordende des Sees herum nach *Einsiedeln* fahren.

Das Kloster Einsiedeln, Zentrum des international bekannten Wallfahrtsorts, ist eines der Hauptwerke abendländischer Barockarchitektur. Die weite, halbkreisförmige Platzanlage mit dem vierzehnröhrigen Wallfahrtsbrunnen erinnert an den Petersplatz.

Bei *Pfäffikon* erreichen wir wieder den Zürichsee und können nun je nach verbleibender Zeit entweder dem Ufer entlang oder über die Autobahn an den Ausgangspunkt zurückkehren.

◼ Ein Grenzland mit liebenswertem Charakter

Autoroute:

Basel–Mariastein–Porrentruy–St-Ursanne–Delémont–Laufen–Basel. Strecke: 135 km; Grenzausweis erforderlich

Wir beginnen unseren Ausflug in *Basel*. Rheinhafen, Zoo und Altstadt sind nur drei der vielen Anziehungspunkte dieser Stadt im

Wir bleiben im Tal der Linth. In *Schwanden* zweigt die Strasse ins Sernftal und nach Elm ab. Von *Linthal* führt eine Standseilbahn auf die Sonnenterrasse Braunwald an der Südflanke des Glärnischmassivs.

Nach einigen Spitzkehren erreichen wir das langgezogene Hochtal des Urnerbodens. Weitere Kehren führen uns auf den *Klausenpass* (1948 m), wo sich uns ein prachtvoller Ausblick auf die Urner Berge und das Schächental bietet. Die Passstrasse zieht sich der steilen Nordflanke entlang, bevor sie in weiten Kehren nach Unterschächen hinunterführt. Über Bürglen erreichen wir *Altdorf*, den Hauptort des Kantons Uri, mit dem Telldenkmal von Richard Kissling auf dem Hauptplatz. Über die Axenstrasse, die wundervolle Ausblicke auf den Urnersee und die gegenüberliegenden Berge vermittelt, fahren wir nach *Brunnen* (Abstecher nach Morschach unter dem Fronalpstock möglich) und weiter nach *Schwyz*, wo im Bundesbriefarchiv die Gründungsdo-

kumente der Eidgenossenschaft aufbewahrt sind. Auf einer malerischen Strasse bezwingen wir die 1406 m hohe *Ibergeregg* und fahren über *Oberiberg*, Ausgangspunkt in das vielseitige Wander- und Skigebiet Hoch-Ybrig, an den Sihlsee hinunter. Hier laden die Dörfer *Euthal* und *Willerzell* am Ostufer zum Verweilen ein. Von Willerzell aus können wir über ein 1115 m

KONKURRENZ DER SCHÖNSTEN
Porrentruy hat sich mit der Pflege seiner wertvollen Bausubstanz einer gewaltigen Aufgabe verschrieben, besitzt es doch davon im Verhältnis zur Bevölkerungszahl sehr viel. Sein Erfolg wurde 1988 mit dem Wakkerpreis honoriert.

Wiesen- und waldreiches Waldenburgertal.

Dreiländereck mit ihrer reichen Vergangenheit. Über *Allschwil* mit seinen schönen Fachwerkhäusern aus dem 17.–19. Jh. oder direkter über *Binningen* und *Bottmingen* (hervorragend erhaltenes Wasserschloss, heute Restaurant) fahren wir nach *Oberwil.* Hier zweigen wir nach *Biel-Benken* ab und erreichen über *Bättwil* die solothurnische Exklave *Hofstetten* mit der sehenswerten Klosterkirche des Wallfahrtsorts *Mariastein.*

Über *Metzerlen* SO fahren wir nach *Röschenz* BE westlich von Laufen und durch das Tal der Lützel nach *Kleinlützel,* einer weiteren solothurnischen Exklave, die im Norden von der Ruine Blauenstein überragt wird. Beim Chlösterli passieren wir den Zoll, und bald einmal wird das Grenzflüsschen Lützel zur *Lucelle.* Im gleichnamigen Ort können wir die französische Gastronomie auf die Probe stellen, bevor wir erneut die Grenze passieren. *Charmoille* und *Alle* sind zwei typische Dörfer der Ajoie, wie der zum Kanton Jura gehörende Pruntruter Zipfel auch heisst. In *Porrentruy* residierten die Fürstbischöfe von Basel nach der Reformation bis zur Abdankung des letzten Fürstbischofs (1827). Von der Terrasse des Schlosses hat man einen herrlichen Blick auf die Dächer der Altstadt. Wer Zeit hat, kann einen Abstecher zu den Tropfsteinhöhlen von Réclère machen.

In *Courgenay* zweigen wir rechts ab und fahren über den *Col de la Croix* hinunter nach *St-Ursanne* am Doubs. Das malerisch gelegene mittelalterliche Städtchen geht auf das 7. Jh. zurück; die Stiftskirche gehört zu den bedeutendsten Denkmälern der Schweiz. Nun geht's wieder bergauf nach *Les Rangiers* (856 m) und in sanfter Talfahrt durch Wälder und Wiesen hin-

unter in den jurassischen Kantonshauptort *Delémont* (vgl. Stadtrundgang S. 16/17). In der Birs-Klus vor *Soyhières* lohnt die

AUF ALTER ACHSE

Wer ahnt im grünen Walderburgertal, dass hier schon die Römer auf wichtiger Verkehrsachse über den Oberen Hauenstein – von Solothurn nach Augst und Germanien – hin- und herzirkulierten? Das Städtchen Waldenburg wurde dann im 13. Jh. von den Froburgern gegründet. Es ist in der Schweiz ein Modellfall einer Talriegelsiedlung.

Burgruine Vorberg mit Wallfahrtskapelle einen erneuten Halt, bevor wir durch das *Laufental* gemächlich dem gleichnamigen Städtchen mit seinem mittelalterlichen Kern aus dem 13. Jh. entgegenrollen. In *Zwingen,* wo die Lüssel einmündet, steht ein Wasserschloss aus dem 13. Jh., das auf drei Birsinseln erbaut wurde.

In *Aesch* zweigen wir rechts ab und besuchen *Dornach,* dessen Burg im Schwabenkrieg 1499 belagert wurde, bis die solothurnische Besatzung von den Eidgenossen entsetzt und das Heer Kaiser Maximilians geschlagen wurde. Weltweit bekannt ist der

Ort heute vor allem dank dem Wirken Rudolf Steiners, der hier 1924–1928 das Goetheanum mit der Freien Hochschule für Geisteswissenschaft der Anthroposophen erbaute. Über *Arlesheim* (sehenswerte frühbarocke Domkirche und Kapitelhäuser von 1680) kehren wir nach *Basel* zurück.

Auf romantischer Strecke im Jura: Mit der Bahn von Basel ins Waldenburgertal

Hinreise:
Mit der Bahn nach Liestal. Umsteigen auf die Waldenburgerbahn. Ab der Haltestelle Talhaus wandern wir in rund 4 1/2 Std. bis nach Waldenburg. Rückfahrt mit der Waldenburgerbahn nach Liestal.

Liestal, der Hauptort des Kantons Basel-Landschaft, war zur Römerzeit wahrscheinlich ein Vorposten der Stadt Augusta Raurica. Einst führte eine unterirdische Wasserleitung aus der Ergolz oberhalb Liestals Trinkwasser nach Augusta Raurica. Der Verkehrsverein hat im Brunnmatt-Viertel ein Stück dieser Wasserleitung zugänglich gemacht. Lohnenswert ist auch der Besuch des mittelalterlichen Ortskerns.

Die Reise mit der schmalspurigen Waldenburgerbahn von Liestal bis *Talhaus* – Ausgangspunkt der Wanderung: Halt nur auf Verlangen – dauert knapp 10 Min. Wir steigen gegen den aussichtsreichen Murenberg auf und wandern zum *Schloss Wildenstein,* in dessen Nähe eine grosse Anzahl uralter Eichen steht. Schloss Wildenstein ist das

einzige Überbleibsel des reichen Burgenkranzes, der einst die Höhen der Landschaft Basel zierte. Wildenstein geht auf eine Gründung der Herren von Eptingen im 13. Jh. zurück. Heute ist die Anlage vollständig restauriert und befindet sich in Privatbesitz.

Nach der Durchquerung des Waldtobels erreichen wir den *Arxhof.* Es folgt eine schöne Höhenwanderung, vorbei an den Höfen Grütsch und Serzach nach *Titterten.* Auf der Strasse gelangen wir über das Hochplateau des Sixfeldes nach *Lieder swil.* Der Aufstieg auf die Höhe Wil belohnt uns mit einem schönen Blick auf das Städtchen *Waldenburg,* das von der Burgruine

auf dem Berggrat östlich des Ortes bewacht wird. Städtchen und Burg wurden im ersten Drittel des 13. Jh. durch die Grafen von Froburg gegründet. Der Abstieg nach Waldenburg ist steil. Sehenswert sind das gut erhaltene Obertor sowie die alten Häuser in der Stadtmauer und an der Hintern Gasse.

Die Rückfahrt mit der Waldenburgerbahn nach *Liestal* dauert eine knappe halbe Stunde. An einigen Sonntagen im Sommer werden auf der Strecke historische Dampffahrten durchgeführt.

Viele Höhepunkte dem Hochrhein entlang

Autoroute:
Basel–Laufenburg–Kaiserstuhl–Waldshut–Säckingen–Riehen.
Strecke: 160 km; Grenzausweis erforderlich

Dieser Ausflug führt uns auf einer schönen Route dem Hochrhein entlang. Wir starten in *Basel* und fahren durch *Birsfelden* (grosser Rheinhafen) und *Schweizerhalle* nach *Augst.* Hier bilden die Ruinen der Römerstadt Augusta Raurica eine besondere Sehenswürdigkeit. Die 44 v. Chr. von Munatius Plancus gegründete Handelsstadt zählte in ihrer Blütezeit im 2. Jh. annähernd 20 000 Einwohner. Am besten erhalten sind das szenische Theater, das 8000 Besuchern Platz bot, der Schönbühltempel, das Amphitheater und das Forum; sämtliche Funde sind im Römermuseum in Augst aufbewahrt. Interessant ist auch die grosse Schleuse für die Hochrheinschiffahrt beim Flusskraftwerk Augst-Wyhlen.

Der Solbad-Kurort *Rheinfelden* verfügt über eine guterhaltene

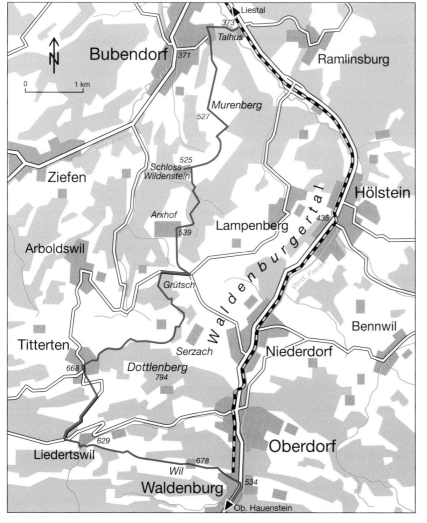

Altstadt mit Umfassungsmauer, imposanten Türmen und Toren. In der Nähe von *Möhlin,* wo der Rhein für das Kraftwerk Riburg-Schwörstadt gestaut ist, befindet sich ein Wasservogelreservat in bezaubernder Landschaft. Von *Obermumpf* führt ein Strässchen auf die 510 m hohe Mumpferfluh, die einen herrlichen Rundblick über die Rheinlandschaft bietet. Gegenüber liegt die deutsche Stadt Säckingen, die wir auf der Rückfahrt kennenlernen wollen.

Der nächste lohnende Etappenort ist *Laufenburg,* ein besonders schönes mittelalterliches Brückenstädtchen; seine Wahrzeichen sind die Stadtkirche (15. Jh.) sowie der Bergfried der einst mächtigen Habsburgerfeste aus dem 12. Jh. Kurz vor *Koblenz* überqueren wir die hier mündende Aare. Hier lohnt sich ein Abstecher zum *Klingnauer Stausee,* einem wichtigen Rastplatz für durchziehende Wasservögel (Naturschutzgebiet). Dann fahren wir weiter nach *Zurzach,* dem bekannten Kurort mit Thermalbädern im Freien und einer Rheumaklinik. Im 9. Jh. wurde hier ein Kloster am Grab der um 325 hierhergezogenen römischen Heiligen Verena gegründet, und in der Folge entwickelte sich Zurzach zum berühmten

FLIESSENDES WASSER ...
Heute, wo die Wasserführung des Rheins seit Bestehen des Flusskraftwerks ausgeglichen ist, erinnert nur noch der Name «Laufenburg» daran, dass das Brückenkopfstädtchen dort liegt, wo wegen der Flussschwellen («Louffen») die Schiffswaren umgeladen werden mussten (o.).
In Zurzach hingegen fliesst 40 °C warmes mineralreiches Wasser aus dem Boden. Diese Thermen haben aus dem Ort einen medizinisch anerkannten Kurort entstehen lassen. Dass es sich aber auch in der grosszügig konzipierten Aussenanlage attraktiv baden lässt, zeigt das Bild rechts: Wie wär's mit einem Schwimm-Zwischenhalt im warmen Wasser? Heilen ist gut – vorbeugen ist besser ...

Messe- und Wallfahrtsort. Die Thermalquellen wurden erst 1914 im Zusammenhang mit der Nutzung der Salinen entdeckt.

Das unter Denkmalschutz stehende, 1254 mit dreieckigem Grundriss gegründete Städtchen *Kaiserstuhl,* das vom Oberen Turm (12./13. Jh.) beherrscht wird, ist der Kehrpunkt unserer Rundreise. Wir überqueren den Rhein und folgen dem Wegweiser nach *Waldshut,* das wir durch die landwirtschaftlich geprägte

Vor dem imposanten Munot wird als Vorposten des Klettgauer Weingebietes städtische Schaffhauser Rebenkultur gepflegt.

Gegend über Lienheim, Reckingen, Rheinheim und Kadelburg erreichen. In der von den Habsburgern im 13. Jh. «zur Hut des Waldes» gegründeten Stadt zeugen zwei Stadttore von früheren Zeiten. Über *Albbruck* und das *badische Laufenburg* kommen wir nach *Säckingen.* Das malerische Städtchen ist nicht zuletzt durch Scheffels Verserzählung «Der Trompeter von Säckingen» berühmt geworden. Seine Wahrzeichen sind das gotische Münster St. Fridolin (14. Jh.) und die

längste gedeckte Holzbrücke Europas (200 m).

Der Rhein fliesst nun in einem grossen Bogen Richtung Norden. Vor *Schwörstadt* thront Schloss Schönau hart über dem Rheinufer. Der nächste Etappenort ist das *badische Rheinfelden,* das seine schweizerische Schwester an Einwohnerzahl wie an industrieller Bedeutung übertrifft. Über den Kur- und Badeort *Wyhlen* erreichen wir *Grenzach,* das für seine Mineralquelle und seine Weine bekannt ist. Nach der Grenze können wir direkt nach *Kleinbasel* hineinfahren oder einen Abstecher nach *Riehen* machen, wo uns im Wettsteinhaus im Dorfzentrum ein überaus sehenswertes Spielzeugmuseum (mit Dorf- und Rebbaumuseum) erwartet.

▇ Viel Sehenswertes rund um Schaffhausen

Autoroute:
Schaffhausen–Hallau–Tengen–Singen–Stein a. Rh.– Schaffhausen. Strecke: 100 km; Grenzausweis erforderlich

Der Munot beherrscht die pittoreske Altstadt Schaffhausens (vgl. Stadtrundgang S. 28/29). Wir verlassen *Schaffhausen* rheinabwärts und kommen in *Neuhausen* zum Rheinfall, dem mächtigsten Wasserfall Europas. Bei mittlerem Wasserstand stürzen hier pro Sekunde rund 700 m³ Wasser über die 23 m hohe und 150 m breite Felsschwelle hinunter.

Von Neuhausen fahren wir in westlicher Richtung ins Klettgauer Landstädtchen *Neunkirch* mit seinem streng rechteckigen mittelalterlichen Grundriss. Im ehemaligen Landvogteischloss, dem Oberhof, befindet sich das Ortsmuseum. Im Süden thront

JUGEND-FRISCH INS ALTE BETT
Nicht nur für Schulreisen aus der Nord- und Ostschweiz ist der Rheinfall bei Neuhausen ein attraktives Ziel! Auch von anderswoher bleibt er ein sehr besuchenswertes Naturschauspiel. Der rund 25 m hohe Wasserfall kann von beiden Seiten besucht werden, und besonders eindrücklich ist eine Annäherung im Wasserstaub per Schiff. Übrigens donnert das Wasser in ein altes Flussbett des Rheins, auf das der Fluss am Ende der letzten Eiszeit stiess, nachdem ihm durch den Gletscher ein neuer Verlauf beschert worden war.

die gotische Bergkirche auf einem Hügel. Bei der Weiterfahrt gelangen wir ins grösste zusammenhängende Ostschweizer Weinbaugebiet. Zentrum ist das Winzerdorf *Hallau* mit der Bergkirche St. Moritz am Hallauer Berg als Wahrzeichen. In nördlicher Richtung weiterfahrend, kommen wir kurz vor der deutschen Grenze ins malerische Bauerndorf *Schleitheim* mit seinen schönen Riegelhäusern und dem offenen Dorfbach.

Auf deutschem Gebiet empfängt uns *Stühlingen* im Wutachtal, überragt von Schloss Hohenhupfen. Wir umfahren in weitem Bogen zunächst in nord-

kankegel, den eine gewaltige Festungsruine krönt; die ehemalige Residenz der schwäbischen Herzöge ist Schauplatz des Romans «Ekkehard» von J. V. von Scheffel. Zwischen *Rielasingen* und *Ramsen* passieren wir die Grenze.

Über Hemishofen fahren wir nach *Stein am Rhein,* einem der besterhaltenen mittelalterlichen Städtchen im schweizerisch-süddeutschen Raum, am Ende des Untersees unter der Burg Hohenklingen (12. Jh.) gelegen. Die beeindruckende Festung war einst Sitz der kaiserlichen Vögte. Besonders sehenswert sind in Stein der Marktplatz mit seinen bemalten Häusern und das Rathaus (1538), dessen Sammlung u. a. Wappenscheiben umfasst, sowie die östlich angrenzende romanische Basilika (12. Jh.) und die 1005 gegründete Benediktinerabtei St. Georgen.

Rheinabwärts kommen wir nach *Diessenhofen* mit seinen erkergeschmückten Häusern, die

östlicher, dann in östlicher Richtung Schweizer Gebiet und kommen nach *Tengen.* Sehenswert sind die St.-Laurentius-Kirche, die Stadtkapelle, der mächtige Turm der Hinterburg aus dem 13. Jh. und das östlich gelegene malerische Hügelstädtchen *Blumenfeld.*

In *Riedheim* befindet sich der guterhaltene «Burgstall», ein Landvogteisitz, dessen älteste Teile auf das 13. Jh. zurückgehen. Durch *Hilzingen* mit seinen spät- und nachmittelalterlichen Fachwerkhäusern erreichen wir *Singen* im Hegau. Die Stadt wird vom Hohentwiel beherrscht, einem längst erloschenen Vul-

Diessenhofen, hier vom deutschen Ufer aus gesehen. In dem waschechten Brückenstädtchen scharen sich die kompakt zusammengebauten Häuser um die zentrale Brücke. Die Art der Überbauung und das Vorwerk auf der anderen Flussseite deuten darauf hin, dass es sich nicht um eine spontane Ansiedlung handelte, sondern dass die kyburgischen Gründer die Anlage mit Absicht als ihren eigenen Flussübergang und befestigt gegen Übergriffe von jenseits des Rheins geplant hatten. Der Ort erhielt das Stadtrecht 1178.

vom Zeitglockenturm (1545) überragt werden. Eine alte Holzbrücke führt hinüber ins deutsche Gailingen. Wir bleiben jedoch am Südufer und gelangen am 1245 gegründeten Dominikanerinnenkloster St. Katharinental (heute Alters- und Pflegeheim) vorbei nach *Feuerthalen* und zurück nach *Schaffhausen* auf dem Nordufer des Rheins.

◾ Durchs Zürcher Ober-, Wein- und Unterland

Autoroute:
Zürich–Uster–Elgg–Frauenfeld–
Andelfingen–Bülach–Zürich.
Strecke: 150 km

Wir verlassen *Zürich* via Schwamendingen oder über die Oberland-Autobahn bis zur *Ausfahrt Wangen.* Durch *Dübendorf* (sehenswert das Museum der Schweizerischen Fliegertruppen beim Militärflugplatz) und *Hegnau* gelangen wir nach *Nänikon,* wo wir zum malerischen Städtchen *Greifensee* abbiegen, das im 11. Jh. gegründet wurde. Vor dem Schloss, einem ehemaligen Landvogteisitz, erstreckt sich direkt am See ein schöner Park. Das hochgotische Kirchlein hat interessanterweise einen dreieckigen Grundriss. Der See und seine Umgebung stehen unter Naturschutz, das Ufergebiet kann jedoch auf markierten Wanderwegen durchstreift werden.

Bei der Weiterfahrt kommen wir nach *Uster,* das im 18. Jh. zu den ersten Industriestandorten der Schweiz gehörte. In der Nähe von *Pfäffikon* (bei Irgenhausen am Pfäffikersee) wurden Reste eines alten römischen Kastells gefunden. Die Strecke nach *Saland* und *Turbenthal* führt durch eine sanfte Hügellandschaft. In Turbenthal halten wir zuerst

Richtung Winterthur und biegen dann bei der Abzweigung *Girenbad* rechts ab. Die Strasse führt uns kurvenreich durch herrlichen Wald hinauf nach *Hofstetten.* Kurz vor *Elgg* erhebt sich das gleichnamige Schloss, das um 1000 gegründet und seither mehrfach umgebaut worden ist. Elgg selbst ist eine der letzten mittelalterlichen Stadtgründungen, 1370 von den Habsburgern als konzentrische Anlage konzipiert, mit bedeutender spätgotischer Kirche von 1518.

Über *Hagenbuch* erreichen wir den Hauptort des Kantons Thurgau, *Frauenfeld* (vgl. Stadtrundgang S. 30/31).

Nach der Besichtigung fahren wir weiter Richtung Stein am Rhein, biegen jedoch bei *Weiningen* links ab und kommen an schön gelegenen Rebhängen vorbei nach *Hüttwilen.* Zu Füssen des sonnigen Stammberges liegen die Weinländer Winzerdörfer *Ober-* und *Unterstammheim* mit ihren malerischen Riegelhäusern. In Oberstammheim sind die Galluskapelle und der «Hirschen», in Unterstammheim das Girsperger- und das Gemeindehaus besonders sehenswert. *Ossingen* mit Schloss Wyden, *Andelfingen* mit der Thur-Holzbrücke, dem Landvogteischloss und seinem kompakten Ortskern sowie *Marthalen* sind ebenfalls charakteristische Dörfer des Zürcher Weinlands. *Rheinau* liegt malerisch auf einem mit Reben bestockten Hügel über der Rheininsel mit dem ehemaligen

EINLADEND
Wer das Zürcher Unterland kennenlernt, wird es auch lieben lernen: freundliche Riegelhaus-Dörfer, weites sanftes Land, aufgeschlossene Menschen.

Besonders schmucke Fachwerkhäuser sind manchmal mit einem Erker versehen (Oberstammheim).

Benediktinerkloster (heute kantonale psychiatrische Klinik). Von der Insel Rheinau führt eine hölzerne Grenzbrücke in die baden-württembergische Fast-Exklave Jestetten/Lottstetten. Wir fahren nach Süden und erreichen über *Flach* das malerische *Eglisau*. Der Bezirkshauptort *Bülach* im Zürcher Unterland ist unser nächstes Ziel, bevor wir durch *Höri* und *Dielsdorf* ins malerische Burgstädtchen *Regensberg* auf einem östlichen Lägerensporn hinauffahren. Der einst belebte Flecken wurde 1246 durch die Freiherren von Regensberg gegründet. Die sogenannte Oberburg wird durch eine 120 m lange Strasse gebildet. Die geschmackvoll restaurierten Riegelhäuserreihen lassen den Verlauf der abgetragenen Stadtmauer erkennen. Aus der Gründungszeit sind nur ein Rundturm und der tiefe Sodbrunnen erhalten. Durch *Regensdorf* und am Katzensee vorbei kehren wir nach *Zürich* zurück.

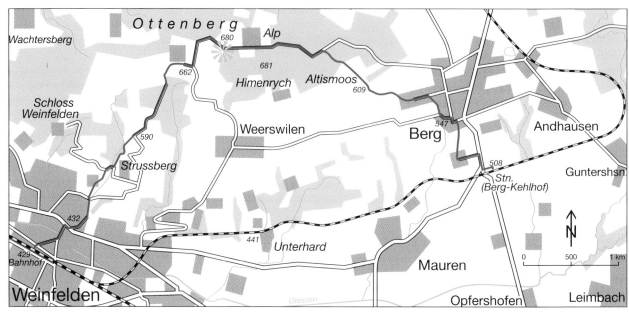

Im Land der Obstbäume: Rundfahrt zum Bodensee

Bahnreise:
St. Gallen–Wil–Weinfelden–
Kreuzlingen–Romanshorn–
St. Gallen

St. Gallen ist wirtschaftlich und historisch der bedeutendste Ort der Nordostschweiz. Besonders sehenswert sind die 1755–1767 errichtete Stiftskirche und die Stiftsbibliothek mit über 130 000 Bänden. Von St. Gallen fahren wir durch eine leicht bewaldete, fruchtbare Gegend zur mittelalterlichen Kleinstadt *Wil*. Neben der 1501 fertiggestellten Pfarrkirche St. Niklaus gibt es hier ein klassizistisches Baronenhaus aus dem Jahre 1759 zu besichtigen, das 1607 erbaute Gericht und den Hof, die ehemalige Residenz der Fürstäbte von St. Gallen.

Mit der Mittelthurgaubahn fahren wir weiter nach *Weinfelden*. Das am Fusse der sonnigen Rebhänge des Ottenbergs gelegene Dorf besitzt ein Schloss aus dem 12. Jh. und einige sehenswerte malerische Häuser, wie das Gasthaus zum Trauben und das

BLÜTENREICHE ZIERDE
Zahlreiche grosse Obstbäume sind in der Ostschweiz der stolze Schmuck der ausgedehnten Wiesen. Mögen sie für Landschaft und Ökologie neben den rationellen Spalierplantagen überleben!

Rathaus. Hier pflegt im Winterhalbjahr der Thurgauer Kantonsrat zu sitzen; in den Sommermonaten tagt er hingegen in Frauenfeld.

In *Kreuzlingen*, wo wir erneut umsteigen, empfiehlt sich der Besuch der nach dem Brand von 1963 orginal wiederaufgebauten Barockkirche. Besondere Attraktion ist die Ölberggruppe mit Hunderten von geschnitzten Holzfiguren. Das Seemuseum im Seeburgpark bietet Einblick in die Fischerei und die Schiffahrt auf dem Bodensee.

Die Weiterfahrt von Kreuzlingen dem Bodensee entlang nach Romanshorn gewährt viele

prächtige Ausblicke auf die weite, glitzernde Seefläche. In *Romanshorn*, dem Heimathafen der Schweizerischen Bodenseeflotte, wechseln wir in den Zug nach *St. Gallen*.

Die Rundreise lässt sich mit einer zweistündigen leichten **Wanderung** über den Ottenberg verbinden. Von *Weinfelden* führt in nordöstlicher Richtung ein leicht ansteigendes Strässchen über Strussberg auf den *Ottenberg*. Bei klarer Sicht lassen sich hier die fernen Alpen bewundern. Über Alp geht es weiter nach Altismoos und hinunter nach Berg, wo wir mit der Bahn nach *Kreuzlingen* weiterfahren.

Auf den Spuren von Neandertalern und Eremiten im Alpstein: Luftseilbahn Wasserauen–Ebenalp

Hinreise:

Wasserauen, Ausgangspunkt vieler Bergwanderungen in das Alpsteinmassiv, ist Endstation der Bahn, die vom innerrhodischen Hauptort Appenzell herführt. Bei der Talstation der Luftseilbahn Ebenalp stehen Parkplätze für Autos zur Verfügung.

Die Luftseilbahn fährt an den weltbekannten Wildkirchlihöhlen vorbei auf die Aussichtsterrasse der **Ebenalp.** Von der Bergstation, 1593 m ü. M., ist in einer Viertelstunde das Gipfelplateau, 1640 m ü. M., zu erreichen. Von dort bietet sich eine schöne Sicht auf das hügelige Appenzellerland, den Bodensee und die Berggipfel des Alpsteins. Dieses Faltengebirge ist durch das Rheintal und das Obertoggenburg von den übrigen Alpen getrennt. Der 2502 m ü. M. gelegene Säntis ist die höchste Erhebung des Alpsteins und wie der Hohe Kasten, der Kronberg und die Ebenalp mit einer Luftseilbahn erschlossen.

Das **Wildkirchli** ist zu Fuss in wenigen Gehminuten von der Bergstation Ebenalp erreichbar. Über die obere Höhle, auch Dunkles Loch genannt, gelangt man zur Gasthaushöhle. Sie birgt eine moderne Nachbildung des alten Eremitenhäuschens. In der Altarhöhle steht ein aus rohen Steinblöcken gefügter Altar mit einem hölzernen Rokokoretabel und einem vom Kunstmaler Johannes Hugentobler 1935 geschaffenen Baldachin. Über einen Felspfad und ein gedecktes Holzbrücklein erreichen wir das Berggasthaus Aescher.

Die Wildkirchlihöhlen – von 1658 bis 1853 wurden sie von Einsiedlern bewohnt – erlangten dank prähistorischen Funden Weltruf. Skelette von Höhlenbären und Steinwerkzeuge sind

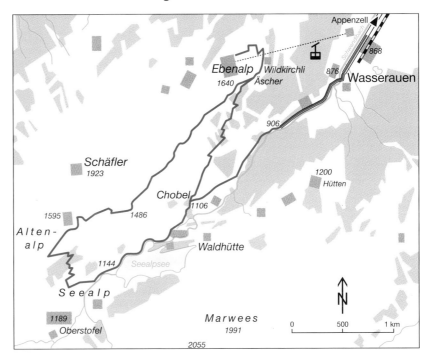

Zeugen der zum Typus der Neandertaler gehörenden Jäger, die hier um ca. 50 000 v.Chr. gelebt haben. Die Wildkirchlifunde sind im Museum im Kirchhoferhaus in St. Gallen und im Heimatmuseum Appenzell ausgestellt.

Vom Aescher gelangt man in 1 Std. auf einem steilen, schma-

len Pfad zum *Seealpsee,* wo Ruderboote gemietet werden können. Einfacher ist der See über die *Ebenalp* zu erreichen. Der Abstieg vom See hinunter nach *Wasserauen* dauert 40 Min.

Wildromantisch bis lieblich: Bergfahrt zwischen Chur und Davos

Bahnreise:
Chur–Domleschg–Davos–Prättigau–Landquart–Chur

Von *Chur* fährt die Bahn über *Domat/Ems* zu der am Zusammenfluss von Vorder- und Hinterrhein gelegenen Ortschaft *Reichenau.* Eine Strecke der Rhätischen Bahn führt weiter nach Disentis, von wo die bekannte Furka-Oberalp-Bahn die Reisenden Richtung Wallis bringt. Wir aber fahren südwärts, über *Bonaduz* und *Rhäzüns* dem Domleschg entgegen. *Thusis* ist Ausgangspunkt für Ausflüge zu den vielen prächtigen Burgen, Schlössern und Kapellen des Domleschg und zur

Wie ein Adlerhorst im Fels: Hotel Wildkirchli.

In *Filisur* steigen wir um und fahren weiter in Richtung *Davos.* Der langgezogene, weltberühmte Kurort ist mit seinen mehr als 25 000 ha Gemeindefläche grösser als der Kanton Zug. Das bekannte Eidgenössische Institut für Schnee- und Lawinenforschung auf dem Weissfluhjoch (2663 m) ist mit einer Standseilbahn erreichbar. Eine Luftseilbahn führt weiter auf den Gipfel der Weissfluh (2844 m) hinauf.

Dort, wo sich das tiefe Landwassertal gegen das Albulatal hin zu öffnen beginnt, schwingt sich die Eisenbahn auf dem 50 m hohen Viadukt über den Fluss.

Obstgärten gelangen wir wieder zurück nach *Chur,* dem Hauptort des Kantons Graubünden.

Verbindung zum Süden einmal anders: Bernina-Express

wilden, imposanten Viamala-Schlucht. Ein eindrücklicher Streckenabschnitt ist die Fahrt durch die romantische, von der Albula gebildete *Schinschlucht.* Von *Tiefencastel* führen Strassenverbindungen nach Lenzerheide und über den Julierpass ins Engadin. Wie schwierig der Bau der Rhätischen Bahn in dieser wilden Berglandschaft war, belegen immer wieder die vielen gewaltigen Kunstbauten, wie beispielsweise – vor Filisur – der 130 m lange Landwasser-Viadukt, der direkt vor einem Tunnel endet.

Das 1992 durch einen Neubau erweiterte Kirchner-Museum in Davos-Platz lohnt einen Besuch.

Wie Davos ist auch der inmitten schöner Tannenwälder gelegene Klimakurort *Klosters* im Winter beliebtes Ziel der Skifahrer und im Sommer Ausgangspunkt für viele Wanderungen. Klosters allein bietet ein Netz von über 250 km gut ausgebauter und markierter Wanderwege und – neuerdings auch – MTB-Routen. Von Klosters fährt die Bahn durchs *Prättigau* zur engen Landquartklus hinunter. Über *Zizers* mit seinen Rebbergen und

Hinreise:
Ausgangspunkt für die rund viereinhalbstündige Fahrt mit dem Bernina-Express nach Tirano ist Chur. Wer sich auf das Herzstück dieser einmaligen Alpentransversale – die Berninalinie – beschränken möchte, kann in St. Moritz oder in Pontresina zusteigen. Beide Orte sind mit der **Rhätischen Bahn** *oder mit dem* **Auto** *erreichbar.*

Die **Rhätische Bahn** ist Hauptträger des öffentlichen Verkehrs im Kanton Graubünden und überdies eine touristische At-

Die Region Davos hat sowohl im Winter wie im Sommer ihre Anhänger. Aber auch die zwischensaisonalen Zeiten haben ihre besonderen Reize. Ob Ski- oder Wanderfreund – gleichviel: Die weltbekannten Parsennbahnen (S. 140: Standseilbahn, mit Dischmatal im Hintergrund, l. Luftseilbahnen am Strelapass) befördern sie ins Gebiet des Weissfluhjochs, von wo herrliche aussichtsreiche Wanderungen bzw. Abfahrten unternommen werden können.

Das Wasser des Lago Bianco – des «Weissen Sees» – zeigt die für gewisse Gebirgsseen typische Färbung: Die sogenannte Gletschermilch erfüllt den See. Es ist der von den Gletscherbächen hierher verfrachtete feine Gesteinsabrieb, der das Wasser trübt. Das Ufer besteht aus nacktem Fels, so dass dunkle Humusteilchen fehlen. Mit der Berninabahn, die hier auf gut 2250 m ihren höchsten Punkt erreicht, erlebt man auf rund 60 km Länge von St. Moritz (1778 m) nach Tirano (429 m) die grössten in der Schweiz mit einer reinen Adhäsionsbahn erfahrbaren Höhenunterschiede!

traktion. Ihre Trassen zählen zu den kühnsten und kunstvollsten. Von den 375 Streckenkilometern der Rhätischen Bahn verläuft jeder achte unterirdisch oder führt über Brücken. Als meterspurige Bahn stellt die Rhätische Bahn mit der Furka-Oberalp-Bahn und der Brig-Visp-Zermatt-Bahn ein zusammenhängendes Netz dar, das einen grossen Teil des schweizerischen Alpenraums ganzjährig erschliesst.

Die **Berninalinie** ist die einzige Nord-Süd-Verbindung, die die Alpen ohne Tunnel überquert. 1908/1910 wurde sie eröffnet. Entlang der Berninalinie bietet die Natur Kontraste von einmaliger Schönheit: harter Wechsel von üppigen Wiesen zu kargem, auch im Sommer schneebedecktem Gebirge, im Puschlav wieder gefolgt von einer stark südländisch geprägten Landschaft. Bei der berühmten Montebello-Kurve rücken der Morte-

ratsch-Gletscher und die Eisgipfel der Bernina-Gruppe in greifbare Nähe. Das Ospizio Bernina, 2253 m ü. M., ist die höchstgelegene Station der Rhätischen Bahn. Hier befindet sich die Wasserscheide zwischen den Einzugsgebieten der Adria und des Schwarzen Meeres. Nach der Alp Grüm mit Ausblick auf den Palü-Gletscher geht es in unzähligen Kurven über Cavaglia jäh bergab. Die Bahn überwindet hier das

grösste Gefälle von 70 ‰ und erreicht Poschiavo, Hauptort des Puschlavs. Einem Überlandtram ähnlich fährt der Zug dem Puschlaversee entlang gegen Süden und nach dem Grenzort Campocologno durch die engen Strassen und Gassen und über den Marktplatz von Tirano. Die mehr als 1800 Höhenmeter vom Berninapass bis Tirano werden auf nur 38,5 km Fahrt überwunden.

EIN HOCH DEM HOCH-TAL OBER-ENGADIN

Das Oberengadin ist als Hochtal eine Welt für sich. Es besitzt aufgrund seiner inneralpinen Lage seine eigenen Naturgesetzmässigkeiten. Man sagt, dass es von der oftmals auftretenden Wetterpolarität zwischen Alpennord- und Alpensüdseite häufig das Bessere der beiden «auswählt». Die dabei anfallende grosse Sonnenscheinsumme kommt natürlich den Möglichkeiten sportlicher Betätigung im Freien entgegen. Dabei ist aber zu berücksichtigen, dass man sich mindestens auf rund 1800 m ü. M. befindet: Der Körper braucht eine Anpassungszeit. Die danach von ihm abverlangte Leistung zeitigt bei längerem Aufenthalt die positive Wirkung eines Höhentrainings, was sich die «Profis» auch zunutze machen.

Wer atmet nicht tief durch beim Anblick eines solchen Panoramas? Silvaplana und Surlej (r. und l.), Silvaplanersee (Mitte), Silsersee (ganz hinten), Piz Corvatsch (l.), dahinter einmündendes Fextal.

Blick auf die «blauen Augen» des Oberengadins: seine Seen. Bergbahn Surlej–Corvatsch

Hinreise:
*Die Talstation der Luftseilbahn Surlej–Corvatsch, 1870 m ü.M, ist mit dem **Postauto** von St. Moritz erreichbar. Weitere Postautokurse verkehren zwischen Maloja und St. Moritz und halten im*

einen Höhenunterschied von 1433 m. Die Fahrt zur Mittelstation *Murtèl,* 2702 m ü. M., öffnet einen grossartigen Ausblick auf Arven- und Lärchenwälder, auf die Oberengadiner Seen und auf St. Moritz. Ganz anders die zweite Sektion: je näher der Gipfel, desto wilder die Abhänge, Stürze und Klüfte. Die *Bergstation* liegt auf 3303 m ü. M.

Von der Terrasse des Berggasthauses bietet sich eine grossartige Rundsicht: Weit unten liegt

den bei klarem Wetter die markanten Punkte. Im Winter ist das durch die Corvatschbahn erschlossene Skigebiet mit über 50 km Pisten beliebtes Ziel von Wintersportlern.

Von der Zwischenstation Murtèl ist das Berggasthaus *Fuorcla Surlej* zu Fuss in einer halben Stunde erreichbar. Vom Übergang Fuorcla Surlej kann ins Val Roseg zum Hotel Roseggletscher abgestiegen werden. Diese steile, dafür um so schönere Wanderung dauert rund 1 Std. Der Weg zurück nach *Pontresina* lässt sich bequem und romantisch mit einem Pferdefuhrwerk zurücklegen. Zu Fuss braucht man für die Strecke vom Hotel Roseggletscher bis zum Bahnhof von Pontresina, abseits des Strässchens, etwa 1 ½ Std.

Eine weitere Wandermöglich-

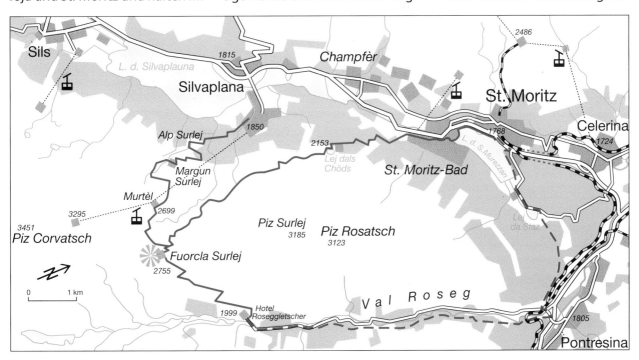

*benachbarten Silvaplana. Parkplätze für **Autos** stehen bei der Talstation zur Verfügung.*

Die bis 80 Personen fassenden Kabinen der Luftseilbahn bewältigen auf einer Länge von 4450 m

das Oberengadin mit den Seen, auf der anderen Seite das Val Roseg. Tausende von Berggipfeln gruppieren sich in allen Himmelsrichtungen bis an den Horizont – der Monte Rosa, die Zugspitze und der Grossglockner bil-

keit ab Murtèl bildet der Abstieg über Margun da Surlej zur *Alp Surlej* und hinunter zur Talstation (1 ½ Std.). Von der Fuorcla Surlej führt eine schöne Route, am See *Lej dals Chöds* vorbei, in knapp 2 ½ Std. nach *St. Moritz.*

Auf grosser Alpenachse im Glacier-Express

Bahnreise:
Zermatt–Furka–Oberalp–Chur

Ausgangspunkt der eindrücklichen, rund sechsstündigen Bahnfahrt quer durch die Alpen ist der autofreie Nobelkurort Zermatt. Platzreservationen für eine Reise im Glacier-Express werden auch Einzelreisenden empfohlen.

Den ersten Streckenabschnitt, das romantische Mattertal hinunter, vorbei an den Geröllhalden des Bergsturzes von Randa (1991) bestreitet die **Brig-Visp-Zermatt-Bahn.** In Stalden gibt es eine Postautoverbindung zum Gletscherdorf Saas Fee. Nach kurzer Fahrt biegt der Glacier-Express beim Industrieort Visp ins Rhonetal ein. In Brig beginnt die Strecke der 1926 fertiggestellten **Furka-Oberalp-Bahn.**

Von Mörel und Betten führen Luftseilbahnen auf die Rieder-, die Greicher- und die Bettmeralp. Hinter Grengiols überwindet die Bahn – auf Zahnstangen und im Kehrtunnel – eine erste grosse Talstufe. Fiesch ist Ausgangspunkt der Luftseilbahn auf das 2927 m hohe Eggishorn. Die Weiterreise durch das Obergoms bietet Ausblicke auf viele typische Walliserdörfer. In Oberwald beginnt der 1982 eröffnete, 15,5 km lange Furkatunnel. Beim Tunnelausgang in Realp öffnet sich der Ausblick aufs Urserental. Von Realp bis zur Station Furka wird ab Frühjahr 1993 auf dem – weitgehend in freiwilliger, unbezahlter Arbeit instand gesetzten – Trassee der alten Furkastrecke ein Ausflugsbetrieb mit Dampflokomotiven angeboten. In Hospental zweigt die Strasse auf den Gotthardpass (2108 m) ab. Nach Andermatt, der Endstation der Schöllenenbahn, windet sich der

Zug auf einer langen Zahnstangenstrecke den Oberalp (Passhöhe: 2033 m) hinauf.

Der Abstieg nach Disentis/Mustér ist steil. Das ausgedehnte

via Albulatunnel nach *St. Moritz* und via Filisur nach *Davos.* Die meisten Zugskompositionen des Glacier-Express fahren allerdings zunächst nach *Chur,* dem Kantonshauptort.

Stimmungsvolle Passrundreise mit südlichen Impressionen

Autoroute:
Chur–Bellinzona–Disentis–Chur.
Strecke: 250 km

Unseren Ausgangspunkt *Chur* können wir anhand des auf S. 34/35 beschriebenen Stadtrundgangs kennenlernen. Auf

Oben: Glacier-Express der Furka-Oberalp-Bahn. Das gibt Stimmung: Verpflegung im Tessin unter freiem Himmel – mit typischen Produkten der Region – «buon appetito!».

Benediktinerkloster ist die wichtigste Klosteranlage im Kanton Graubünden. Mit der **Rhätischen Bahn** fahren wir nun das Vorderrheintal hinunter und durchqueren hinter Ilanz das wildromantische Versamer Tobel. Von Reichenau aus führt eine Strecke der Rhätischen Bahn

der Hauptstrasse fahren wir nach *Domat/Ems.* Wichtigste Sehenswürdigkeiten dieses stark gewachsenen Dorfes, dessen eingesessene Bevölkerung Rätoromanisch spricht, sind die auf einem Hügel gelegene Burg Amedes mit der Pfarrkirche St. Peter von ca. 800 zu ihren Füssen sowie die Kirche St. Johann (1515) auf einem zweiten Hügel. Am Zusammenfluss von Vorder- und Hinterrhein liegt malerisch *Reichenau* mit seinem sehenswerten Schloss. Wir halten nach Süden und fahren an *Rhäzüns* (Mineralquellen) vorbei durchs Domleschg mit seinen vielen Dörfern und Burgen auf der östlichen Terrasse, gegenüber dem Heinzenberg.

In *Thusis* zweigen die Strassen ab, die über die Albula und den Julier ins Engadin und dem Landwasser entlang nach Davos führen. Um das Naturschauspiel der berühmten Viamala zu erleben, bleiben wir auf der alten Hauptstrasse zum San Bernardino (die kühn ausgebaute neue Strasse bietet keinen Einblick in die wilde Schlucht). Wir können den Wagen auf markierten Parkplätzen abstellen und bei der Eintrittskasse auf Treppen rund 50 m in die Schlucht absteigen. Von gesicherten Aussichtsplattformen öffnet sich ein überwältigender Blick auf die tosenden Wasser des Hinterrheins.

Beschaulicher wird's im Dörfchen *Zillis,* dessen Gotteshaus die älteste erhaltene figürlich bemalte Holz-Kirchendecke des Abendlandes (ca. 1160) mit faszinierenden Bildtafeln birgt.

Durch das Schams und die Roflaschlucht fahren wir hinauf nach *Splügen* (1457 m), von wo die Strasse über den 2113 m hohen Splügenpass nach dem italienische Chiavenna führt.

In *Hinterrhein* können wir je nach Strassenverhältnissen die Passroute über den *San Bernardino* (2065 m) wählen, die mit prachtvollen Aussichten belohnt, oder durch den Tunnel nach San Bernardino am oberen Ende des Val Mesolcina (Misox) fahren. In *Mesocco* können wir das mächtige, auf einem Felssporn thronende Kastell bewundern. Mit jeder bergab überwundenen Talstufe werden Vegetation und Hausformen südlicher. Der Moesa entlang erreichen wir nach genussvoller Fahrt das reizvolle Dörfchen *Roveredo* mit seiner schönen Kirche Madonna del Ponte Chiuso (17. Jh).

Nach wenigen Minuten treffen wir ungefähr zur Halbzeit unserer Rundfahrt im Tessiner Kantonshauptort *Bellinzona* ein (vgl. Stadtrundgang S. 36/37). Nach der Stadtbesichtigung und einer verdienten Stärkung fahren wir durch die Tessiner Riviera dem Ticino entlang nach *Biasca.* Hier verlassen wir die Gotthardroute und biegen rechts ins Bleniotal

Hoch über dem Stausee fahren wir durch Lawinengalerien ins Val Medel.

Etwas oberhalb von *Disentis/Mustér* liegt die mächtige Anlage des Benediktinerklosters, dessen Gründung auf das Jahr 720 zurückgeht, das aber 1799 von französischen Truppen mitsamt dem Dorf eingeäschert wurde. Disentis hat einige Berühmtheit als Sommer- und Winterkurort erlangt. Dem Vorderrhein flussabwärts folgend, fahren wir durch verschiedene schöne Dörfer. Von *Ilanz* aus haben wir die Möglichkeit, auf aussichtsreicher Strasse dem Valsertal und den bekannten Mi-

CASTELLO GRANDE IN BELLINZONA
Die auch Castel Vecchio oder nach der Herkunft der eidgenössischen Vögte Uri genannte Burg ist die einzige der drei Festungsanlagen Bellinzonas, die inmitten der Stadt gelegen ist. Die Zinnen zeigen die kulturelle Überschneidung: Die Schwalbenschwanzzinnen sind dem Süden, die quadratischen dem Norden zuzuordnen.

ein. Ansteigend fahren wir durch weitgehend unverfälschte Tessinerdörfer. Besonders sehenswert sind die Kapelle S. Remigio in der Talsohle vor Corzonesco und die ehemalige Pfarrkirche S. Ambrogio beim Maiensäss Negrentino in Prugiascio. Nach *Olivone* steigt die Strasse zum *Lukmanierpass* (1916 m) an, einem der landschaftlich reizvollsten Alpenübergänge der Schweiz.

neralquellen einen Besuch abzustatten. Bei *Laax* lohnen Flims Waldhaus und das schon in der Bronzezeit besiedelte *Falera* (interessante rekonstruierte Steinreihen bei der auf einem Felssturzhöcker gelegenen Kirche St. Remigius) einen Besuch. Über *Flims* und *Trin* erreichen wir in *Reichenau* die Autobahn, die uns zum Ausgangspunkt zurückbringt.

Simplon Dorf im Wallis liegt auf der Südseite des Passes auf rund 1470 m ü. M.

Durch die Berge in den Süden

Bahnreise:
Bern–Lötschberg–Simplon–
Domodossola–Locarno–Gott-
hard–Luzern–Langnau–Bern;
Grenzausweis erforderlich

Von der Bundeshauptstadt Bern gelangen wir nach kurzer Fahrt an den Thuner- und weiter an den Brienzersee. Im Hintergrund erheben sich die imposanten Hochgebirgsgipfel der Berner Alpen. Von Mülenen führt eine Zahnradbahn auf den Aussichtsberg Niesen, der vom Thunersee wie eine Pyramide wirkt. Der Höhenunterschied zwischen Frutigen und Kandersteg wird mittels einer regelmässigen Steigung von 27 ‰ und einer Kehrschleife sowie eines Kehrtunnels bei Blausee-Mitholz überwunden.

Hinter Kandersteg fährt der Zug in den 1913 eröffneten, 14,6 km langen Lötschbergtunnel ein. Von Goppenstein gibt es eine Postautoverbindung ins schmucke Lötschental. Die Strecke Hohtenn–Brig bietet einen einzigartigen Ausblick auf die Walliser Alpen und das beinahe 500 m tiefer liegende Rhonetal. Der in Brig beginnende 19,8 km lange Simplontunnel wurde 1898–1906 erbaut. In Domodossola, dem Hauptort des

Ossolatals, steigen wir in die Centovalli-Bahn um. Die gemächlich tuckernde Bahn folgt – auf italienischem Staatsgebiet – dem Valle Vigezzo und nach der Grenze zum Kanton Tessin dem

AN DEN HANG GEKLEBT
Das schweizerische Indemini, zuoberst im sonst italienischen Vedascatal gelegen, wurde erst 1917 durch eine Fahrstrasse mit dem auf der Nordseite der Wasserscheide gelegenen Gambarogno verbunden; es gehört mit seinen Alpen zu den entlegensten der Schweiz. Auffallend ist auf dieser Aufnahme die traditionelle Bedachung mit Gneisplatten; nur die neueren Häuser tragen rote Dachziegel. Das Dorf, das im 19. Jh. noch rund 500 Einwohner zählte, ist heute stark entvölkert.

romantischen Centovalli. Locarno, am Lago Maggiore, empfiehlt sich für einen mittäglichen Zwischenhalt.

Von Locarno fährt der Zug durch die Magadino-Ebene nach Bellinzona, dem Hauptort des

Kantons Tessin. Die Weiterreise über die berühmte Gotthardstrecke bringt uns in rascher Fahrt nach Norden. Die stark ansteigenden Talstufen im Valle Leventina bedingen auf einer Streckenlänge von 24 km vier Kehrtunnels. Nach dem 15 km langen Gotthardtunnel – er wurde 1882 eröffnet – erreichen wir bei Göschenen das Urnerland. Am Urner-, Lauerzer-, Zuger- und Vierwaldstättersee entlang fährt der Zug weiter nach Luzern. Die Rückreise nach Bern führt durch das Entlebuch und das Emmental.

An den Ufern des Lago Maggiore

Autoroute:
Locarno–Verbania Laveno–Luino–(Indemini)–Magadino–Locarno. Strecke: 90 km (über Indemini 110 km); Grenzausweis erforderlich

Zentrum *Locarnos* ist die Piazza Grande, auf der jeweils die internationalen Filmfestspiele stattfinden. Von hier sind es nur wenige Schritte zum Castello Vis-

Lombardische Renaissance südlich von Brissago: S. Maria del Ponte (1526–1528).

Beliebtes Panorama von Ronco mit den beiden Brissago-Inseln.

conti mit dem archäologischen Museum. Durch verwinkelte Altstadtgassen können wir zu Baudenkmälern wie der Pfarrkirche S. Antonio, der ehemaligen Klosterkirche S. Francesco, dem früheren Kapuzinerkoster SS. Rocco e Sebastiano und dem Frauenkloster S. Catarina schlendern. Arkaden führen von der Piazza Grande zum Bahnhof und zur Talstation der Standseilbahn nach Orselina, wo die berühmte

Wallfahrtskirche Madonna del Sasso in ausblickreicher Lage thront.

Wir fahren nach Südwesten los und erreichen nach der Überquerung des mächtigen Maggiadeltas *Ascona*, das sich aus einem Fischerdorf zum «Künstlerflecken» und zu einer der ersten Tessiner Adressen des Geldadels gewandelt hat. Durch subtropische Vegetation rollen wir weiter dem Ufer des Lago Maggiore oder Langensees entlang, der rund 60 km lang, aber höchstens 5 km breit ist. Dem Dörfchen *Ronco* vorgelagert sind die beiden romantischen Brissago-Inseln. Die grössere mit ihrem prachtvollen botanischen Garten kann mit dem Schiff von Ascona, Porto Ronco oder Brissago aus besucht werden. Das Uferstädtchen *Brissago* war im 14. Jh. eine selbständige Republik, die 1521 der Eidgenossenschaft beitrat.

Bei *Valmara* passieren wir die Grenze nach Italien und erreichen bald *Cannòbbio*, das ein schönes Ortsbild, sehenswerte Kirchen und am Sonntagvormittag einen malerischen Markt zu bieten hat. Auf der Weiterfahrt kommen wir an zwei Inselchen mit den Castelli di Cànnero vor-

bei zum Dörfchen *Cànnero*. Weiter geht's durch malerische Orte mit prachtvollen Villen und Parkanlagen nach *Verbania* mit den Gemeindeteilen Intra, Pallanza und Suna. Im Park der Villa Taranto kann eine exotische Pflanzensammlung besichtigt werden (im Winter geschlossen). Bekannt sind auch der Palazzo Dugnani (17. Jh.) mit seinem Museum und die Kirche Madonna di Campagna (16. Jh.). Mit dem Schiff können wir einen Abstecher zu den Borromäischen Inseln mit den prachtvollen Parkanlagen der Familie Borromeo von 1630 und dem Schloss auf der Isola Bella unternehmen. Von Pallanza zweigt die Strasse nach Domodossola und zum Simplon ab, und südlich grüsst der Kurort Stresa, 1935 durch eine internationale Konferenz berühmt geworden, einem vergeblichen Versuch der Sieger des Ersten Weltkriegs, Hitlers Expansionspolitik einzudämmen. Von *Intra* bringt uns die Autofähre in 20 Min. nach *Laveno* am gegenüberliegenden Ufer. Seeaufwärts fahrend erreichen wir bald *Luino* (sehenswerte Fresken in der Kirche S. Pietro). Der Mittwochsmarkt lockt immer auch

viele Besucher aus dem Tessin an. In *Maccagno* stehen zwei Routen zur Auswahl: Wir können der Uferstrasse entlang über *Zenna* und *Vira* nach *Magadino* folgen oder die etwas längere, aber eine Abwechslung bietende Bergroute über das Valle Veddasca einschlagen. Durch malerische Bergdörfer, die auf der nach Süden gerichteten Terrasse über der Schlucht kleben, kommen wir ins bereits schweizerische *Indemini* über einem weiten Kessel, der das Quellgebiet der Veddasca am Monte Tamara bildet. Da der Zugang von der Schweizer Seite her früher sehr beschwerlich war, blieb Indemini lange isoliert und vermochte so seinen ursprünglichen Charakter zu bewahren. Heute beherbergt es viele Zweitresidenzen und Rentner aus nördlicheren Gefilden. Nach dem 1395 m hohen

Pass zwischen Monte Gambarogno und Monte Tamaro schlängelt sich die Strasse kurvenreich und prächtige Ausblicke vermittelnd nach Vira hinunter.

▉ Wo es üppig grünt und blüht: Lugano–Comersee

Autoroute:
Lugano–Menaggio–Bellano–Bellaggio–Como–Mendrisio–Lugano. Strecke: 142 km; Grenzausweis erforderlich

Bevor wir unsern Ausflug in *Lugano* beginnen, schlendern wir durch die pittoresken Altstadtgassen, von denen die Via Nassa und die Via Pessina mit ihren zahllosen Boutiquen, Läden und Gaststätten besonders reizvoll sind. An der grosszügigen Piazza

Riforma vorbei spazieren wir zur aussichtsreichen Seepromenade. Auf die Hausberge Monte S. Salvatore (912 m) und Monte Brè (925 m) mit ihrer herrlichen Rundsicht führen Standseilbahnen.

Nach dem kurzen Stadtrundgang fahren wir in östlicher Richtung dem See entlang über *Castagnola* ins malerische ehemalige Fischerdörfchen *Gandria* mit seiner besonders geschützten Lage. Dann passieren wir die Grenze und geniessen auf der Fahrt nach *Porlezza* die Aussicht auf den Ostarm des Ceresio, wie der Lago di Lugano auch heisst. Am kleinen Lago di Piano vorbei erreichen wir *Menaggio* am Lago di Como, einen reizvollen Ort mit wundervollen Seepromenaden. Die Fahrt am Nordwestufer entlang führt uns durch eine üppige südliche Vegetation und schöne

**TROTZ STAR-
KER BESIED-
LUNG ÜPPIG
GRÜN**

Malerischer Aus-
blick oberhalb von
Como über den
nordwestlichen
Vorort S. Giorgio
und über das Süd-
ende des Comer-
sees. Gegenüber
das 500 m höher
gelegene Ausflugs-
ziel Brunate, das
mit Como durch
eine Standseilbahn
verbunden ist. Der
südwestliche Teil
des Sees ist bis in
die Gegend von
Torno (Landspitze
am Ostufer) und
Moltrasio
überblickbar.

Strassencafés. In *Capolago* führt eine Zahnradbahn auf den 1701 m hohen Monte Generoso, wo sich den Besuchern ein herrlicher Blick auf das südliche Tessin und Teile der Lombardei öffnet. Dem Luganersee entlang fahren wir nach *Bissone* und über den Damm nach *Melide*. Hier lohnt sich ein Besuch der Freilichtausstellung «Swissminiatur» mit originalgetreuen Nachbildungen bekannter Schweizer Sehenswürdigkeiten und Landschaften im Massstab 1 : 25. Dem Fuss des Monte S. Salvatore entlang finden wir nach *Lugano* zurück.

Ein Klasse-Aussichtsberg: Monte Generoso

Hinreise
Anreise von Lugano mit der **Bahn** *oder schöner mit dem* **Schiff** *nach Capolago (272 m), wo sich die Talstation der* **Zahnradbahn** *auf den Monte Generoso befindet.*

Wo sich früher, im 19. Jh., die aristokratische Mailänder Schickeria mit Sektgläsern zuprostete und die würzige Bergluft sowie den weiten Blick auf die lombardische Tiefebene pries, trinken heute durstige Schulklassen im nüchternen Selbstbedienungsrestaurant Mineralwasser der Marke Aproz. Denn die Monte-Generoso-Bahn gehört dem Warenkonzern Migros. Ihr Gründer, Gottlieb Duttweiler, hatte 1941 die von der Einstellung bedrohte Zahnradbahn – die einzige des Tessins – gerettet. Obwohl der Monte Generoso schon vor der euphorischen Eisenbahn-Epoche als einmaliger Aussichtsberg weiterum bekannt war, florierte die 1890 in Betrieb genommene Bahn nicht wunsch-

Dörfer. *Gravedona* liegt am Eingang zur Liroschlucht. Nach *Gera-Lario* verlassen wir die Route nach Chiavenna und ins Bergell, biegen rechts ab, überqueren die Adda und erreichen *Còlico* am Ostufer. Dem Ufer entlang fahren wir über *Bellano* nach *Varenna*. Mit der Autofähre setzen wir über die Mündung des Lago di Lecco, wie der südöstliche Arm des Comersees heisst, hinüber nach *Bellagio* auf seiner malerischen Landzunge. Sehenswert ist die Villa Serbelloni mit ihrem grossen, gepflegten Park. Durch schöne Dörfer fahren wir um den 1686 m hohen Monte S. Primo herum am Ufer entlang nach *Como*. Sehenswert sind hier vor allem der Dom (14.–17. Jh.), das Rathaus von 1215 und verschiedene Kirchen. Der Aussichtspunkt Brunate (716 m) ist durch eine Drahtseilbahn und durch eine Strasse erschlossen. Von Como können wir über *Cernobbio* oder aber direkt in die schweizerische Grenzstadt *Chiasso* fahren, das Südtor zur Schweiz, das sich vor allem durch dichten Verkehr und hektische Geschäftigkeit auszeichnet. In *Mendrisio* fahren wir zur Piazza del Ponte, dem Zentrum der Altstadt (vgl. Stadtrundgang S. 38/39), und rasten in einem der

Monte-Generoso-Bahn mit Comersee.

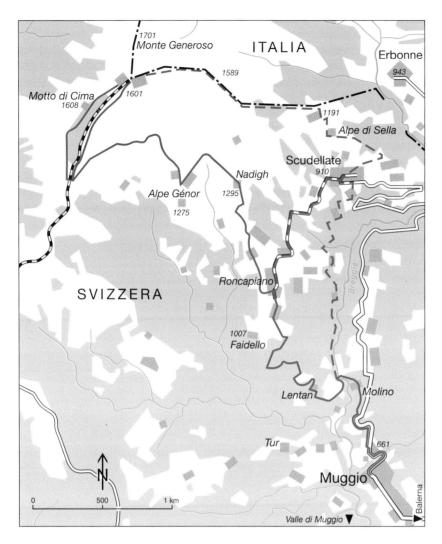

zum Beispiel, das letzte Dorf am Ende der kurvenreichen Talstrasse: ein paar ältere Leute auf dem winzigen Dorfplatz, geschlossene Fensterläden der Wochenendrustici. Faszinierend (für die Wanderer) die Alpensiedlungen *Génor* und *Nadigh* weiter oben im steilen Grashang: architektonische Kunstwerke aus Bruchsteinen, harmonisch in sich selbst und mit der Natur, doch kein Reiseführer listet sie unter den Sehenswürdigkeiten auf. Dabei gibt es dort je zwei Gebäude zu besichtigen, die sonst nirgends in der Schweiz stehen: die Schneegrotte, die sogenannte «nevèra» (von neve = Schnee). Weil auf den trockenen, kalkbödigen Hängen das Wasser sofort versickert, konnte man die

IM HINTER-LAND DES MONTE GE-NEROSO

Das östlich des Monte Generoso gelegene Valle di Muggio fällt kräftig gegen das Mendrisiotto ab. Die terrassierten Hänge wie in Caneggio (grosses Bild) zeugen vom Fleiss vieler Generationen, die solches Gelände kultiviert haben. Indes: Die Lebensgrundlagen haben sich geändert, die Jungen ziehen häufig weg und zurück bleiben die Alten.

gemäss. Ein Rettungsversuch im Jahre 1916 ging infolge der Kriegs- und Nachkriegswirren nur mühsam voran. Erst Duttweiler, der die Fahrpreise drastisch senkte, konnte mehr Besucher anlocken. Heute sind es weit über eine Million jährlich, die mit der Bahn von Capolago am Lago di Lugano 9 km und 1320 Höhenmeter zur Bergstation hinaufrattern.

Verdient hat es der Monte Generoso allemal. Denn der aus Liaskalk aufgetürmte Berg gilt als florareichster des Tessins mit allein 23 Orchideenarten. Wie Angelo Valsecchi in seinem kenntnisreichen Wander- und Naturführer über den Monte Generoso zeigt, wachsen hier Blu-

men, die es sonst nirgends gibt, wie das Narzissenblütige Windröschen. Eine weitere seltene Pflanze ist die Mittelmeerblume Affodil. Unbehelligt von menschlicher Hand blühen die Blumen in der Westflanke des Monte Generoso, die mit ihren haltlosen Grasbändern und senkrechten Trümmermauern eindrücklicher als manche Hochalpenwand aussieht.

Zugänglicher ist die Ostseite des Monte Generoso, gegen das Valle di Muggio, wohin überaus lohnende Wanderungen führen. Wildromantisch könnte man das südlichste Tal der Schweiz nennen, wenn da nicht die sich entvölkernden Dörfer wären, die an den Hängen kleben. *Roncapiano*

Milch nicht damit kühlen. Deshalb baute man tief in den Boden hinein ein rundes Gebäude und liess darum herum ein paar Buchen wachsen. Die Nevèra wurde im Winter mit stark zusammengepresstem Schnee gefüllt, worin man auch im heissesten Sommer die Milch bei 2–3°C lagerte, um dann die Formaggini, die herrlichen kleinen Weichkäse, zu machen.

Allerdings: Wer die Schneegrotten besuchen möchte, braucht Wanderschuhe. Auch in Stöckelschuhen ist hingegen ein Weg machbar, der unter keinen Umständen verpasst werden sollte: die 100 Höhenmeter auf dem Gehsteig von der Bergstation der Zahnradbahn zum 1701 m hohen Gipfel. Eines der umfassendsten und kontrastreichsten Panoramen entschädigt für die «Aufstiegsmühen». Hätte die Touristenflut ausgangs des 18. Jh. nicht zuerst den Gebirgsstock am Vierwaldstättersee und erst viel später den südlichen Ausläufer der Alpen erfasst, so würde man heute von der Rigi als dem Generoso der Zentralschweiz sprechen. Bei guter Fernsicht sieht man vom Monte Generoso mehr als den halben Alpenbogen: von den Seealpen über Monviso, Monte Rosa, Matterhorn, Finsteraarhorn und Dammastock bis zum Bernina-Massiv; im Süden das Glasdach des Mailänder Hauptbahnhofs sowie die vergoldete «Madonnina» hoch oben auf dem Mailänder Dom, dahinter den Apennin. Und in der Tiefe die steilhügelige, von schimmernden Seen durchzogene Landschaft.

Die Bahn ist von Anfang April bis Mitte November in Betrieb; ab Winter 1995/96 wahrscheinlich auch im Winter. Unterkunft und Verpflegung auf dem Monte Generoso im Albergo-Ristorante «Vetta», Tel. 091/68 77 22 (offen bei Bahnbetrieb).

Postautofahren: ein Hauch von Nostalgie...

... im modernen Verkehrsmittel

«Dü-Da-Do – Poschtauto:» Kaum jemand, der ihn nicht selber schon miterlebt oder zumindest am Strassenrand gehört hat, den typischen Dreiklang der Postautocars. Hat man als Kind noch fröhlich mitgesungen, wenn er kurz vor einer steilen Haarnadelkurve in den Alpen oder einer engen Durchfahrt in einem klei-

nen Dorf auf dem Lande ertönte, verbindet man als Erwachsener denn auch damit meist Fernweh, Berge, Ferien, Natur und Erholung. Wenn sich die typischen gelben Cars auf engsten Strassen den Berg hinaufwinden oder zwischen kleinen Dörfern durch das Land kurven, umweht auch heute noch ein Hauch von Nostalgie und Romantik eine Postautofahrt, und davon lassen sich denn auch viele Leute immer wieder begeistern.

Als ideale Ergänzung zu den Bahnen erfreuen sich Postautos einer ungebrochenen Beliebtheit. Wer nicht regelmässig Postauto fährt, tut gut daran, den Fahrplan vorher zu studieren

ROUTE MIT LANDSCHAFTSGEGENSÄTZEN

Allein schon die Meereshöhe zeigt die gewaltige landschaftliche Spannung an: Gandria (r.) liegt auf 290 m, Maloja (l.) auf 1817 m ü. M.; im Hinterland von Gandria steigen die zu Italien gehörenden Gipfel nicht einmal auf die Höhe des Talgrundes von Maloja, der hinter der Passhöhe steil ins Bergell abbricht (Vordergrund: Silsersee). – Mit seiner labyrinthartigen Überbauung wirkt Gandria besonders malerisch; auf den Dächern liegen typisch südeuropäische Hohlziegel.

oder sich in einem der Postautoführer (erhältlich bei der PTT) oder bei der Bahn zu informieren, denn Postautos fahren im Gegensatz zur Bahn nach keinem Taktfahrplan.

Der Palmenexpress mit dem Dreiklanghorn: St. Moritz–Lugano

*Das **Postauto** bringt uns vom Hochgebirge in den Süden.*

Route:
St. Moritz–Maloja–Casaccia–Castasegna (Grenze)–Chiavenna–Menaggio–Gandria (zurück in der Schweiz)–Lugano; Grenzausweis erforderlich

Dauer:
1 Tag. Platzreservierung ist obligatorisch genauso wie gültige Grenzpapiere. Achtung: An einigen der Haltestellen kann nur ein- bzw. ausgestiegen werden – siehe Kursbuch. Für Reservationen Tel. 082/3 30 72.

Von St. Moritz Dorf aus fahren wir zum See und zum Ortsteil St. Moritz Bad mit seinen berühmten Kohlensäure-Eisen-Heilbädern.

Die Fahrt geht zum hübschen Dörfchen Champfèr, dem Champfèrersee entlang und zum Ferienort Silvaplana am Endpunkt der Julierstrasse. Auf der linken Seite sehen wir die Luftseilbahn, die von Surlej aus die Sportler ins ganzjährige Skigebiet des Piz Corvatsch (3451 m) führt. Wir fahren dem lieblichen Silvaplanersee entlang und kommen nach Sils, das am grössten der Engadiner Seen liegt. Über die flache Strecke erreicht man bald die Maloja-Passhöhe (1815 m), die den Abschluss des Oberengadins bildet.

Auf der anderen Seite des Passes ändert sich das Streckenprofil gewaltig. Das Postauto überwindet auf vielen Kehren in kurzer Zeit einen Höhenunterschied von 350 m hinunter in das 22 km lange Val Bregaglia/Bergell. Gross ist der Gegensatz zwischen der hochalpinen Vegetation und den Trauben, Feigen, Edelkastanien und anderen südlichen Pflanzen, die wir jetzt beobachten. Beim Dörfchen *Promontogno* wird die mächtige Burgruine Castelmur sichtbar, die wiederholt Streitobjekt zwischen Chur

Beim Einkaufsbummel im Süden, wie hier in Lugano, kommen die Liebhaber von Kunsthandwerk besonders auf ihre Rechnung.

und Chiavenna war. Etwas abseits der Strasse liegt Bondo; der Ort ist Ausgangspunkt ins herrliche, aber schwierige Klettergebiet der beiden Gipfel Sciora (3169 m) sowie Pizzo Badile (3308 m).

Wir fahren weiter der Mera (Maira) entlang und gelangen zur hübschen italienischen Stadt *Chiavenna.* Bei *Novate* erreichen wir den Lago di Mezzola und kurz darauf den Lago di Como. Der oberitalienische See ist

51 km lang und bis zu 410 m tief. Die Weiterfahrt dem malerischen Comersee entlang bringt uns durch viele typische Dörfer und vorbei an Gärten mit subtropischer Vegetation. In der freundlichen Ortschaft *Menaggio* zweigen wir Richtung Luganersee ab. Steil fallen die Berge gegen den Lago di Lugano ab, was die herrliche Panoramastrasse dem See entlang in viele Tunnels zwingt.

Gandria und *Castagnola* zu Füssen des Monte Brè sind die letzten malerischen Dörfer vor unserem Ziel, der sehenswerten Stadt *Lugano,* wo wir uns an der schönen Seepromenade nach der eindrucksvollen Fahrt durch die Alpen gemütlich die Füsse vertreten können.

◼ In den Zentralalpen: 3- und 4-Pässe-Rundfahrten zum Kombinieren

*Gemütliche Fahrt mit dem **Postauto***

Zeitbedarf:
1 Tag. Die Rundfahrten werden von Ende Juni bis Mitte Oktober täglich durchgeführt. Reservation notwendig: Meiringen 036/71 32 05, Andermatt 044/ 6 71 88, Oberwald 028/73 11 41, Airolo 094/88 13 53

Im Zentrum der Hochalpen bieten sich im Gebiet der 5 Pässe **Gotthard, Nufenen, Grimsel, Furka** und **Susten** eine Vielzahl an einzigartigen Postauto-Rundfahrten über drei oder vier Pässe, von denen jede einzelne nicht länger als einen Tag dauert und je nach Wohngebiet der Ausflügler zwischen den einzelnen Pässen begonnen werden kann. So eignet sich zum Beispiel bei der 3-Pässe-Rundfahrt Susten–

Furka–Grimsel für die Mittelländer Meiringen, für die Ostschweizer Andermatt und für die Walliser Oberwald als Ausgangsort, der jeweils bequem mit der Bahn erreichbar ist.

Als Beispiel sei hier die 3-Pässe-Rundfahrt **Grimsel–Furka–Susten** ab *Meiringen,* dem Hauptort des Haslitals, beschrieben.

Rechts von *Willigen* bemerken wir den Rychenbachfall. Bei den Strassenkehren, die in die Ebene von Innertkirchen führen, liegt der Osteingang zu der bekannten und eindrücklichen Aareschlucht. In *Innertkirchen* wenden wir uns dem Grimselpass zu. Rechts von Innertkirchen erheben sich die schönen Engelhörner, die als Kletterberge berühmt sind. In *Guttannen,* unserer nächsten Station, befindet sich ein Kristallmuseum. Die Gegend wird zusehends wilder und gebirgiger.

In der *Handegg* bei Breitwald erkennen wir die Kraftwerkzen-

trale Handeck I. Nach ein paar Kehren haben wir direkt die Staumauer beim Räterichsboden vor uns. Weiter oben erreichen wir den Grimselsee (1908 m), der durch den Unteraargletscher gespeist wird; er hat ein Fassungsvermögen von 101,7 Mio. m³ Wasser. Die mächtigen Gipfel des Lauteraar- und Finsteraarhorns bilden ein eindrückliches Panorama. Das alte Hospiz liegt auf dem Seegrund und ist im Frühjahr bei niedrigem Wasserstand sichtbar.

Das neue *Hospiz* befindet sich auf dem Nollen zwischen den beiden Staumauern. Nach kurzer kurvenreicher Fahrt erreichen wir die Grimselpasshöhe auf 2165 m ü. M.

Zahlreiche Spitzkehren erwarten uns, bis wir zur ehemaligen Pferdewechselstation *Gletsch* hinuntergelangen. Links erkennen wir den Rhonegletscher und den Galenstock. Im Jahr 1900 reichte der Gletscher noch bis zum Hotel herab.

Auf unserer Weiterfahrt sehen wir das Schienentrassee der Furka-Oberalp-Bahn. Die Strasse Richtung Furka beginnt zu stei-

nähern uns dem waldarmen Urserental. Über *Realp* und *Hospental,* wo die Passroute über den **Gotthard nach Airolo** und von dort über den **Nufenen ins**

GRIMSEL-PASS VON DER FURKA AUS

In einer Region mit ohnehin ungewöhnlich grosser Passdichte – man denke auch an Gotthard, Nufenen, Oberalp – liegen Furka und Grimsel besonders nah beisammen: In Luftlinie beträgt die Entfernung von Passhöhe zu Passhöhe nur ca. 6 km!

Immer wieder ein eindrückliches Erlebnis ist die Fahrt durch die Schöllenenschlucht. Die Reuss windet sich tosend durch die Talenge. Die Legende von der

GLETSCHER AM SUSTEN-PASS

Von der Sustenpasshöhe geniesst man den Ausblick auf den Steingletscher und seinen Schmelzwassersee sowie zum Gwächtenhorn.

Teufelsbrücke noch im Sinn, fahren wir in *Göschenen* ein, wo die Züge im Gotthardtunnel verschwinden. In der Nähe von *Wassen* beobachten wir auf drei verschiedenen Höhen zwischen den Kehrtunnels das Trassee der Gotthardbahn.

In Wassen halten wir links und fahren durch das schöne Meiental dem Sustenpass entgegen. Die brücken- und tunnelreiche Sustenstrasse liegt inmitten einer prächtigen Bergwelt und führt auf 2224 m Höhe. Etwas unterhalb der *Passhöhe* gelangen wir in die Nähe der wild zerfurchten Ausläufer des *Steingletschers.* Wir erkennen links das Susten- und Gwächtenhorn sowie die Tierberge. Nach Durchfahren des Gadmentals erreichen wir bei *Innertkirchen* wieder das Haslital und bald darauf *Meiringen.*

gen. Beim *Belvédère* (2269 m ü. M.) ist eine Eisgrotte zu besichtigen, die in den Rhonegletscher führt. Wir überwinden den 2431 m hohen Furkapass und

Goms abzweigt, gelangen wir zum bekannten Wintersportplatz *Andermatt.* Hier haben wir Gelegenheit, das Mittagessen einzunehmen.

Rundreise ab Luzern über die Panoramastrasse

Hinreise:
*mit der **Bahn**: Luzern–Sarnen–Giswil*

Postautoroute:
Giswil–Glaubenbüelenpass–Sörenberg–Schüpfheim

Rückreise
*mit der **Bahn**: Schüpfheim–Luzern*

In *Luzern* besteigen wir die Brünigbahn und fahren wenig später entlang dem schön gelegenen Sarnersee, wo wir die anheimelnde Landschaft des Sarnertals geniessen. Kurz darauf verlassen wir in *Giswil* die Brünigbahn und steigen auf das Postauto um. In Giswil beginnt die sogenannte Panoramastrasse, die uns vom Obwaldnerland über den *Glaubenbüelenpass* (1611 m) zum bekannten Kurort Sörenberg führt. Die Aufwärtsfahrt erschliesst uns eine grossartige Aussicht über das seenreiche Tal. Die schönen Matten, Wälder und Höhenzüge rund um *Sörenberg* bieten unzählige Möglichkeiten, während eines längeren Mittagsaufenthalts das Sörenberg-, Rothorn- und Schönbüelgebiet mit seiner reichhaltigen Flora etwas zu erkunden, sei es bei einem ausgedehnten Spaziergang auf einem der unzähligen Wanderwege rund um den Ferienort, sei es bei einem Abstecher mit der Luftseilbahn aufs Brienzer Rothorn.

Sörenberg selber besitzt mit Hallenbad, Minigolfanlage, Kinderspielplätzen, Feuerstellen usw. ein vielseitiges Angebot für Sport und Spiel.

Nachdem wir das Postauto wieder bestiegen haben, türmt sich während unserer Weiterreise entlang der Waldemme links die eindrückliche, von zerfurchten nackten Karstflächen geprägte Schrattenflue empor. Kurz darauf fahren wir in *Schüpfheim* ein, wo wir vom Postauto auf den Zug umsteigen und Richtung *Luzern* wieder zurückfahren.

Zeitbedarf für die Rundreise: 1 Tag.

Hoch über dem Urnersee

Hinfahrt:
*mit **Auto** oder **Bahn** nach Stans, dann mit dem **Postauto** Stans–Beckenried–Seelisberg (Haltestelle Tanzplatz)*

Auf unserem Ausflug ins Herz der Schweiz begehen wir ein Teilstück des *Weges der Schweiz*. Wir starten im lieblich gelegenen Ferienort *Seelisberg* und geniessen die prächtige Sicht auf den Urnersee, dessen Spiegel grün und unergründlich 400 m unter uns liegt. Über einen Fussweg hoch über der Rütliwiese gelangen wir zu der Kapelle Maria Sonnenberg, einer der ältesten Wallfahrtsorte der Innerschweiz. Zu den Prunkstücken des Gotteshauses gehören das Altarbild, die Darstellung der dreifachen Krönung der Jungfrau Maria, sowie eine Holzstatue, die Maria mit dem Kind zeigt. Ein angenehmer Weg führt uns ab Post Seelisberg zum Unterstand und Aussichtspunkt *Marienhöhe* und über *Waldweidli* – unter uns das Seeli mit dem Spiegelbild des trutzigen Niederbauenstocks – hinauf nach *Beroldingen*, einem renovierten Schlösschen mit sehens-

Tell und Uri-Stier zum Doppelsymbol vereinigt – einprägsamer lässt sich Urner Wesensart und Identitätsbewusstsein kaum darstellen.

Am Lungerersee, einem Feriengebiet im nach Norden gestuften Obwaldnertal.

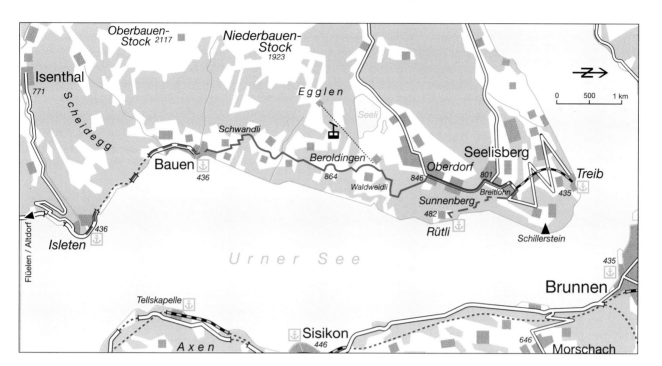

werter Kapelle. Nach dem Höhenweg folgt der Abstieg hinunter zum See auf einem alten Saum- und Pilgerweg; er ist etwas steil (264 m Höhendifferenz), allerdings vorbildlich ausgebaut (knapp 900 Treppenstufen). Vor uns erhebt sich nun die Pyramide des Bristenstocks. Wir erreichen den beliebten Ausflugs- und Ferienort Bauen, wo mildes Klima südliche Pflanzen gedeihen lässt. Das Ortsbild von *Bauen* ist von nationaler Bedeutung. Stattliche, oft kunstvoll verzierte Wohnhäuser zeugen von der traditionellen Wohlhabenheit dieser kleinsten Urner Gemeinde. Sehenswert ist auch die Pfarrkirche aus dem Jahr 1812.

Die Rückfahrt im Postauto führt ab Bauen (nur an Werktagen) nach *Altdorf* und ab Altdorf (umsteigen) weiter über *Flüelen* und durch den Seelisbergtunnel über *Buochs* zurück nach *Stans*. An Sonntagen wird die Postautostation Bauen nicht bedient. Wir wandern weiter dem See entlang und erreichen in einer halben Stunde Isleten. Hier be-

steigen wir entweder das Postauto nach Flüelen und Altdorf, oder wir legen die Teilstrecke *Isleten–Flüelen* mit dem Schiff zurück und besteigen dort das Postauto Richtung Altdorf.

Dauer der Wanderung: Seelisberg–Bauen 1 Std. 40 Min., Seelisberg–Isleten 2 Std. 10 Min.

AM «WEG DER SCHWEIZ»
Auf dem Höhenweg zwischen Seelisberg und Bauen über dem tiefeingeschnittenen Urnersee, wo sich die verkehrsmässige Erschliessung mühsam gestaltet: Die Axenstrasse verläuft z.T. durch Tunnels und Galerien, und die Autobahn wurde durch den langen Seelisbergtunnel geführt.

Verlängerung der Wanderung: Wer zusätzlich eine Stunde wandern möchte, startet beim Rütli oder bei Treib (beides per Schiff z. B. ab Luzern zu erreichen). Im Rütli beginnt das erste Teilstück des *Weges der Schweiz*. Über Breitlohn gelangt man ebenfalls nach Seelisberg.

Sowohl zum Spazieren wie zum Wandern lohnend: Region Hoch-Ybrig, Zentralschweiz

Hinfahrt:

*Mit dem **Auto** oder mit dem **Postauto** nach Oberiberg, entweder von Einsiedeln aus oder von Schwyz über die Ibergeregg*

Unser Ziel ist das wildromantische Gebiet des Hoch-Ybrig, ein Wandergebiet mit 170 km markierten Wegen, vom einfachen Spazierweg bis zur anspruchsvollen Wanderroute. Die unverfälschte Natur erfreut mit einer reichen, geschützten Flora; vielerorts sind Versteinerungen zu finden. Im Herbst empfangen uns hier, hoch über der Nebeldecke, Sonnenschein und milde Temperaturen. Die angenehme Wanderung führt uns auf gut markierten Wegen über aussichtsreiche Höhen, durch Alpweiden und Waldpartien. Mit dem Postauto – ab Einsiedeln oder Schwyz – treffen wir in Oberiberg, dem Ausgangspunkt unserer Wanderung, ein. *Oberiberg*, bekannt als Ausgangspunkt zahlreicher schöner Wanderungen nach allen Richtungen, liegt auf 1100 m auf einer Sonnenterrasse. Auf der Ibergereggstrasse erreichen wir in südwestlicher Richtung in etwa 10 Min. den «alten Schwyzerweg» und wandern einen aussichts-

NATUR-MONUMENTE DER INNERSCHWEIZ

Der Blick von der Ibergeregg zeigt die beiden Mythen aus einem ungewohnten Winkel. Der Grosse Mythen (links) kann auf einem steilen Weg bei trockenem Wetter sicher begangen werden – schwindelfrei sollte man allerdings sein! Der Kleine Mythen ist ein berüchtigter Kletterberg.

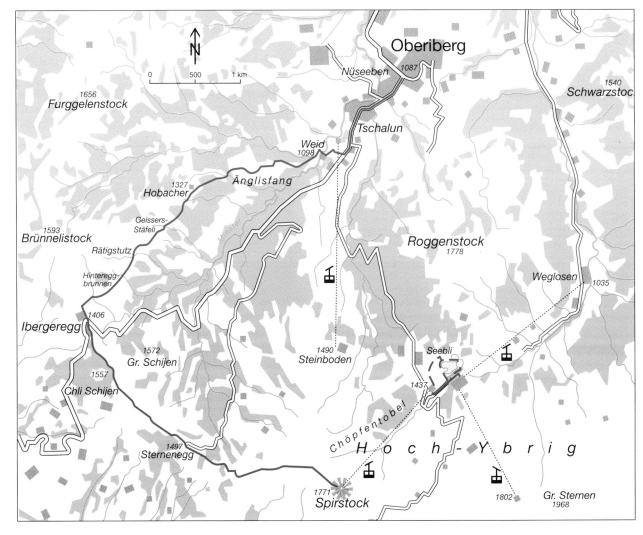

reichen Hang hinan. Über offenes Weideland und durch einige kleine Waldpartien gelangen wir über *Änglisfang, Hobacher, Geissers-Stäfeli, Rätigstutz* und *Hintereggbrunnen* hinauf auf die *Ibergeregg*, 1406 m. Auf dem alten, bekannten Passübergang liegt eine Bergkapelle, im Hintergrund erhebt sich das Felsmassiv der Mythen, vor uns grüsst das herrliche Wandergebiet Ybrig. Auf dem aussichtsreichen 7-Egg-Weg – er verbindet die Holzegg am Fusse der Mythen über sieben Eggen mit der Fuederegg im Hoch-Ybrig – wandern wir in südöstlicher Richtung leicht bergan, dem Wald entlang und in leichtem Auf und Ab durch Weidegebiet zur *Sternenegg.* Auf dem höchsten Punkt tritt der Spirstock in unser Blickfeld. Nun lohnt sich eine Besichtigung der interessanten *Laucherenchappelen.* Auf kurzem, steilem Weg erreichen wir anschliessend den *Spirstock,* 1771 m, mit Restaurant. Die Rundsicht ist überwältigend. Panoramatafeln nennen uns die Berge in der nahen und weiten Umgebung. Es sind die

BELIEBTES AUSFLUGS-GEBIET VON ZÜRICH
Politisch gehört das Iberger Gebiet zum Bezirk Schwyz, wirtschaftlich-touristisch orientiert es sich aber vorwiegend nach den Regionen Einsiedeln–Zürichsee.

Gipfel, Grate und Kuppen der Wägitaler, Glarner, Urner und Unterwaldner Alpen, Rigi und Pilatus und in der Ferne gar die Jurahöhen. Im Norden schweift der Blick über den Sihlsee zum Zürichsee und zum Zürcher Oberland. An klaren Föhntagen ist sogar der Schwarzwald erkennbar.

Den Weg in die Tiefe legen wir auf der Sesselbahn zurück. Hoch über dem Chöpfentobel schweben wir dem *Seebli* entgegen. Der schön angelegte Wanderweg um das romantische Bergseelein führt an einem Tierpark vorbei. In rund einer Viertelstunde erreichen wir die *Bergstation LWS Hoch-Ybrig* und geniessen die freie Sicht in den östlichen Teil des Hoch-Ybrig-Gebiets. Die Luftseilbahn bringt uns schliesslich hinunter nach *Weglosen.* Hier besteigen wir das Postauto; am Sihlsee vorbei erreichen wir *Einsiedeln.*

Dauer der Wanderung von Oberiberg zum Seebli: 3 Std. 50 Min.

Wo das mächtige Glärnischmassiv die Welt prägt: Glarus–Klöntal

Postautoroute:
Glarus SBB–Riedern–Rho-dannenberg–Vorauen–Klöntal Plätz–Richisau. Der Kurs verkehrt von Ende Mai bis Mitte Oktober mehrmals täglich.

Glarus liegt am Fuss des steil aus dem Linthtal aufragenden, 2327 m hohen Vorder-Glärnisch. Der alte Ortskern fiel 1861 einem verheerenden Brand zum Opfer.

Das barocke Herrenhaus «In der Wies» von 1748 am Rand von Glarus. Im Hintergrund der Wiggis.

werktags für den Privatverkehr geöffnet.

Den Pragelpass – trotz seiner relativ geringen Höhe von 1550 m von gebirgigem Charakter – hatte der russische General Suworow mit seiner Truppe im Spätherbst 1799 begangen, als er vergeblich versucht hatte, im Muotatal über die von den Franzosen verteidigte Brücke (in der Nähe der Suoworow-Gedenkbrücke) nach Schwyz und in Richtung Zürich vorzustossen.

Im Klöntal wurde übrigens in der 2. Hälfte des 16. Jh. während weniger Jahre Eisenerz gewon-

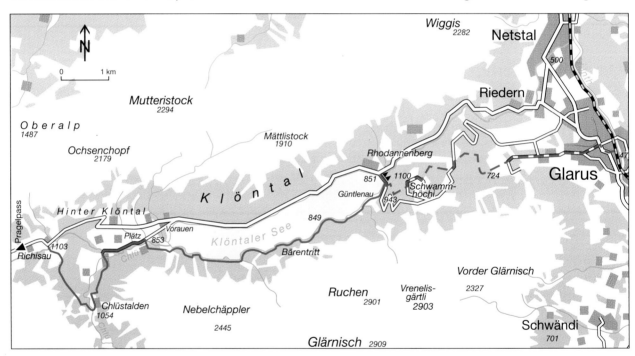

Einzig die Häuser um den Landsgemeindeplatz blieben von der Katastrophe verschont. Der Neuaufbau des Ortes erfolgte in einem rasterförmigen, rechtwinkligen Schema und mit breiten Strassen. Heute zählt Glarus zu den bedeutendsten städtebaulichen Neuschöpfungen des 19. Jh. in der Schweiz. Sehenswerte Bauten sind insbesondere die Stadtkirche, das Rathaus und einige schöne Bürgerhäuser ausserhalb des Ortskerns.

Das Postauto führt uns nach *Riedern* und der Löntsch entlang ins Klöntal. Das malerische Bergtal mit seinem an nordische Fjorde erinnernden See liegt eingebettet zwischen Wiggiskette und Glärnisch. Der Seedamm bei Rhodannenberg dient seit 1904 dem Stau des Sees und damit der Gewinnung von Elektrizität. Bei *Richisau* verlassen wir das Postauto. Eine schmale Bergstrasse führt weiter über den Pragelpass ins Muotatal. Die Strasse ist

nen, für dessen Verhüttung man grosse Holzmengen aus den umliegenden Wäldern verbrauchte.

Wir beginnen beim Gasthaus Richisau die romantische 2½-stündige Wanderung zum Seeufer und zum Staudamm. Wir steigen zuerst in südlicher Richtung durch Wald nach *Chlüstalden* ab und erreichen über *Plätz* den Klöntalersee. Gewisse Postautokurse halten auch bei Plätz, so dass man die Wanderung von hier aus nach Wunsch um eine

Stunde kürzen kann. Von nun an folgen wir dem *Uferweg* auf der rechten Seite des Sees. Zu unserer Rechten erhebt sich steil die Bergflanke des Glärnischmassivs, wobei die Felsen stellenweise jäh zum See abfallen.

Bei *Rhodannenberg* können wir für die Rückfahrt nach Glarus das Postauto besteigen. Wer aber Lust hat, zu Fuss nach Glarus zu gelangen, kann ab *Güntlenau* die Wanderung zu dem aussichtsreich gelegenen Berggasthaus *Schwammhöchi* fortsetzen und dann ins Tal absteigen. Für diese zusätzliche Route sind ungefähr weitere 2½ Std. einzuplanen.

Zeitbedarf: einen halben bis einen ganzen Tag.

AM STILLEN KLÖNTALER-SEE

An norwegische Fjorde erinnert der Klöntalersee, der am östlichen Ende zusätzlich gestaut ist. Unten: Ausblick zwischen Schwändeli und Richisau auf das Gebiet der Wanderung. Markant erhebt sich das Glärnischmassiv über dem See.

Ein wertvolles Naturschutzgebiet am Weg: zum Nussbaumer-, Hüttwiler- und Hasensee

Hinfahrt:
*mit dem **Postauto**: Frauenfeld–Warth–Weinigen–Herdern–Hüttwilen*

Rückfahrt:
Kartause Ittingen oder Warth–Frauenfeld

Unser Ausflug im Postauto und zu Fuss lohnt sich zu allen vier Jahreszeiten: Im Frühling erfreuen uns blühende Obstbäume, im Herbst der bunte Wald. Im Sommer stehen die bäuerlichen Kulturen in vollem Wuchs – aber auch in glitzerndem Schnee und Sonnenschein sind die Wege leicht zu begehen. Der ideale Familienausflug beginnt in Frauenfeld. Bevor wir das Postauto besteigen, empfiehlt sich ein Rundgang im Hauptort des Kantons Thurgau. Besonders sehenswert sind das

EIN RELIKT DER EISZEIT

Als gegen Ende der Würmeiszeit vor rund 10 000 Jahren in Moränen des Eisrandes eingelagerte, von der Hauptmasse des Gletschers abgeschnürte Eisreste schmolzen, entstanden im Mittelland viele kleine Seen wie z. B. der Hasensee im Bild. Die Ufervegetation dieser abflusslosen Gewässer besteht häufig aus einem Schilfgürtel und einer Art Auenwald mit schnellwachsenden Bäumen wie Weiden, Pappeln oder Eschen, was einen für den Biber geeigneten Lebensraum ergibt. Der benachbarte Hüttwilersee beherbergt eine der wenigen Biberkolonien der Schweiz.

Schloss und die Bürgerhäuser aus dem 18. Jh. in der Altstadt.

In der ersten Etappe unseres Ausfluges bringt uns das Postauto ab Bahnhof *Frauenfeld* durch die beschaulichen Dörfer hinauf nach *Nussbaumen* – vorerst über die Thur, dann vorbei an Wiesen, Äckern und Rebbergen. An der Haltestelle *Tobel-*

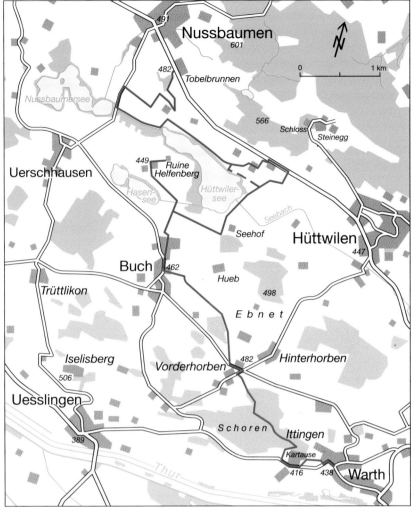

brunnen steigen wir aus. Die Wanderung führt uns über Naturstrassen und Wiesenwege zum *Nussbaumer-, Hüttwiler- und Hasensee*. Diese sogenannten Toteisseen entstanden gegen Ende der Eiszeit, als sich die Gletscher zurückzogen und abgebrochene Eisblöcke nach dem Abschmelzen stehende Gewässer bildeten. Nach Regen ist der Weg stellenweise vernässt; gutes Schuhwerk ist an solchen Tagen zu empfehlen.

Wir wandern abwärts, vorbei am Nussbaumersee zum Hüttwilersee. Hier befindet sich eine der wenigen Biberkolonien der Schweiz. Wahrscheinlich handelt es sich um eine Biberfamilie, die – je nach Grösse der Würfe –

sechs bis acht Tiere zählt. Aufmerksame Wanderer entdecken als Werk des Bibers hier und dort gefällte oder angenagte Bäumchen. Die ebenfalls vom Biber angeknabberten Ackerfrüchte erkennt allerdings nur ein geschultes Auge. Biber sind scheue Tiere; ihr Revier wollen wir nicht stören. Eines der Tiere zu beobachten gelingt uns nur mit etwas Glück – und sofern wir frühmorgens oder bei Sonnenuntergang unterwegs sind.

Weiter führt der Weg über den Seebach und zur *Burgruine Helfenberg*. Zu welcher Zeit die ehemalige Wasserburg erbaut wurde, ist unbekannt. Erstmals erwähnt wurde die Anlage, die damals zwischen den noch nicht

REIZVOLLE ANFAHRT
Durch das liebliche, östlich der Sattelegg gelegene Nebental von Thalheim erreicht man, statt auf der Hauptstrasse, ebenfalls die Sattelegg (u.: Sicht auf den Pass). Das zwischen Schinznach und Thalheim gelegene Schloss Kasteln (o.) ist das einzige in der Schweiz, das dem schmuckfreudigen oberrheinischen Typus folgt. Es entstand 1642–1650 anstelle einer mittelalterlichen habsburgischen Doppelfeste. Hier gedeiht der «Kasteler», ein fruchtiger Riesling-Silvaner.

Der Jura von seiner lieblichsten Seite: Staffelegg–Zeiher Homberg–Herznach

Hinfahrt:
*Mit dem **Postauto** Aarau–Küttigen–Staffelegg*

Rückfahrt:
Herznach–Staffelegg–Aarau

abgesenkten Seen stand, bereits 1331. Heute noch zu sehen sind ein Mauerviereck und ein Turmrest. Wir wandern weiter am kleinen Hasensee vorbei nach *Buch*. Auf gut markiertem Weg gelangen wir aus dem schmucken Dorf nach *Vorderhorben* und zur *Kartause Ittingen*. Dieses Rokoko-Kleinod, 1152 als Augustinerpropstei gegründet, liegt am Nordhang über dem lieblichen Thurtal. Im Ittingersturm von 1524 wurde ein Grossteil der Anlage zerstört; der Wiederaufbau auf alten Mauerresten und die kunstvolle Ausstattung bis gegen Ende des 18. Jh. brachte eine der reizvollsten Rokokoanlagen der Schweiz hervor. Heute ist hier das Kunstmuseum des Kantons Thurgau zu besichtigen. Findet unser Ausflug sonntags statt, sind wir in Ittingen am Ziel unserer Wanderung (Dauer 2½ Std.). Wir besteigen bei der Kartause das Postauto und fahren zurück nach Frauenfeld. Werktags wird die Kartause Ittingen vom Postauto nicht bedient; unser Weg führt noch ein Stück weiter nach *Warth*, von wo das Postauto ebenfalls nach Frauenfeld führt.

Der Ausflug in wald- und wiesenreiches, wenig bekanntes Gebiet des Juras beginnt am Bahnhof Aarau. Das Postauto führt uns durch landschaftlich reizvolle Gegenden in den Taleinschnitt der Asperchlus und hinauf auf die Staffelegg. Dieser Juraübergang war schon zur Römerzeit bekannt. Im frühen 19. Jh. wurde der Weg als kürzeste Verbindung zwischen Aarau und dem Fricktal ausgebaut.

Von der *Passhöhe* aus marschieren wir auf der Strasse ostwärts, Richtung Schenkenbergertal, zum Parkplatz. Hier zweigen wir links ab und durchqueren ein kurzes Waldstück, um über dem Tal auf einer Naturstrasse wiederum in den Wald einzutreten. Der meist schattige Juraweg führt auf- und absteigend durch den Hardwald und den unmittelbar angrenzenden *Chläbwald*. Den Wald hinter uns lassend, erkennen wir im Süden die Gisliflue und die weithin sichtbare *Ruine Schenkenberg*. Wer mag, erreicht in rund 40 Min. von der Abzweigung im Chläbwald diese Burganlage und geniesst einen schönen Ausblick ins Aaretal und Mittelland. Vor ihrem Zerfall galt die Burg – von den Habsburgern gegründet und ab 1460 vorübergehend von Berner Landvögten bewohnt – als eine der bedeutendsten des Kantons.

Zurück im Chläbwald, gelangen wir zur Verzweigung *Chillholz*. Hier steigen wir kurz und steil auf und erreichen den höchsten Punkt unserer Wanderung, den *Zeiher Homberg* (782 m). Nach kurzer Gratwanderung geht's bergab, fast ausschliesslich durch den Wald, zur Weggabelung westlich der Station *Effingen*. Hier zweigen wir links ab und gelangen nach *Zeihen*. Im Gemeindehaus dieses kleinen Dorfes zeigt ein Museum Dorfaltertümer, Werkzeuge und Geräte, Mineralien, Fossilien und Steine. Es ist geöffnet nach Vereinbarung und auf Anfrage bei der Gemeindekanzlei, Tel. 064/ 66 13 04.

Das letzte Teilstück der Wanderung führt zum Gehöft *Eichhof* und anschliessend abwärts über *Startlehof* in das kleine, idyllisch gelegene Dorf *Herz-*

nach. Auf einer Anhöhe liegt die Kirchenanlage St. Nikolaus. Mit dem Beinhaus, dem Pfarrhaus und dem Kirchenschatz gehört sie zu den Objekten nationaler Bedeutung und vereinigt in sich mehrere Stilepochen. In der Kuppel sind eindrückliche Malereien zu sehen. Eine seltene Sehenswürdigkeit ist der Pestsarg aus

Densbüren und zurück auf die Staffelegg, von dort auf bekanntem Weg zurück nach Aarau.

Ein lohnender Abstecher ab Herznach führt mit dem Postauto in wenigen Minuten nach Frick. Sehenswert ist das **Sauriermuseum**, eröffnet im Sommer 1991. Es zeigt Fossilien, Versteinerungen und Saurierkno-

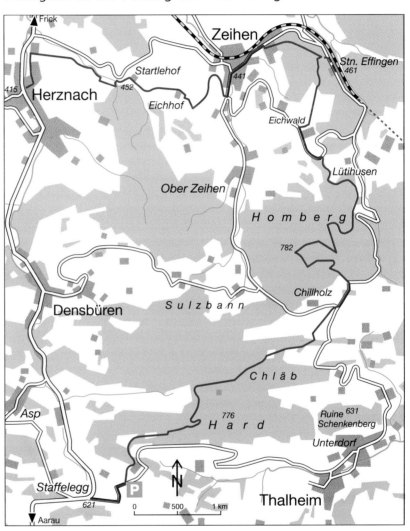

dem Jahr 1516 – neben Herznach besitzt nur noch Lausanne ein Objekt dieser Art. In Herznach steht zudem der Siloturm, das ehemalige Wahrzeichen des 1967 stillgelegten Eisenerzbergwerks.

Die Wanderung nach Herznach dauert rund 3 Std. Von Herznach führt uns das Postauto nach

chen, die 1973 in Frick bei Ausgrabungen zum Vorschein kamen. Geöffnet ist es jeden 1. und 3. Sonntag im Monat, 14–17 Uhr. Übrige Zeiten auf Anfrage: Tel. 064/61 15 79. Sehenswert ist auch die Pfarrkirche aus dem Jahr 1716. Der prunkvolle Hochaltar soll von der Kaiserin Maria Theresia gestiftet worden sein.

Schiffahrtsromantik pur

Die Schweiz auf dem Wasser:

Eine Gegend mit dem Schiff zu bereisen und erkunden ist etwas für Geniesser. In aller Ruhe und Gemütlichkeit ziehen die Bilder, Farben und Formen der Landschaft an den Passagieren vorbei. Da bleibt viel Zeit für kleine Details, Fauna, Flora, historische Dorfbilder, Überraschungen, Erholung, Spass und vieles mehr. Die Schweizer Schiffahrt bietet auf Flüssen und Seen vom Mittelland bis ins Alpengebiet und bis zu südlichen Gestaden ein reiches Angebot an unzähligen Ausflugsmöglichkeiten: von der gemütlichen Seerundfahrt, einer rauschenden Flussfahrt über eine Fondue-Fahrt bei Kerzenlicht, eine Winterzauberfahrt mit ausgiebigem «Schiffszmorge» bis hin zur Mittagsrundfahrt mit Business-Lunch oder folkloristischen Ausflügen mit Tanz und Unterhaltung, einige gar kombiniert mit Fahrten in die Berge. Dazu kommt die einzigartige Gelegenheit – vielleicht sogar auf einem der zahlreichen renovierten Raddampfer – zur gegenseitigen Begegnung in der ungezwungenen Atmosphäre einer gemeinsamen Schiffahrt. Praktisch alle Schiffahrtsgesellschaften der Schweiz offerieren heute eine Vielzahl an Spezialarrangements, akzeptieren das Halbtaxabonnement der SBB, kennen Reduktionen für Kinder und Gruppen, und auf einigen Schiffskursen kann gar das Fahrrad mittransportiert werden.

Das Wasser fördert heute erfahrungsgemäss Beziehungen zwischen hüben und drüben! Unten: Schiff und Dents du Midi: immer ein stolzes Bild.

Von Lausanne nach Frankreich über den Lac Léman

Hinfahrt:
*Mit der **Bahn** oder dem **Auto** nach Lausanne. Der Hafen befindet sich in Ouchy, der mit dem Stadtzentrum per «Métro» verbunden ist.*

Route:
Lausanne/Ouchy–Evian-les-Bains–Amphion–Thonon-les-Bains; Grenzausweis erforderlich. Dauer: 1/2 bis 1 Tag

Die Waadtländer Metropole Lausanne erwartet ihre Besucher an den Gestaden des Lac Léman mit prächtigen Quai-Anlagen und einem Heer von Fischer- und Segelbooten. Vom Schloss aus dem 12. und 13. Jh., in dem sich heute ein Hotel-Restaurant befindet, ist nur noch der Bergfried erhalten. Besonders sehenswert ist der alte Baumbestand im Parc du Denantou.

Wir besteigen das Schiff in Ouchy und fahren mit Kurs Evian-les-Bains auf den weiten Lac Léman hinaus. Der Schiffsdienst auf dem grössten Schweizer See wird teilweise sogar mit alten Raddampfern betrieben. Der Genfersee erhält mit der Rhone seinen Hauptzufluss aus dem Gotthardgebiet. Zwei Fünftel der Seeoberfläche von 581 km² sowie der grösste Teil des Südufers gehören zu Frankreich.

Die Überfahrt ins französische Evian-les-Bains dauert etwas mehr als eine halbe Stunde, so dass genügend Zeit bleibt, das wundervolle Panorama zu geniessen. Auf der linken Seite erkennen wir die Waadtländer Alpen, das Rhonetal und das imposante Massiv der Dents du Midi. Vor uns erheben sich die mächtigen Savoyer Alpen, die mit dem Mont-Blanc (4807 m) in der höchsten Erhebung Europas gipfeln. Wir nähern uns nun dem Bade- und Kurort Evian-les-Bains, dessen Bekanntheit nicht zuletzt auf das Mineralwasser und das Spielcasino zurückzuführen ist. Um 23.30 und 01.00 Uhr führt übrigens ein Schiffskurs die vielen Spieler und späten Touristen nach Lausanne zurück.

**AUF ENT-
DECKUNGEN
AUS**

Auch die französi-
sche Seite des Léman
hat viel zu bieten,
sei es in grossen
Orten wie Thonon
oder Evian, sei es in
Kleinstädtchen wie
dem mittelalter-
lichen Yvoire (l.).

erschrockene» und den Herzogti-
tel erhielt. Von den Terrassen aus
haben wir einen herrlichen Ausblick auf das Schweizer Ufer von
Nyon im Westen bis Lausanne im
Osten.

Im Hintergrund erheben sich
der Jura und die Waadtländer
Alpen. Nicht weit von der Place
du Château entfernt stehen

Unser Schiff verlässt den mondänen Ort, passiert den schönen
Quai Baron de Blonay und fährt
Richtung Amphion weiter. Nach
Amphion umfahren wir das
Mündungsgebiet der Dranse
und erreichen die Endstation unseres Ausfluges, die Thermalsta-
tion Thonon-les-Bains.

Wir verlassen unser Schiff und
widmen uns den Sehenswürdigkeiten von Thonon-les-Bains. Auf
der schönen Place du Château
erhob sich früher das Schloss der
Herzöge von Savoyen, das 1589
durch die Franzosen zerstört
wurde. Heute steht an seiner
Stelle die Statue des Generals
Dessais (1764–1834), der von Napoleon den Übernamen «der Un-

**IRGENDEINE
GEMÜTLICHE
ECKE**

ist bei der Fahrt
über die Grenze
sicher gefragt. Und
beim Blick über das
grosse Wasser fühlt
man sich schon
weit weg in den
Ferien...

die Basilique St-François-de-Sales
und die Kirche St-Hippolyte. Ein
lohnendes Ausflugsziel ist das
2 km nördlich von Thonon gelegene Schloss Ripaille (15. Jh.), das
prachtvoll von Mauern und Gräben umgeben ist und durch
Amédée I., den ersten Grafen
von Savoyen, erbaut wurde. Ein
Rundgang im Schloss dauert
rund $1/2$ Stunde (montags geschlossen).

Warten auf das Schiff: Eine Stadt vom Fluss aus zu erkunden bringt überraschende Aspekte. Dazu gehört die erholsame Lockerung der Überbauung am Fluss. Auch in Genf beginnt schon bei der Arvemündung, noch mitten in der Stadt, die Ufergrünzone, die schlauchförmig von ausserhalb ins Stadtgebiet eindringt.

Rhoneschiffahrt in Genf

Hinfahrt:
*Mit der **Bahn** oder dem **Auto** nach Genf. Die An- und Ablegestelle befindet sich am Quai Turrettini, der eine Viertelstunde Fussmarsch vom Bahnhof entfernt liegt.*

Dauer:
Halbtagesausflug. Von Frühling bis Herbst verkehrt täglich mindestens ein Kurs mit Abfahrt am frühen Nachmittag. Information über zusätzliche Kurse beim Genfer Office de tourisme.

Genf, die Calvin-Stadt am Léman und zu beiden Seiten der Rhone, war europäisches Handelszentrum im Mittelalter, Stadt der Reformation, Wiege des vom Genfer Henry Dunant 1864 gegründeten Roten Kreuzes und Geburtsort von Jean-Jacques Rousseau. Durch seine Lage und Geschichte war Genf dazu ausersehen, auf internationalem Gebiet eine Rolle zu spielen. Heute haben über 200 internationale Organisationen ihren Sitz in Genf.

Um die Stadt kennenzulernen, schlendern wir über die sonnigen Uferpromenaden voller Blumenpracht, durchstreifen die romantische Altstadt mit ihren verträumten Gassen und versteckten Läden und lassen uns in einem Strassencafé nieder, um das pulsierende Leben und die faszinierende internationale Genfer Atmosphäre zu erleben. Genf allein ist mit seinen vielen Sehenswürdigkeiten schon eine Reise wert. Es lohnt sich darüber

hinaus, mit dem Besuch der Stadt einen Ausflug in das reizvolle Hinterland zu verbinden, das wenig bekannt ist, dessen Bevölkerung, Dörfchen und Rebberge aber von einem besonderen Charme sind. Das in vorzüglichem Zustand erhaltene Weindorf Dardagny, in dem sich die behäbigen Gehöfte mit den breiten Toreinfahrten aneinanderreihen und das 1978 vom Schweizer Heimatschutz mit dem Wakker-Preis für vorbildliche Ortsbildpflege ausgezeichnet wurde, sei hier stellvertretend erwähnt für Dörfer wie Satigny, Russin, Bernex und andere, die sich alle um Genf gruppieren.

Einen guten Einblick in die Genfer Landschaft erhalten wir auf einem Rhoneausflug mit dem Schiff, der in Genf am Quai Turrettini, gegenüber dem Hôtel du Rhône, beginnt und 2 1/2 Stunden dauert. Die romantische Flussfahrt bis zum Damm von Verbois führt uns rhoneabwärts durch eine wundervolle Landschaft. Der Fluss, der sich sein Bett während Jahrtausenden vom Genfersee in Richtung Lyon, Camargue und Mittelmeer gegraben hat, wurde durch verschiedene Dämme im Lauf verlangsamt, was die Schiffahrt ermöglicht. Doch seine Ufer sind in dem Teil, den wir erkunden, in ihrer Natürlichkeit erhalten und beinahe frei von Strassen, Häusern und Industrievierteln. Hundertjährige Bäume tauchen ihre ausladenden Äste ins Wasser. Nach der Einmündung der Arve in die Rhone fahren wir auf dem schnellfliessenden Wasser zwischen hohen Felsen und unter dem Pont de la Jonction und Pont Butin hindurch. Nach natürlichen Flussschleifen eröffnen sich uns überraschende Blicke auf die abwechslungsreiche Landschaft. Gegen den Staudamm von Verbois zu ändert sich das Bild, die

Ufer werden flacher und ermöglichen den Blick auf Jura und Alpen. Auf der Rückfahrt werden uns die neuen Aspekte aus der Gegenrichtung überraschen: Langeweile auf der beschaulichen Fahrt ist nicht angesagt.

Drei-Seen-Fahrt ab Biel

Hinfahrt:
*Mit der **Bahn** oder dem **Auto** nach Biel. Die Schiffsländte liegt nur knapp 10 Min. Fussmarsch vom Bahnhof entfernt.*

Dauer:
Tagesausflug. Abfahrt in Biel jeweils 9.50 Uhr, Rückkkehr um 18 Uhr. Die Drei-Seen-Fahrt wird im Sommer täglich ausser montags durchgeführt.

Eine der abwechslungsreichsten und faszinierendsten Seerundreisen der Schweiz ist die Drei-Seen-Fahrt über den Bieler-, Neuenburger- und Murtensee mit Fahrt durch den Broye- und den Zihlkanal sowie mit Aufenthalt

im mittelalterlichen Städtchen Murten. Der Bielersee, den wir als erstes befahren, gehört sicher zu den schönsten Seen der Schweiz. Am linken Seeufer ziehen uns die bewaldeten Jurahänge und die malerischen Weinbauerndörfer in ihren Bann. An den sonnigen Rebhängen reifen Trauben, aus denen ein spritziger Weisswein gewonnen wird. Er wird gerne zusammen mit der weiteren Spezialität der Gegend, den Fischgerichten, genossen.

Am mittelalterlichen Städtchen Twann vorbei nähern wir uns der St. Petersinsel. Eine schmale Landzunge – der schilfbestandene, bei Hochwasser überschwemmte Heidenweg – verbindet diesen reizvollen Ausflugsort mit dem Festland. Unverbaute Uferzonen mit viel Schilf und uraltem Baumbestand ergeben ein malerisches Bild. Das ehemalige Kloster auf der Insel dient heute als Gasthof und beherbergte im Jahre 1765 den bekannten Genfer Schriftsteller und Philosophen Jean-Jacques Rousseau, der den Zauber der Insel in ganz Europa berühmt machte. Der Aufenthaltsraum von Rousseau kann besichtigt werden.

Wir nähern uns dem Zihlkanal, der den Bieler- und Neuenburgersee verbindet. Dieser drittgrösste See der Schweiz beeindruckt uns durch seine Weite – die Oberfläche beträgt immerhin 216 km². Das Schiff hält links

Der Mont Vully von Murten aus: Zuoberst trägt er einen grossen Keltenwall.

und fährt in den Broyekanal ein, der sich anschliessend um den Mont Vully windet.

Nach einer schönen Fahrt auf dem lieblichen Murtensee erreichen wir die mittelalterliche Stadt Murten. Ein Aufenthalt von über 2 Std. während der Mittagszeit erlaubt es, diese altehrwürdige Ortschaft näher anzuschauen. Berühmt wurde sie vor allem durch die Burgunderkriege. Karl der Kühne von Burgund belagerte mit seinem Heer Murten, doch Adrian von Bubenberg und seine mutige Besatzung hielten 10 Tage lang stand. Die Belagerung endete mit der Schlacht von Murten (1476), aus der die Eidgenossen siegreich hervorgingen. Eine sehenswerte Altstadt erinnert an diese Zeiten. Die Ringmauer, die teilweise begangen werden

AM BIELERSEE

Das klimatisch begünstigte Nordufer des Bielersees hat nicht nur vorzügliche Weinlagen aufzuweisen, sondern auch Städtchen mittelalterlichen Gepräges: La Neuveville mit Bannerträgerbrunnen und Stadttor Tour rouge (o.), Le Landeron mit seiner geschlossenen, stilgeschichtlich reinen Häuserfront (r.).

kann, Türme, das Schloss aus dem 13. Jh., Lauben und Figurenbrunnen gestalten unseren Aufenthalt abwechslungsreich.

Wir verlassen Murten und besteigen wieder das Schiff. Auf dem knapp dreistündigen Rückweg geniessen wir alles nochmals unter der veränderten Beleuchtung des Nachmittags und des Abends.

Murten mit den Türmen seiner Altstadt, vom Hafen aus gesehen.

Aarefahrt von Solothurn nach Biel

Hinfahrt:

*Mit der **Bahn** oder dem **Auto** nach Solothurn. Die Anlegestelle liegt gut sichtbar markiert rund eine Viertelstunde Fussmarsch vom Bahnhof entfernt beim Krummen Turm, westlich der Eisenbahnbrücke über die Aare.*

Dauer:

2 1/2 Stunden. Der Kurs wird täglich ausser am Montag fünfmal durchgeführt.

Die Fluss-Schiffahrt auf der Aare von Solothurn nach Biel oder umgekehrt bezeichnen Kenner als die schönste der Schweiz über-

AVANTGARDE DES SCHIFFSBAUS

Die Bielersee-Schiffahrtsgesellschaft setzt neuerdings ein ultramodernes Passagierschiff des Katamarantyps ein: MS Siesta auf der Strecke Solothurn–Biel. Es liegt wie sein aus der Südsee bekanntes Vorbild und die jenem nachempfundenen Segelsportboote gleichen Namens auf zwei Rümpfen, fachsprachlich Kufen genannt.

zum Aussteigen, Wandern und Picknicken einladen.

Die Fahrt beginnt in der Ambassadorenstadt Solothurn, neben Trier (D) die älteste Römersiedlung nördlich der Alpen, deren Besichtigung ein Muss für jeden Besucher ist. Solothurns Stadtbild ist von seltener städtebaulicher Harmonie und strahlt noch immer den Charme und die Grösse jener glorreichen Epoche von 1530 bis 1792 aus, als die französischen Ambassadoren hier eidgenössische Söldner für französische Könige warben. Wahrzeichen der Stadt ist die 1763 bis 1773 von Pisoni erbaute St.-Ursen-Kathedrale, Bischofskirche des Bistums Basel.

Wir besteigen das Schiff bei einem weiteren historischen Bauwerk Solothurns, dem Krummen Turm, westlich der Altstadt gelegen. Die Aare schlängelt sich zwischen Solothurn und Biel durch eine für Fauna und Flora segensreiche Landschaft, in der eine ganze Anzahl Vogelarten ihren natürlichen Lebensraum findet.

Nach einer halben Stunde Fahrt legt das Schiff in Altreu an. Wer Zeit und Musse hat, steigt hier aus, wartet auf das nächste Schiff anderthalb Stunden später und besichtigt währenddessen die weit über die Region hinaus bekannte Storchenkolonie. Die über 100 langbeinigen Exemplare von Meister Adebar der durch die Vogelwarte Sempach angesiedelten Kolonie erfreuen Naturfreunde von nah und fern. Weiter geht die Fahrt entlang der Grenchner Witi, einem Refugium vieler bedrohter Tierarten, das als eines der letzten grossen Feuchtgebiete der Schweiz von internationaler Bedeutung gilt.

Beim Blumenstädtchen Büren a.d.Aare ist der nächste Halt, wo die Kirche aus dem 12. Jh., das Rathaus aus dem 16. Jh. sowie die nach einem Brand völlig zerstörte und wiederhergestellte Holzbrücke besondere Beachtung verdienen. Eine halbe Stunde Schiffahrt später wartet auf die Passagiere ein ganz spezielles Erlebnis: die Schleusendurchfahrt beim Stauwehr in

Altreu: Storchenpaar mit Jungen.

haupt. Dies erst recht, seitdem die Bielersee-Schiffahrts-Gesellschaft das neue, ultramoderne Aareschiff MS Siesta, welches im Katamaran-Stil gebaut ist und dementsprechend mit zwei Rümpfen im Wasser liegt, in Betrieb genommen hat. Dazu kommt, dass praktisch an jeder der acht Haltestellen Uferwege

Port. Hier wird der Wasserstand der drei Juraseen geregelt, und der Wasserspiegel hebt oder senkt sich um mehr als einen Meter. Die Aare mündet schliesslich in den Bielersee. Vorbei an Nidaus Wahrzeichen, dem trutzigen Schloss, endet die Fahrt kurz danach im Hafen von Biel, der Uhrenmetropole. Auch hier lohnt sich ein Besuch der Altstadt, ein Bad im See oder ein Spaziergang dem Ufer entlang. Von Biel aus kehrt man entweder per Bahn oder wiederum mit dem Schiff zurück nach Solothurn.

Schaffhausen–Kreuzlingen: vom Rhein in den Untersee

Hinfahrt:
*Mit der **Bahn** oder dem **Auto** nach Schaffhausen. Die Schiffsanlegestelle liegt beim 1787 erstellten Güterhof. Je nach Zwischenhalten ist ein Grenzausweis erforderlich.*

Route:
Schaffhausen–Büsingen–Diessenhofen–Stein am Rhein–Öhningen–Mammern–Wangen–Hemmenhofen–Steckborn–Gaienhofen–Berlingen-Mannenbach–Reichenau–Ermatingen–Gottlieben–Konstanz–Kreuzlingen

Dauer:
4 1/2 Std. Der Kurs wird von Ende Mai bis Anfang Oktober täglich mindestens dreimal durchgeführt

Über der Schiffsländte von Schaffhausen erhebt sich stolz das Wahrzeichen der schönen mittelalterlichen Stadt, die Festung Munot (1564–1585). Schaffhausen ist Ausgangspunkt dieses äusserst abwechslungsreichen Ausflugs auf dem Rhein und dem Untersee. Über Büsingen gelangen wir nach Diessenhofen. Der malerische alte

Flecken beeindruckt durch sein geschlossenes Ortsbild. Das Schiff zwängt sich unter einer prächtigen Holzbrücke (1815) hindurch. Regelmässig tauchen auf beiden Seiten schöne Dörfer, Kirchen, Schlösser und sehenswerte Bauten auf.

Unser nächstes Ziel ist der bekannte Ort Stein am Rhein; er eignet sich bestens, die Fahrt zu unterbrechen und auf Entdeckungsreise zu gehen. Die mittelalterliche Ortschaft liegt am Ausfluss des Rheins aus dem Untersee.

Von weitem schon haben wir auf der linken Seite die mächtigen Befestigungsanlagen der Burg Hohenklingen bemerkt, die

Ein Rheinschiff unterwegs vor dem zur deutschen Enklave gehörenden Ufer von Büsingen.

schützend nördlich der Stadt auf einem Hügel thront. Der ehemalige Sitz der Freiherren von Klingen wurde im 13. Jh. ausgebaut und ist gut erhalten. Das Zentrum von Stein am Rhein bildet der berühmte Marktplatz. Die prächtigen alten Häuser weisen bunt bemalte Fassaden und Erker auf. Das Rathaus (1539) sticht unter diesen schönen Bauten besonders hervor. Es beher-

bergt ein sehenswertes Museum. Östlich des Rathauses befindet sich die ehemalige Benediktinerabtei St. Georgen mit einer romanischen Säulenbasilika und bemerkenswerten Fresken.

Das Schiff führt uns weiter und auf den Untersee hinaus. Wir kommen an alten Orten wie Kattenhorn, Wangen und Hemmenhofen auf der deutschen Seite und Mammern und Glarisegg auf der Schweizer Seite vorbei, bevor wir Steckborn erreichen. Der markante fünfgeschossige Turmhof (14. Jh.) und das Rathaus ragen aus dem schönen Altstadtkern von Steckborn heraus.

Von Mannenbach fahren wir zur Insel Reichenau, die sich auf deutschem Gebiet befindet. Der 1840 erbaute Damm verbindet die Insel mit dem Hügelzug Bodanrücken. Die bekanntesten Sehenswürdigkeiten der Insel Reichenau sind die Kirchen St. Georg (888) in Oberzell mit dem grössten erhaltenen Zyklus ottonischer Monumentalmalerei (ca. 980), St. Peter und Paul (950) in Niederzell und das Münster (824–1048) in Mittelzell. Wir verlassen die Insel.

Nicht weit vom Ermatinger Schloss Wolfsberg befindet sich das Lustschlösschen Arenenberg, das durch die Stieftochter und Schwägerin Napoleons I., Königin Hortense, die Mutter Napoleons III., bekannt wurde. Im Schloss ist ein Napoleon-Museum untergebracht. Das Fischerdorf Gottlieben ist unser nächster Anlegeplatz. Der wunderschöne Riegelbau Drachenburg liegt direkt am See. Das Schloss Gottlieben, in Privatbesitz, kann auf eine bewegte Vergangenheit zurückblicken. Der Untersee verengt sich und endet beim Rheineinfluss. Der Seerhein verbindet den Untersee mit dem Bodensee und bildet eine Wasserstrasse.

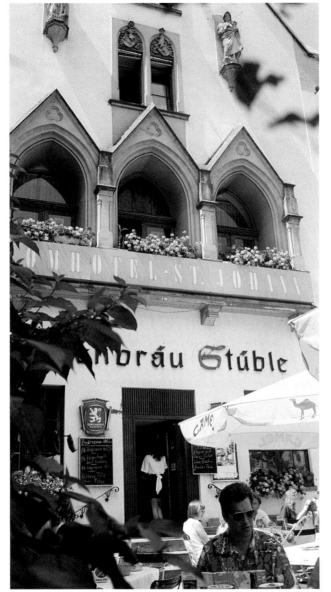

KONSTANZ
Die heute praktisch mit Kreuzlingen zusammengewachsene alte deutsche Bischofsstadt hat manches zu bieten – ausser gemütlicher Gastlichkeit natürlich auch Historisches: Vom Münster (10.-19. Jh.) mit seinem wundervollen Heiligen Grab (um 1280) ist es nicht weit zum Konzilgebäude, der Stätte der einzigen Papstwahl auf deutschem Boden während des Konzils zu Konstanz, auf dem Jan Hus als Ketzer zum Tod auf dem Scheiterhaufen verurteilt wurde.

In den Jahren 1414–1418 fand in Konstanz das berühmte Konzil statt. Bei diesem Anlass wurde der Papst Martin V. gewählt und dem Reformator J. Hus der Prozess gemacht. Konstanz bildet heute das bedeutendste Fremdenverkehrszentrum des Bodensees. Beim Hafen steht das Zeppelin-Denkmal, das an den Erfinder der starren Luftschiffe, den aus Konstanz gebürtigen Graf Zeppelin, erinnert. Von Konstanz wird Kreuzlingen, das Ziel unserer Schiffsreise, durch die Landesgrenze getrennt.

Bodenseerundfahrt: Rorschach–Insel Mainau

Hinfahrt:
Mit **Bahn** oder **Auto** nach Rorschach, wo sich die Schiffsanlegestelle gleich neben dem Bahnhof befindet.

Dauer:
Tagesausflug. Ende März jeweils an Sonn- und Feiertagen und ab Ende April bis Mitte September täglich mindestens ein Kurs. Ein Grenzausweis ist erforderlich.

Route:
Rorschach–Horn–Arbon–Romanshorn–Kreuzlingen Hafen–Insel Mainau

Deutschland, Österreich und die Schweiz teilen sich in die Ufer des Bodensees, der auch Schwäbisches Meer genannt wird. Er ist einer der grössten Binnenseen Europas und besitzt beachtliche Ausmasse: Er ist 76 km lang, bis 14 km breit, bis 252 m tief und hat eine Oberfläche von 539 km². Die Inseln Reichenau, Mainau und Lindau sind alle durch Dämme oder Brücken mit dem Festland verbunden.

In der südlichen Bucht des Bodensees, am Fusse des Rorschacherberges, liegt Rorschach, der Ausgangspunkt unserer Schiffsrundreise. Gleich neben dem Hafen liegt das barocke Kornhaus (1746–1749), welches ein Heimatmuseum beherbergt. An idyllischen Ufern vorbei gelangen wir via Horn nach Arbon, dessen Schloss 1515 erbaut wurde. Der Heimathafen der schweizerischen Bodenseeflotte, Romanshorn, besitzt eine grosse Schiffswerft. Auf einer Landzunge des Hafens können wir einen Blick auf das Alpsteinmassiv mit dem Säntis werfen.

Bis zur Insel Mainau haben wir Zeit, während einer guten Stunde eine eindrückliche Schifffahrt zu geniessen. Der Bodensee ist übrigens sehr fischreich, was auch in vielen Fischspezialitäten zum Ausdruck kommt.

Eine besondere Attraktion bildet die Insel Mainau. Die zweitgrösste Insel des Bodensees ist durch eine Brücke mit dem Festland verbunden. Beim Hafen bemerken wir den Torkelturm, der ein altes Weinfass aus dem 17. Jh. birgt, in dem 25 000 l Platz finden. Rund um das mächtige Barockschloss breitet sich eine phantastische Parkanlage aus,

die den Besuchern eine südliche Atmosphäre vermittelt. Bananenstauden, Orangen-, Zitronen- und Feigenbäume, Palmen, Bambusstauden, Zedern und Araukarien bezaubern uns.

Je nach Jahreszeit überrascht uns eine andere Blütenpracht. Im Frühling sind es über 1 Million Tulpen, Hyazinthen, Narzissen und Orchideen, im Sommer rund 900 verschiedene Arten von Rosen, im Herbst die Dahlien. Die Insel war jahrzehntelang im Besitz der schwedischen Königsfamilie und ist heute eine gemeinnützige Stiftung. Gräfin Sonja und Graf Lennart Bernadotte betreuen zur Zeit zusammen mit einem grossen Mitarbeiterstab diese romantische Insel.

Der Ganztagesausflug führt uns zudem in die sehenswerte al-

EXOTISCHER ZAUBER

Man traut seinen Augen kaum: drei verschiedene Arten von Palmen, wohlausgebildet und gross, vor Kirche und Schloss der Insel Mainau, dazu Zitronensträucher (o.)! Die klimatischen Gesetze Mitteleuropas scheinen auch im Bildmotiv unten aufgehoben zu sein: tropische Bougainvillea, wie man sie häufig in den Gärten Südeuropas sieht, und Säulenkakteen. Die Mainau ist für den Pflanzen- und Gartenfreund ein Eldorado!

174

tertümliche Ortschaft Meersburg. Der von Weinbergen umgebene Flecken war über Jahrhunderte hinweg Residenz der Bischöfe von Konstanz, nachdem dieses die Reformation angenommen hatte. Das alte Schloss mit dem Dagobertsturm sowie den Wohnräumen der Dichterin Annette v. Droste-Hülshoff thront trotzig über der Stadt. Das neue Schloss (1740–1750), das Obertor und schöne Fachwerkhäuser sind weitere Sehenswürdigkeiten der reizvollen Ortschaft.

Von Luzern nach Flüelen auf dem Vierwaldstättersee

Route:
Luzern–Verkehrshaus/Lido–Seeburg–Kehrsiten–Hertenstein–Weggis–Vitznau–Ennetbürgen–Buochs–Beckenried–Gersau–Treib–Brunnen–Rütli–Sisikon–Tellsplatte–Bauen–Isleten–Flüelen

Dauer:
Tagesausflug. Während des Sommerfahrplans befahren täglich 8

Schiffskurse die Strecke Luzern-Flüelen und zurück. Je nach Kurs werden alle oder nur die wichtigsten Stationen bedient.

Der wohl berühmteste See der Schweiz hat in seinem zwischen den Bergen gelegenen Teil einen fjordähnlichen Charakter. Er ist von einem abwechslungsreichen Panorama umgeben und ist in mehrere Becken gegliedert: in Luzerner-, Küssnachter- und Alpnachersee, die Buchten von Stansstad, Weggis, Buochs und Gersau sowie den Urnersee. Die

Einer der fünf gepflegten Oldtimer-Raddampfer der Vierwaldstättersee-Flotte; im Hintergrund der Pilatus.

zahlreichen Buchten und See-
teile bewirken immer wieder
einen überraschenden Wechsel
des Landschaftsbildes. Berühmt-
berüchtigt ist der See durch seine
zeitweise wilden und unbere-
chenbaren Föhnstürme, die der
Sage nach schon Gessler in Not
brachten.

Der Schiffsbetrieb wird mit 21
Schiffen aufrechterhalten, die
Platz für total 13 000 Personen
bieten. Eine besondere Attraktion sind die 5 noch im Dienst be-
findlichen Raddampfer, darunter
die 1929 als letzte vom Stapel ge-
laufene «Stadt Luzern». In der
Regel wird auch die Strecke Luzern–Flüelen täglich mehrere
Male mit Dampfschiffen befahren. Die Seefahrt beginnt beim
Bahnhof Luzern. Das Schiff
nimmt zuerst Kurs auf Seeburg.
Zurückblickend geniessen wir
die herrliche Ansicht der Stadt
Luzern. Kurz nach Seeburg befinden wir uns im Zentrum der
Kreuzform des Sees. Links erkennen wir den Küssnachterstein,
einen 25 m hohen Felsen, der zu
Ehren des Dichters von «Wilhelm
Tell» mit einer Inschrift versehen
wurde. Die Geburtsstätte der
Eidgenossenschaft, das Rütli, ist
nicht mehr weit. Von der Schiffstation Rütli ist die von Wald ein-
geschlossene Wiese, die Gedenk-
stätte des Rütlischwurs von 1292,
leicht erreichbar.

Weiter geht es zur Tellsplatte.
Der Sage nach sprang der gefan-
gene Tell bei stürmischem See
vom Kahn des Vogtes Gessler ans
rettende Ufer. Heute steht an
dieser Stelle eine Kapelle. Darüber führt die Axenstrasse durch
zahlreiche Tunnels und Galerien.
Der Urnersee beeindruckt durch
seine wildromantische Landschaft. Die Berge fallen steil zum
See ab. Hinter Flüelen erhebt sich
als schöner Abschluss die Pyramide des Bristenstocks. Für die
Rückreise nach Luzern besteigen

VIELGESTAL-TIGER VIER-WALDSTÄT-TERSEE

Abwechslungsreich
wie die in Buchten
und Becken zerglie-
derte Gestalt des
Sees ist die ge-
samte Landschaft;
dazu gehört auch
die von Menschen-
hand erschaffene
Stadtlandschaft
(u.l.: Reussufer in
Luzern mit gemütli-
chen Hotel-Restau-
rants). Oberhalb
von Beckenried
(u.r.) zeigt sich die
Gliederung beson-
ders eindrücklich:
links vorragende
Landzunge des Bür-
genbergs, rechts im
Hintergrund die
Rigi. Am südlichen
Abschluss des
Urnersees liegt
Flüelen (o., mit
Axenflue im Hinter-
grund).

wir die Bahn via Arth-Goldau
oder geniessen die prächtige
Seefahrt in umgekehrter Richtung.

Von Locarno nach Stresa auf dem Lago Maggiore

Hinfahrt:
Mit **Bahn** oder **Auto** nach Locarno. Der Hafen liegt gut markiert rund 10 Min. Fussmarsch vom Bahnhof erntfernt.

Route:
Locarno–Ascona–Brissago–Cannòbio–Luino–Intra–Villa Taranto–Pallanza–Isola Madre–Baveno–Isola Pescatori–Isola Bella–Stresa

Dauer:
Tagesausflug. Täglich befahren mindestens drei Kurse die Strecke Locarno–Stresa, für die das Schiff rund 3 1/2 Std. benötigt. Grenzausweis ist erforderlich.

Etwas oberhalb der Stadt liegt wunderschön die mit einer Standseilbahn erreichbare Wallfahrtskirche Madonna del Sasso. Der Standort der Kirche ist ideal, um einen herrlichen Ausblick auf die Stadt und den Lago Maggiore zu geniessen.

Der Lago Maggiore, auch Langensee genannt, ist bis zu 5 km breit und 60 km lang. Wir besteigen das Schiff in Locarno, umfahren das Delta der Maggia und gelangen zum Ferien- und Künstlerort Ascona. Am Fusse des Monte Verità gelegen, bezaubert das kleine Städtchen vor allem durch seine schönen Landhäuser und die prächtigen Gartenanlagen. Das Schiff fährt nun in Richtung der berühmten Brissago-Inseln, die einen wundervollen botanischen Garten auf-

reiht sich eine Villa an die andere, und alle sind sie in eine Fülle subtropischer Pflanzen eingebettet. Um zum bekannten Marktort Luino an der Tresa-Mündung zu kommen, überqueren wir den See. Jeden Mittwoch findet in Luino der von vielen Touristen besuchte bunte Markt statt. Weiter südlich am westlichen Ufer laufen wir Intra an, einen Ortsteil des bedeutenden Ferienortes Verbania. Auf der gegenüberlie-

Die Piazza Grande in Locarno war einst Uferpromenade ...

Tragflügelboot am Debarcadero in Cannòbio; links eine südländische Araukarie.

Die gegen Norden durch hohe Bergzüge geschützte Stadt Locarno erfreut sich eines ausserordentlich milden Klimas. Die malerische Altstadt mit den engen Gassen und die üppige subtropische Pflanzenwelt sind besonders sehenswert.

weisen und unter Naturschutz stehen.

Kurz nach dem schmucken Dörfchen Brissago befahren wir italienische Gewässer und legen am Quai des sehenswerten Ortes Cannòbio an. An der ganzen Westküste des Lago Maggiore

genden Seite sehen wir hübsch an einer Bucht gelegen die Stadt Laveno, die durch eine Autofähre mit Intra verbunden ist. Nach Pallanza, einem anderen Ortsteil von Verbania, gelangen wir zunächst zur Isola Madre und dann zum gegenüberliegenden Ufer nach Baveno. Von dort laufen wir die beiden anderen der berühmten Borromäischen Inseln an, die Isola Pescatori und die Isola Bella.

Sehenswert ist die beachtliche Gemäldegalerie im Palazzo Borromeo (17. Jh.) auf der Isola

Bella, umgeben von einem Park mit exotischen Pflanzen; die Anlage in zehn Terrassen soll an die Hängenden Gärten der Semiramis in Babylon erinnern. Auf der Isola dei Pescatori liegt ein malerisches Fischerdorf, auf der Isola Madre ein botanischer Garten. Wir verlassen diese Inseln und haben bald darauf den südlichsten Punkt unserer Schiffsreise, die Ortschaft Stresa, erreicht. Die Villa Pallavicino mit dem Zoo und dem prächtigen Park sowie der bekannte Alpengarten eignen sich bestens, unseren Aufenthalt in Stresa erlebnisreich zu gestalten. Für die Schiffahrt zurück nach Locarno können wir einen Kurs benützen, der nicht alle Stationen anläuft und somit die Fahrzeit erheblich verkürzt.

BORROMÄISCHE INSELN

Unten: Blick von Baveno am Westufer bei Abendstimmung. Die drei Isole Borromee bieten für jeden Geschmack und für jedes Temperament etwas: I. Bella (r.) mit Palast, Gemäldegalerie und Hängenden Gärten für den historisch, I. Madre für den botanisch und schliesslich I. dei Pescatori (l.) für den an südlichem Leben Interessierten. Oben: Kriegerische Zeiten gehören hier zum Glück der Vergangenheit an!

Die Lust der Wahl

«Dies und Das» meint nicht etwa einen Trödlerladen oder gar den Ausverkauf. Vielmehr wird hier nochmals die Grundidee dieses Buches gelebt: Vielfalt an Ausflugsideen, an Aktivitäten, an genussreichen freien Stunden, an neuen Aspekten des Landes ... Die Natur als Hauptthema steht wieder am Anfang – in der gestalteten Form von Parks, die Anschauung vermitteln sollen, oder in Zusammenhang mit technischer Anwendung. Im Vordergrund dieses Kapitels stehen aber sportliche Aktivitäten, die über das Wandern hinausgehen. Diese eröffnen ein breites Spektrum an Lebensgefühlen: Für ein grosses Publikum ebnet die Ausübung eines Sports als Amateur den Weg zu einer positiven Grundhaltung – die befreiende Bewegung in freier Natur! Darüber hinaus ergeben sich ganz natürliche Möglichkeiten, überraschende Kontakte mit anderen Gegenden herzustellen. Vom Bike-Sattel oder auf den Langlaufskiern sieht die Welt tatsächlich anders aus als z. B. zu Fuss oder mit dem Zug. Es bleiben noch die Sportfreaks, denen es in erster Linie um das Bewältigen sportlicher Anforderungen geht. Auch hierbei kann eine fremde Umgebung motivierend wirken – und beim Ausruhen bleibt Zeit, sich umzusehen, zu reflektieren ... Schliesslich ist Motivation der Hauptzweck dieses Buches. Lassen wir uns überraschen!

ZAHNRÄDER
Rollende Räder zur eigenen Fortbewegung und an Ort drehende (Zahn-) Räder zum Antrieb anderer Räder – beide Radfunktionen ergänzen sich im Fahrrad vollkommen. Gesunden Bike-Touren ist in diesem Kapitel ein eigener Abschnitt gewidmet. Im grossen Bild ein urtümliches, mit Zapfen versehenes Holzzahnrad aus den unterirdischen Mühlen von Col-des-Roches.

Dies und Das

Natur zum Anschauen gestaltet und für Technik erschlossen

Geniale Unter-Tage-Technik von anno dazumal: Unterirdische Mühlen von Col-des-Roches

Hinreise:
*Die Mühlen befinden sich kurz vor der französischen Grenze. Mit der **Bahn** über Le Locle bis Endstation Col-des-Roches oder mit dem **Auto** direkt zu den Mühlen.*

Wo heute in der Nähe von Le Locle die unterirdischen Mühlen von Col-des-Roches zu besichtigen sind, flossen seit ewigen Zeiten und mit viel Kraft die Wasser des Bied und zwängten sich durch einen 2,5 km langen unterirdischen Kanal, um sich anschliessend in den Doubs zu ergiessen. In der Mitte des 16. Jh. kamen findige Köpfe auf die Idee, die Wasserkraft für den Antrieb einer Mühle zu nutzen. Hundert Jahre später wurde die Idee verwirklicht, und ein wahr-

haft gigantisches Werk entstand: Die bereits bestehenden Felsspalten wurden vergrössert, darüber hinaus trieben starke Männer neue Spalten in den Felsen, mit der Absicht, das Wasser über mehrere Stufen zu leiten und dadurch seine Kraft mehrfach zu nutzen. Ende des 17. Jh. schliesslich waren im Bergesinnern eine Ölmühle, ein Schlagwerk, zwei Mühlen und ein Sägewerk im Betrieb. Im 19. Jh. wurde das Säge-

werk nach draussen verlegt. Seine Energie bezog es über zwei 50 m lange Holzachsen, welche mit Wasserkraft betrieben wurden, weiterhin aus dem Bergesinnern.

Ende des letzten Jahrhunderts waren die grossen Zeiten der unterirdischen Anlagen vorbei, und sie wurden stillgelegt. Vorerst wurden die unterirdischen Gänge und Räume als Deponie für Waren aller Art genutzt; spä-

ter wurden die verlassenen Höhlengänge nach und nach zugeschüttet.

Im Jahr 1973 beschlossen engagierte Idealisten, die Anlagen in freiwilliger unbezahlter Arbeit wieder freizulegen und der Öffentlichkeit zugänglich zu machen. Ihnen ist zu verdanken, dass die in den Fels gehauenen Schächte heute wieder fürs Publikum offen sind und dass hier schliesslich sogar ein Museum entstand: Auf mehreren Stockwerken entdecken die Besucher Teile der ursprünglichen Mühleanlagen, erfahren als wertvolle

UNTERIRDI-SCHE WASSER-KRAFT

Vor der markanten Talenge des Col-des-Roches liegt der Eingang zu den unterirdischen Mühlen (o.), wo das Untertage-Flüsschen Bied seine Arbeit verrichtete. Unten: Antrieb mit Eisenzahnrädern in der Mühle.

Mit dem Arboretum verhält es sich wie mit einer Gartenpflanze: natürlich herangewachsen, aber vom Gärtner nach allen Regeln der Kunst herangezogen und gepflegt. Die Anlage ist mitsamt thematisch geordneten Pflanzensammlungen in die bestehende Vegetation und in die natürlichen Gegebenheiten der Standorte integriert, wobei auch ökologisch zusammengestellte Waldgesellschaften wie diejenigen Nordamerikas südwestlich des Teichs (Bild) vorkommen. Der weitere Ausbau macht Folgebesuche immer lohnend.

Ergänzung viel Wissenswertes zum Thema Hydraulik und über Getreide und lernen die verschiedensten Berufe rund um das Brot kennen.

Öffnungszeiten: Ende April bis Anfang November, täglich 10–12 und 14–17.30 Uhr. Führungen auf Wunsch. Für Gruppen (ab 15 Personen) Führungen während des ganzen Jahres auf Anfrage. Eintritt: Erwachsene Fr. 7.–, Kinder Fr. 4.–, Familien Fr. 15.–. Gruppen (ab 15 Personen): Erwachsene Fr. 6.–, Kinder Fr. 3.–. Auskunft und Reservation: Tel. 039/31 89 89.

Den Bäumen auf der Spur: Arboretum in Aubonne VD

Hinreise:

Mit dem Zug nach Morges, Allaman oder Rolle, dann mit dem Postauto: ab Morges bzw. Allaman auf der Linie nach Montherod–Gimel, ab Rolle auf der Linie St-Livres, mit jeweiligen Halten bei Aubonne. Dann zu Fuss ab Aubonne, Montherod oder St-Livres in je ca. 30–45 Min. auf markierten Wanderwegen in den Park des Arboretums. Auch eine Wanderumg vom Bahnhof

Bière (hübsche Bahnlinie ab Morges) zum Arboretum ist möglich (1 Std. 35 Min. bis Holzmuseum). Mit dem Auto auf der Autobahn Lausanne–Genf bis Ausfahrt Allaman/Aubonne, dann zu einem der Parkplätze in Aubonne, St-Livres oder Montherod für eine kurze Wanderung bzw. nach Bière für die längere Wanderung (s. Kärtchen S. 184).

Im Tal des Flüsschens Aubonne, zwischen den Waadtländer Ortschaften Bière und Aubonne, liegt auf einer Höhe von 500 bis 670 m das Arboretum. Das be-

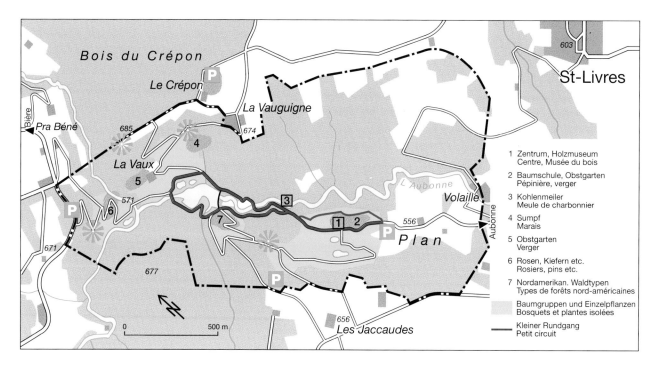

1 Zentrum, Holzmuseum
  Centre, Musée du bois
2 Baumschule, Obstgarten
  Pépinière, verger
3 Kohlenmeiler
  Meule de charbonnier
4 Sumpf
  Marais
5 Obstgarten
  Verger
6 Rosen, Kiefern etc.
  Rosiers, pins etc.
7 Nordamerikan. Waldtypen
  Types de forêts nord-américaines
  Baumgruppen und Einzelpflanzen
  Bosquets et plantes isolées
  Kleiner Rundgang
  Petit circuit

waldete Gebiet, eine Art botanischer Garten oder Museum lebender Bäume unter freiem Himmel, vereinigt rund 3000 Pflanzen, die etwa 2000 Arten und Varietäten von Bäumen und Büschen aus allen Gebieten der nördlichen Erdhalbkugel angehören. Den einzelnen Pflanzen steht viel Raum zur Verfügung, jede kann sich optimal entfalten und entwickeln. Die Pflanzen wurden insgesamt wirkungsvoll und harmonisch in die natürlichen Erhebungen und Tälchen des Terrains eingefügt. Formen und Farben der einzelnen Bäume und der Baumgruppen kommen in ihrer landschaftlichen Umgebung wunderschön zur Geltung.

Das Arboretum dient auch wissenschaftlichen Zwecken. Die Fachleute beobachten die Entwicklung der Pflanzen in Abhängigkeit von Herkunft, Standort und Umgebung. Zur Besichtigung der schönen und erholsamen Anlage stehen uns 10,5 km Wege und Pfade zur Verfügung. Ein kleiner Rundgang (1 Std.) durch das flache innere Gelände

und ein grosser in den Hügeln und durch Waldpartien sind die offiziellen Vorschläge, jedoch kann auch nach Gutdünken kombiniert werden.

Überall gibt es Informationstafeln. Unter anderem begegnen wir wunderschönen wilden Rosen und besichtigen ein ökologisches Waldsystem, wie es an

der Westküste der USA zu finden ist, oder wir wandern in den Wacholderprärien, entdecken mannigfaltige Orchideen und in den Obstgärten alte, im Verschwinden begriffene Obstbaumsorten des Landes. Im Teich zieht der alte Karpfen seine Bahn, eine Libelle sonnt sich im Schilf. Wer sich die Zeit nimmt, wird auch

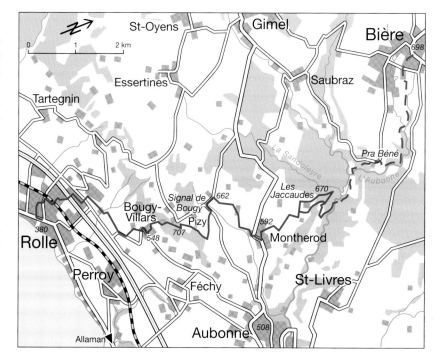

sonst allerlei Naturbeobachtungen anstellen können. Eine Holzhütte nach Art der Trapper lädt zum Verweilen ein. Im Empfangszentrum – einem umgebauten Bauernhaus – steht eine Terrasse mit Tischen und rustikalen Bänken fürs Picknick zur Verfügung. In diesem Gebäude befindet sich zudem das **Holzmuseum**. Es zeigt die Vielfalt des Werkstoffes Holz und seiner Verarbeitung sowie alte, in Vergessenheit geratene Berufe. Die Sammlung von über 1500 Holzobjekten und Bearbeitungswerkzeugen gibt Einblick in die Lebensweise unserer Vorfahren. Das Holzmuseum ist geöffnet von April bis Oktober am Sonntagnachmittag.

Mitten im Arboretum, unweit der Stelle, wo das Flüsschen La Sandoleyre in die Aubonne einmündet, beginnt eine lohnende **Wanderung** zum Aussichtspunkt Signal de Bougy und hinunter nach Rolle am Genfersee. Vorerst wandern wir ein kurzes Stück der Aubonne entlang nach Südosten und steigen durch die Anlagen des Arboretums leicht an zu einem Aussichtspunkt auf 670 m ü. M. Auf dem abfallenden Weg durch ein Waldstück verlassen wir das Arboretum und wandern, am Weiler *Les Jaccaudes* vorbei, über angenehme Wege durch die Felder nach *Montherod* und weiter, in leichtem Auf und Ab, über den Bach Le Roju nach *Pizy*. Ein Landsträsschen führt uns in südöstlicher Richtung über das Feld und anschliessend gegen Südwesten auf das *Signal de Bougy* auf 707 m ü. M.

Hier geniessen wir einen herrlichen Ausblick über die Rebhänge der Côte und hinunter auf den Genfersee. Ein Ausflugszentrum bietet Verpflegungsmöglichkeiten sowie Attraktionen und Spielplätze für Kinder. Dazu

gehört auch ein kleiner Tierpark. Nach einem kurzen, steilen Abstieg durch den Wald erreichen wir die Rebberge von *Bougy-Villars*. Wir wählen, statt der direkten Hauptstrasse, einen unter etlichen Pfaden durch die Rebhänge – es lohnt sich, einen kleinen Umweg in Kauf zu nehmen. Gesamte Marschzeit: ca. 2 Std. 40

Rolle angekommen, besteigen wir den Zug oder wählen das Schiff. Die Schiffanlegestelle liegt rund 10 Min. vom Bahnhof entfernt.

Öffnungszeiten: ganzjährig; der Eintritt ist frei. Geführte Rundgänge für Gruppen zu Fr. 50.– bis 100.–, Voranmeldung Tel. 021/808 51 83.

Holz konsequent in allen Teilen: hier, wo Holzpflanzen und das Holz selbst im Zentrum des Interesses stehen (u.)! Neben Bäumen gehören auch die Sträucher, die oft besonders schöne Blüten tragen, zu den Holzpflanzen (exotische gelbe Heckenrose o.).

Min. An Wochenenden kann die sehr schöne, aber über weite Strecken asphaltierte Strecke verkehrsreich sein. Der Besuch des Arboretums lässt sich auch in zahlreiche weitere Wanderungen einbeziehen. Am Bahnhof

Information: Unterlagen wie Übersichtsplan, Prospekt, Artenliste mit Standortbezeichnung sind erhältlich bei der Association de l'Arboretum du Vallon de l'Aubonne en Plan, 1170 Aubonne, Tel. 021/808 51 83.

Botanische Gärten und Naturparks

Ort	Gartenanlage	Hauptblütezeit (Monate)

Westschweiz/Wallis

Ort	Gartenanlage	Hauptblütezeit (Monate)
Anzère VS	Sentier botanique alpin Tel. 027/38 25 19	VII–X
Aubonne VD	Arboretum du Vallon de l'Aubonne Tel. 021/808 57 25	V–IX
Bourg-St-Pierre VS	Jardin alpin «La Linnea» Tel. 026/87 11 52	VI–IX
Chambésy GE	Jardin botanique Tel. 022/732 69 69	I–XII
Champex VS	Jardin alpin Flore-Alpe Tel. 026/83 12 17	V–IX
Château-d'Œx VD	Jardin de La Motte Tel. 029/4 77 88	VI–IX
Fribourg	Jardin botanique de l'Université Tel. 037/826 61 11	V–VIII
Genève	Jardin anglais Tel. 022/732 45 50	I–XII
	Parc de la Grange Tel. 022/732 45 50	V–VII
Lausanne VD	Jardin botanique cantonal Tel. 021/616 24 09	V–X
Les Plans-sur-Bex VD	Jardin botanique alpin de Pont de Nant Tel. 025/68 13 32	VI–VIII
Meyrin GE	Jardin alpin botanique Tel. 022/785 29 37	IV–VI
Moléson FR	Sentier botanique alpin Tel. 029/6 26 00	VI–X
Neuchâtel	Jardin botanique Tel. 038/25 64 34	VI–VIII
Porrentruy JU	Jardin des plantes jurassiennes Tel. 066/66 30 15	I–II V–VI
Riederalp	Alpengarten Riederfurka Tel. 028/27 22 44	VII
Rochers-de-Naye VD	Jardin alpin «La Rambertia» Tel. 021/964 55 11	VII–VIII
St-Triphon VD	Jardin botanique Aviolat M. William Aviolat, Case postale 10, 1009 Pully	V–X
Vuillierens VD	Jardin d'Iris Château Vuillierens Tel. 021/869 90 20	V–VIII

Nordschweiz/Bern/Zentralschweiz

Ort	Gartenanlage	Hauptblütezeit (Monate)
Adelboden BE	Alpengarten Höreli Tel. 033/73 22 52	VI–IX
	Alpinlehrpfad Schwandfeldspitz Tel. 033/73 22 52	VI–X
Arlesheim BL	Ermitage Tel. 061/46 51 61	I–XII
Arni AG	Versuchs- und Zuchtgarten Selmahof Tel. 057/34 14 32	VIII–IX
Attiswil BE	Kräutergarten Tel. 065/77 21 72	V–IX
Basel	Botanischer Garten der Universität Tel. 061/267 35 19	I–XII
	Botanischer Garten Brüglingen Tel. 061/311 87 83	III–X
Bern	Botanischer Garten Tel. 031/65 49 11	I–XII
	Rosengarten Tel. 031/41 32 14	VI–IX
	Stadtgärtnerei Elfenau Tel. 031/44 07 13	V–VI

Ort	Gartenanlage	Hauptblütezeit (Monate)
Dottikon AG	Rosenschaugarten Huber Tel. 057/24 18 27	VI–IX
Erlenbach i.S. BE	Alpinpflanzen-Lehrpfad Stockhorn Tel. 033/81 21 81	VI–X
Gelfingen LU	Rosengarten Schloss Heidegg Tel. 041/85 34 94	VI–IX
Koppigen BE	Arboretum Oeschberg Tel. 034/53 19 43	I–XII
Lenk BE	Alpenblumenweg Leiterli Tel. 030/3 10 96	VI–IX
Ligerz BE	Rebenlehrgarten Tel. 032/95 21 32	IX–X
Weissenstein SO	Botanischer Jura-Garten Tel. 065/22 19 24	VI–VII
Wilderswil	Alpengarten Schynige Platte Tel. 036/22 85 44	VI–IX

Ostschweiz/Glarus

Ort	Gartenanlage	Hauptblütezeit (Monate)
Braunwald GL	Alpine Rosenprüfanlage Tel. 058/84 14 36	VII–VIII
Grüningen ZH	Botanischer Garten Tel. 01/935 19 22	IV–X
Rapperswil SG	Städtischer Rosengarten Tel. 055/27 70 00	VI–X
St. Gallen	Botanischer Garten Tel. 071/351 15 30	I–XII
Schaffhausen	Rosengarten Charlottenfels Tel. 053/22 33 21	VI–IX
Winterthur	Städtischer Rosengarten Tel. 052/23 67 47	VI–X
Zürich	Botanischer Garten Tel. 01/385 44 11	I–XII
	Sukkulentensammlung Mythenquai Tel. 01/201 45 54	I–XII
	Stadtgärtnerei Tel. 01/492 14 23	I–XII

Graubünden/Tessin

Ort	Gartenanlage	Hauptblütezeit (Monate)
Brissago TI	Parco botanico Isola di Brissago Tel. 093/35 43 61	IV–XI
Carona TI	Parco botanico San Grato Tel. 091/68 63 83	V–VI
Davos GR	Alpengarten Alpinum Schatzalp Tel. 081/43 57 26	VI–X
Flims GR	Alpenpflanzenlehrpfad Cassonsgrat Tel. 081/39 10 22	V–X
Klosters GR	Heilkräutergarten Tel. 081/69 23 33	VII–VIII
Lugano TI	Parco Ciani Parco Civico Tel. 091/21 46 64	V–X
Morcote TI	Parco Scherrer Tel. 091/69 21 25	IV–V

ARRANGIERTE NATUR

«Botanische Gärten und Naturparks» enthalten keine offenen Parkanlagen, wie sie in Städten als allgemein zugängliche Grünanlagen bestehen. Bei den zoologischen Gärten und Tiergehegen mit Eintritt sind Öffnungszeiten angegeben. Bei allen anderen, jederzeit zugänglichen Anlagen entfällt diese Angabe.
Foto: Schmetterling im Papiliorama in Marin NE.

Zoologische Gärten und Tiergehege

Ort	Anlage	Öffnungsmonate/ wichtigste Besonderheit
Westschweiz/Wallis		
Charmey FR	Parc aux Biches	Hirsche
	Tel. 029/7 14 89	
	(Office de tourisme Charmey)	
La Chaux-de-Fonds NE	Vivarium	I–XII
	Tel. 039/28 11 55	Reptilien
	Bois du petit château	
	Tel. 039/28 13 13	
	(Office de tourisme	
	La Chaux-de-Fonds)	
Lausanne VD	Vivarium	I–XII
	Tel. 021/652 72 94	Reptilien
	Parc aux Biches Sauvabelin	
	Tel. 021/37 07 09	Hirsche
Le Vaud VD	Zoo de la Garenne	I–XII
	Tel. 022/366 11 14	Vögel
Les Marécottes VS	Zoo alpin	I–XII
	Tel. 026/61 15 62	Bären; Schwimmbad
Marin NE	Papiliorama	I–XII
	Tel. 038/33 43 44	Schmetterlinge
Montfaucon JU	Parc ornithologique	Vögel
	Tel. 039/55 15 42	
Payerne VD	Parc aux Biches	Hirsche
	Tel. 037/61 61 61	
	(Office de tourisme Payerne)	
Sarreyer VS	Parc des Crêtes	
	Tel. 026/36 16 81	
	(Office de Tourisme	
	Lourtier/Bagnes)	
Servion VD	Zoo Servion	I–XII
	Tel. 021/903 16 71	Tropenwüste
Nordschweiz/Bern/Zentralschweiz		
Aarau AG	Wildpark Roggenhausen	
	Tel. 064/22 13 57	
Altreu SO	Storchensiedlung	
	Tel. 065/61 12 08	
Basel	Zoologischer Garten	I–XII
	Tel. 061/281 00 00	Zwergflusspferde
	Tierpark Lange Erlen	I–XII
	Tel. 061/681 43 03	seltene Hirscharten
Bern	Tierpark Dählhölzli	I–XII
	Tel. 031/43 06 16	Przewalski-Wildpferd
	Bärengraben	I–XII
	Tel. 031/22 12 12	
	(Verkehrsverein Bern)	
Bern-Bethlehem	Tierpark Bern-West	
	Tel. 031/55 94 94	
Biberstein AG	Zoo Aarfähre	
	Tel. 036/37 28 28	
Biel BE	Tierpark Biel-Bözingerberg	
	Tel. 032/42 59 17	
Brienz BE	Alpenwildpark Brienz	
	Tel. 036/51 32 42	
Crémines BE	Siky-Ranch	I–XII
	Tel. 032/93 90 52	Raubtiere
Emmenbrücke LU	Vivarium Panorama-Park	I–XII
	Tel. 041/55 03 30	Reptilien, Insekten
Goldau SZ	Natur- und Tierpark	I–XII
	Tel. 041/82 15 10	Bergsturzgebiet
Hoch-Ybrig SZ	Tierpark Hoch-Ybrig	
	Tel. 055/56 17 17	
	(Ferien- und Sportzentrum AG)	
Interlaken BE	Manor Farm	
	Tel. 036/22 82 82	
	(Strandhotel Neuhaus)	
	Alpenwildpark Harder	
	Tel. 036/22 21 21	
	(Verkehrsverein Interlaken)	
Kandergrund BE	Tierpark Riegelsee	
	Tel. 033/71 16 40 und 036/22 30 39	
Langenthal BE	Tierpark Hinterberg	
	Tel. 063/23 21 21	
	(Verkehrsverein Langenthal)	
Lützelflüh-Goldbach BE	Zoo Sonnhalde	I–XII
	Tel. 034/61 20 16	
Olten SO	Wildpark Mühletäli	
	Tel. 062/35 22 56	
Reinach BL	Tierpark Reinach	
	Tel. 061/711 87 70	
Rüfenach AG	Zoo Hasel	I–XII
	Tel. 056/44 25 75	Wallabys (Känguruhs)
Sempach LU	Vogelwarte	
	Tel. 041/99 00 22	
Studen bei Biel BE	Zoo Seeteufel	I–XII
	Tel. 032/53 19 34	Kinderparadies
Zurzach AG	Tierpark Zurzach	
	Tel. 056/49 34 34	
Ostschweiz/Glarus		
Bad Ragaz SG	Tierpark	I–XII
	Tel. 085/9 36 42	Tukane
Frauenfeld TG	Plättli-Zoo	I–XII
	Tel. 054/21 16 48	Zirkus
Gossau SG	Walter-Zoo	I–XII
	Tel. 071/85 29 77	Zirkus
Kreuzlingen TG	Tierpark Seeburg	
	Tel. 072/75 19 06	
Langnau am Albis ZH	Wildpark Langenberg	I–XII
	Tel. 01/713 22 80	Przewalski-Wildpferd
Lipperswil TG	Conny-Land	Mitte III–Mitte XI
	Tel. 054/63 23 65	Delphinarium
Mönchaltorf ZH	Tierpark zur	
	Silberweide	Mitte III–Mitte XI
	Tel. 01/941 15 35	Sumpflandschaft
Oberglatt ZH	Vivarium Python	
	Tel. 01/850 19 79	
	(Dr. A. Brunner)	
Rapperswil SG	Knie's Kinderzoo	Mitte III–X
	Tel. 055/27 52 22	Delphinarium
Russikon ZH	Hirschgehege	
	Tel. 01/954 04 79	
St. Gallen	Tierpark Peter und Paul	
	Tel. 072/24 51 13	
Staad SG	Hirschpark	
	Tel. 071/43 01 80	
	(Parkhotel Waldau)	
Winterthur ZH	Wildpark Bruderhaus	
	Tel. 052/29 75 13	
	(Restaurant Bruderhaus)	
Zürich	Zoologischer Garten	I–XII
	Tel. 01/251 54 11	Schneeleopard
Tessin		
Lugano	Parco civico	
	Tel. 091/21 46 64	
	(Ente turistico di Lugano)	
Magliaso	Zoo al Maglio	I–XII
	Tel. 091/71 14 93	Nebelparder

Hochgebirge und Stausee: Bergbahnen Emosson–Barberine

Hinreise:

*Mit der **Bahn**: Martigny–Les Marécottes–Le Châtelard-Giétroz (Schmalspurbahn). Mit dem **Auto**: Ab Martigny über den Col de la Forclaz nach Le Châtelard-Giétroz. Ab Le Châtelard-Giétroz mit der Barberine-Standseilbahn zur Bergstation Château d'Eau und weiter mit dem Emosson-Panoramazug zur Emosson-Staumauer.*

Jedes der vier Verkehrsmittel zum Emosson-Stausee ist ein

Luftige Fahrt an den Fuss der Staumauer.

Erlebnis besonderer Art. Die Schmalspurbahn bringt uns ab Martigny über Vernayaz–Salvan–Les Marécottes–Trétien–Finhaut nach Le Châtelard-Giétroz. Während ³/₄ Stunden fahren wir durch beeindruckende und abwechslungsreiche Berglandschaften bergan. Die nächste Etappe legen wir in der 1920 ge-

bauten Barberine-Standseilbahn zurück. Die Bahn mit zwei Wagen wurde ursprünglich zum Materialtransport beim Bau der Staumauer eingesetzt und ist die steilste ihrer Art in der ganzen Welt: Die maximale Neigung beträgt 87 %! Nach atemberaubender Fahrt über eine Höhendistanz von 1306 m erreichen wir

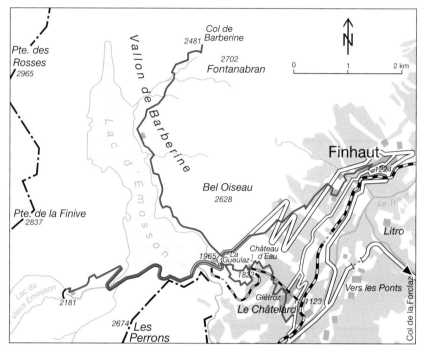

HÖHENSTUFEN

Über imposante 1500 Höhenmeter klettern die Berg- und die Standseilbahnen von Vernayaz im Rhonetal über das Val du Trient ins Vallon de Barberine, wo die gewaltige, 180 m hohe Staumauer (r.) selbst eine Betonstufe vor dem Lac d'Emosson bildet.

die Bergstation Château d'Eau. Hier eröffnet sich eine grossartige Sicht auf die majestätische Alpenwelt und ins Rhonetal, welches uns buchstäblich zu Füssen liegt. Wir fahren weiter mit dem elektrischen Emosson-Panoramabähnchen. Unterwegs zeigen sich das Mont-Blanc-Massiv und die imposante Bouqui-

Schlucht. Durch Wälder und fünf Tunnels gelangen wir an den Fuss der Staumauer. 260 m trennen uns noch von der Krone. Wir legen sie in der 1991 neu installierten Emosson-Standseilbahn zurück.

Auf knapp 2000 m ü. M. stehen wir vor einer unberührten Bergwelt. Ruhig und klar liegt der

stärke beträgt bis zu 48,5 m. Der Ausflug zur Emosson-Staumauer lässt sich ideal mit einer Wanderung bzw. einem Spaziergang verbinden:

Von Château d'Eau (Bergstation der Barberine-Standseilbahn)
– über einen Wanderpfad zum Stausee: 30–45 Min.

– nach Château d'Eau: 30 Min.
– nach Le Châtelard-Giétroz: 1 Std. 45 Min.
– nach Finhaut: 2 Std.

Die Bahnen (SATEB – Société Anonyme des Transports Emosson–Barberine) verkehren Mitte Juni bis Ende September täglich. Bei starkem Schneefall zu Beginn und Ende der Saison fallen

HINDERNIS AUF DEM WEG ZUM LAC D'EMOSSON

Die MC-Bahn (Martigny–Châtelard) überwindet die Schlucht des Trient zwischen Le Trétien und Finhaut in Tunnels und Galerien gerade noch – eine Strasse gibt es nicht. Mit dem Auto gelangt man über einen 40 km langen Umweg via Col de la Forclaz nach Finhaut. Ein Besuch der Schlucht zu Fuss ist sehr eindrücklich (l.), und wenn man schon in der Gegend ist, empfiehlt sich auch ein Aufenthalt in Les Marécottes, wo man sich an Alpenzoo und natürlichem, in Felsen gebettetem Schwimmbecken erfreuen kann.

Wasserspiegel vor uns. Im Stausee – bei hohem Stand sind es über 227 Mio m³ Wasser – spiegeln sich der Mont-Blanc und die Gipfel der Walliser Hochalpen. Die Staumauer ist ein imposantes Meisterwerk: In einer Bauzeit von 7 Jahren (1967–1974) wurden hier 1,1 Mio m³ Beton verarbeitet; die Mauer-

– nach Le Châtelard-Giétroz: 1 Std. 15 Min.

Vom Pass La Gueulaz bei der Staumauerkrone:
– über den Bergpfad zur Staumauerkrone: 5 Min.
– zum Barberine-Pass: 2 Std. 30 Min.
– zum Stausee Vieux-Emosson: 1 Std. 30 Min.

die Fahrten aus. Auskunft gibt Tel. 026/68 12 36. Die Kosten, inklusive Fahrt mit der Emosson-Standseilbahn, betragen (1993): Ab Martigny einfach Fr. 27.–, retour Fr. 41.80 (Halbtaxtarif Fr. 34.60).
Ab Le Châtelard einfach Fr. 16.60, retour Fr. 25.– (Halbtaxtarif ebenfalls Fr. 25.–).

Vom Flughafenbesuch zum Alpenrundflug

Möchten Sie sich die Welt einmal von oben besehen? In der Schweiz gibt es zahlreiche Möglichkeiten dazu. Gerade in der heutigen Zeit vermögen nicht alle technologischen Errungenschaften die Menschen zu erfreuen. Das Flugzeug jedoch gehört zu jenen, die uns unvergessliche Erlebnisse bereiten. Besonders zahlreich werden in der Schweiz Rundflüge angeboten. Wir stellen Ihnen – nach dem Besuch im Flughafen Kloten – eine kleine Auswahl vor.

Auch mit Liebhaber-Flugzeugen lässt sich ein Flug arrangieren!

■ Besuch im Flughafen Kloten

Hinreise:

*Mit der **Bahn:** ab Zürich und Winterthur. Mit dem **Bus:** ab Bahnhof Oerlikon, Winterthur, Bülach, Teufen-Embrach und Kloten. Mit dem **Auto:** Autobahnausfahrt Flughafen, Parkplätze für Besucher im Parkhaus E. Parkplätze und signalisierte Zufahrten auch für Zweiradfahrer.*

Ob Sie an Fernweh leiden, sich für den neuesten Stand der Flugtechnik interessieren oder einen

Hauch der grossen weiten Welt erhaschen möchten – besuchen Sie den Flughafen.

Auf der Zuschauerterrasse des Terminals B im Flughafen Zürich-Kloten erleben die Besucher Flugbetrieb ohne Unterlass. Täglich werden durchschnittlich 600 Starts und Landungen abgefertigt.

Die Kasse am äussersten Ende der Zuschauerterrasse ist Treffpunkt für Bus-Rundfahrten. Während 45 Min. lernen wir das Flughafengelände kennen, begleitet von fachkundigen Referenten. Die Rundfahrt vermittelt einen Einblick in die Vorgänge und organisatorischen Zusammenhänge im Flughafen. Als Höhepunkt gilt der Halt an der Kreuzung von Blindlande- und Westpiste, wo Start und Landung der «silbernen Vögel» aus nächster Nähe beobachtet werden kann.

Auch unter Dach gibt es viel zu sehen – allerdings wenig zum Thema Flugzeug. Einer kleinen modernen Stadt ähnlich, bietet der Flughafen Zürich-Kloten eine «Fussgängerzone» mit Geschäften, Boutiquen, Restaurants und Dienstleistungsbetrieben aller Art.

Preise: Eintritt Zuschauerterrasse Fr. 1.– (Erwachsene) oder gratis (Kinder bis 16 Jahre). Rundfahrten (inkl. Eintritt Terrasse) Fr. 2.– (Erwachsene), Fr. –.50 (Kinder von 6 bis 16 Jahren). Schulklassen gratis.

Durchführungsdaten: Rundfahrten für Einzelpersonen und kleine Gruppen werden von April bis Oktober jeweils Mittwoch-, Samstag- und Sonntagnachmittag durchgeführt. Für Schulen und Gesellschaften (Voranmeldung erforderlich): täglich am Nachmittag (im Winterhalbjahr Samstag und Sonntag ausgenommen). Reservationen und Auskünfte: Tel. 01/816 21 56.

Flughafen-Rundfahrt – so hautnah am Geschehen ist man sonst nirgends!

Die Schweiz aus der Vogelschau: Alpenrundflüge

Flughafen Basel-Mulhouse
Auskunft Tel. 061/325 28 33.

Rundflüge in die nähere Umgebung (Jura, Schwarzwald, Vogesen), Voralpenflug (rund 1¼ Std.), Alpenflug (2 Std.).

ÜBERBLICK GIBT EIN-BLICK

Aus dem Flugzeug das Land anzuschauen öffnet uns für mancherlei Zusammenhänge die Augen, die man vom Erdboden – auch von einem Berggipfel aus – nicht erkennen kann. Neben Standardrouten können auch Flüge nach Individualwünschen vereinbart werden. In grösserer Höhe geniesst man den «Landkartenaspekt», relativ nah bei der Erdoberfläche die Details und den «Ameiseneffekt», wenn unten Leute zu erkennen sind. Ein Beispiel mit räumlicher Nähe: Brienzer Rothorn von Norden, dahinter Berner Oberländer Gipfel.

Min.) durch die Berner Alpen zur Grimsel, über den Aletschgletscher zur Gemmi und durchs Simmental zurück nach Bern. Auf Wunsch gibt es eine Verlängerung zum Matterhorn und in die Walliser Alpen. Ein weiteres Angebot führt über die Alpen nach Ascona im Tessin (kurzer Aufenthalt) und zurück nach Bern.

Flughafen Zürich-Kloten
Auskunft Tel. 01/814 26 20 oder 01/813 74 63.

Das Rundflugprogramm umfasst mehrere Routen. Grossenteils führen sie in die verschiedenen Alpenmassive. Sie dauern bis zu 2 Std., wie etwa der Flug zum Mont-Blanc. In den 6plätzigen Maschinen besitzt jeder Fluggast

Flugplatz Bern-Belpmoos
Auskunft Tel. 031/961 04 92.

Voralpenflug (50 Min.), der zum Schilthorn und an den berühmten Alpengipfeln Eiger, Mönch und Jungfrau vorbeiführt; angeboten wird ausserdem ein Hochalpenflug (1 Std. 15

Aéroport Genève-Cointrin
Auskunft Tel. 022/98 34 68.

Rundflug zum höchsten Berg Europas, dem 4807 m hohen Mont-Blanc, sowie Alpenrundflüge mit Landungen auf dem Trient-, dem Diablerets- oder dem Theodul-Gletscher.

einen Fensterplatz, der auch den Blick ins Cockpit freigibt. Gruppen über sechs Personen können grössere Maschinen chartern. Rundflüge werden, gutes Wetter vorausgesetzt, von April bis November täglich, von Dezember bis März an Wochenenden durchgeführt. Diese Flughäfen, aber auch die meisten Regionalflugplätze bieten auf Anfrage ebenfalls Rundflüge nach individuellen Wünschen an.

Die Preise für Rundflüge betragen von rund Fr. 40.– pro Person für einen Schnupperflug (ca. 8 bis 10 Min.) bis rund Fr. 400.– für einen Matterhornflug.

Postauto und Luftseilbahn sind im Preis nicht inbegriffen. Das Arrangement ist einen Monat gültig.

Alpenzug und Alpenflug (SBB und Crossair)

Ein ähnliches Arrangement bieten die SBB und Crossair an. Im Pauschalpreis inbegriffen:

ACHTUNG, FRISCH GESTRICHEN
Für «Alpenzug und Alpenflug» setzt Crossair sowohl den bekanntbewährten Saab Cityliner ein wie den topneuen «Jumbolino» BAe 146-200 (l.). Und des Neuen nicht genug: Die Maschine besitzt schon den geänderten Logo-Anstrich von Crossair.

Die Schweiz mit Flug und Zug

Schweizerbummler (SBB und Swissair)

In Zusammenarbeit mit den Schweizer Bahnen bietet die Swissair ein preisgünstiges Arrangement Bahn/Flugzeug an. Im Preis inbegriffen:
– Bahnfahrt ab Wohnort zum Flughafen Zürich oder Genf bzw. zum Bahnhof Basel und Rückfahrt an den Wohnort.
– Flug Zürich–Genf oder umgekehrt bzw. Basel–Genf oder umgekehrt in der Economy Class einer Grossraummaschine der Swissair.

– Bahnfahrt ab Wohnort zum Flughafen Zürich oder Genf bzw. zu den Bahnhöfen Basel, Bern, Lugano oder Sion.
– Flug mit Crossair von Basel, Bern, Genf oder Zürich nach Lugano oder Sion oder von Lugano/Sion nach einer dieser Destinationen mit einer Maschine des Typs BAe 146–200 «Jumbolino» (82 Plätze) oder Saab SF 340 Cityliner (33 Plätze).

Postauto und Luftseilbahn sind nicht inbegriffen. Das Arrangement ist einen Monat gültig.

Pauschalpreise pro Person (für Erwachsene mit Halbtaxabo):
Bahn/Swissair für Arrangements auf der Strecke Basel–

Genf oder Zürich–Genf: Fr. 191.– bzw. Fr. 212.– für 2. Kl., Fr. 206.– bzw Fr. 237.– für 1. Kl.
Bahn/Crossair für Arrangements auf der Strecke nach Lugano oder Sion: ab Basel/Zürich/Bern Fr. 267.– für 2. Kl., Fr. 290.– für 1. Kl., ab Genf Fr. 292.– für 2. Kl., Fr. 320.– für 1. Kl.

Eine zusätzliche Ermässigung gibt es für Kinder und Jugendliche sowie für Besitzer des Generalabonnements, der Familienkarte oder des Swiss Pass.

Es müssen nicht immer die Alpen sein: Auch der Jura offenbart ein wundervolles Naturrelief (o.); unten Start zum Juraflug.

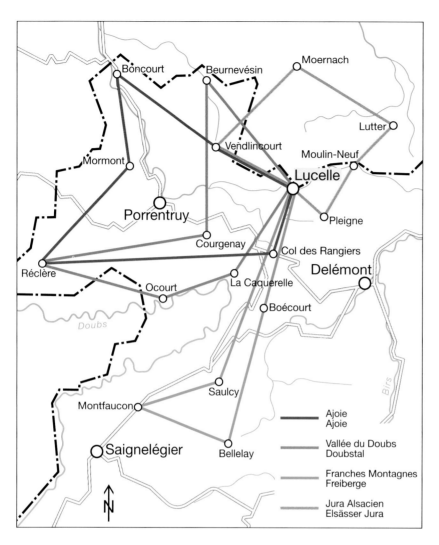

Fahrt durch skandinavisch anmutende Landschaften und in die Freiberge, Heimat der in Halbfreiheit lebenden Freiberger Pferde.

3. **Doubstal** (103 km)
Lucelle–Beurnevésin–Courgenay–Réclère–Ocourt–La Caquerelle–Lucelle.

Fahrt durch die Ajoie, an den berühmten Grotten von Réclère vorbei und am Doubs entlang.

4. **Elsässer Jura** (86 km)
Lucelle–Pleigne–Moulin Neuf–Lutter–Mœrnach–Vendlincourt–Lucelle.

Fahrt im benachbarten Frankreich durch Eichenwälder. Unterwegs entdecken wir Karpfenteiche, Störche und weitere Zeugen einer unverdorbenen Natur.

Vergnügliches 1-PS-Abenteuer

▓ Mit der Roulotte durch den Jura

Hinreise:

Mit der **Bahn:** *Über Delémont und weiter mit dem Postauto nach Lucelle. Mit dem* **Auto:** *Via Laufen oder Delémont in Richtung Porrentruy. In Develier Abzweigung nach Norden bis Lucelle.*

Eine Woche mit Ross und Zigeunerwagen – das sind nostalgische

Ferien an der frischen Luft, fernab der Autostrassen, in unverfälschter Natur. Zur Auswahl stehen die folgenden Streckenkombinationen (6 Etappen, 5 Übernachtungen):

1. **Romantische Ajoie** (102 km)
Lucelle–Les Rangiers–Réclère–Mormont–Boncourt–Vendlincourt–Lucelle.

Die Fahrt im nördlichsten Teil des Juras führt durch reizvolle Landschaften mit Ebenen, Wäldern, Weihern, Grotten und vielen Baudenkmälern.

2. **Pittoreske Freiberge** (106 km)
Lucelle–Les Rangiers–Saulcy–Montfaucon–Bellelay–Boécourt–Lucelle.

Für die Routen 1, 3 und 4 ist ein Reisepass oder eine gültige Identitätskarte erforderlich. Das tierärztliche Zeugnis für das Pferd wird vom Veranstalter mitgegeben.

Für kürzere Fahrten werden Zigeunerweekends (2, 3 oder 4 Tage) angeboten.

Vorkenntnisse im Umgang mit Pferden sind erwünscht, aber nicht Bedingung. Für das Lenken des Zigeunerwagens sind keine Vorkenntnisse nötig. Die Rasse der Freiberger Pferde eignet sich für Unternehmungen dieser Art besonders gut. Ein Handbuch beschreibt ausführlich Streckenverlauf und Profil jeder Route. In Text und Bild wird über den Umgang mit Pferd und Wagen instruiert. Adressen von Tierärzten und Hufschmieden für den Fall einer Panne sind ebenfalls angegeben.

Am Vortag der Fahrt im Hotel Noirval/Auberge de Lucelle eingetroffen, haben wir Gelegenheit, uns von der Familie, welche soeben von der Fahrt mit dem

Zigeunerwagen zurückgekehrt ist, über ihre Erfahrungen informieren zu lassen. Anschliessend sehen wir uns einen Instruktionsfilm an. Nach dem Frühstück am nächsten Tag wird der Wagen beladen. Mit technischen und praktischen Instruktionen sowie einer Fahrlektion versehen, star-

ten wir zur Route «Pittoreske Freiberge». In kleinen Tagesetappen durchstreifen wir von Herberge zu Herberge die herrliche Juralandschaft. Die *erste Etappe* führt uns bergan. Gleichmässig und «ohne Murren» zieht das Pferd den Wagen im 6-km-Tempo über Stock und Stein. Zwischendurch gehen wir, auch unserem Pferd zuliebe, zu Fuss. Auf dem Hochplateau von Pleigne legen wir eine Mittagsrast ein. Wir füttern das Pferd und bereiten uns ein reichhaltiges Picknick, wobei uns die mitgeführte Ausrüstung gute Dienste leistet. Über La Burgisberg erreichen wir Les Rangiers. Erste Pflicht bei der Ankunft an einem Etappenort ist das Versorgen des Pferdes ge-

TRAPP, TRAPP, TRAPP ...

Dieses Geräusch im «Vorspann eines Wagens» ist schon lange selten geworden. Aber wenn es nach einem Ferienerlebnis mit der Roulotte in den Ohren nachklingt, tauchen viele schöne Erinnerungen und Eindrücke auf, die unvergesslich bleiben.

mäss Wegleitung. Unsere eigenen Bedürfnisse müssen dafür zurückstehen. Am *zweiten Tag* passieren wir vor allem Felder und Wiesen. Eine Anhöhe gibt die Sicht auf den Doubs frei. Am frühen Abend erreichen wir Saulcy in den Freibergen. Die *dritte Etappe,* mit 12 km die kür-

zeste, führt nach Montfaucon. Plätschernd begleiten uns klare Bächlein, majestätische Tannen säumen den Weg. Höhepunkt des Tages ist der Besuch im Zentrum der Stiftung für das Pferd in Le Roselet.

Am *vierten Tag* fahren wir vorerst auf der Hauptstrasse nach La Theurre. Durch Wiesen und an typischen Jurahöfen vorbei geht es nach Bellelay, wo wir die alte Abtei besichtigen. Die *fünfte Etappe* führt schliesslich durch eine wildromantische Gegend sanft hinab nach Boécourt. Über Felder und Wälder erreichen wir am sechsten Tag schliesslich unseren Ausgangspunkt Lucelle.

Daten: Der Aufbruch zu einer Fahrt mit dem Zigeunerwagen ist von Ende Mai bis Mitte Oktober täglich möglich. Im allgemeinen wird pro Tag und pro Strecke nur eine «Roulotte», wie der Zigeunerwagen auf französisch heisst, abgefertigt; zusammengehörige Gruppen (ca. 4 Roulottes) können die Fahrt am gleichen Tag antreten.

Leistungen: Miete des Zigeunerwagens mit Pferd, die notwendigen Utensilien, Unterkunft mit Frühstück, Taxen, Unterkunft für das Pferd, Haftpflichtversicherungen usw. Nicht inbegriffen sind die Hauptmahlzeiten.

Preisbeispiel, Änderungen vorbehalten: einwöchige Tour (6 Etappen, 5 Übernachtungen): die erste und die zweite Person je Fr. 760.–, für die dritte und die vierte Person je Fr. 270.–.

Eine frühzeitige Reservation ist empfehlenswert bei: Pro Jura, rue de l'Hôtel de ville 16, 2740 Moutier, Tel. 032/93 18 24/25, oder bei ACS-Reisen, Wasserwerkgasse 39, 3000 Bern 13, Tel. 031/22 47 22 (ab 15.9.93: 031/311 47 22). An beiden Stellen ist ein ausführlicher Prospekt erhältlich.

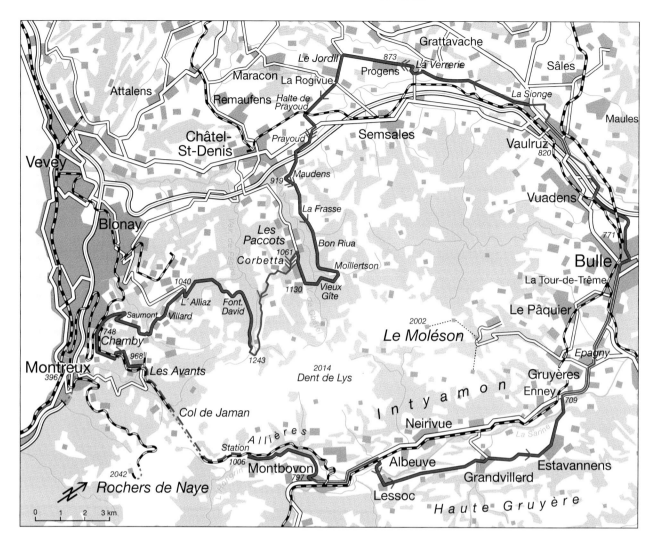

Rundherum beim Moléson und bei den Rochers de Naye

Hinreise:

*Mit dem **Auto** nach Bulle (Autobahn). Geeignete Parkplätze befinden sich beim grossen Einkaufszentrum der Migros beim Ortseingang. Die Anreise per **Bahn** nach Bulle erfolgt über Romont (umsteigen).*

Wer die Tour abkürzen will, fährt von Chamby direkt hinunter nach Montreux und besteigt dort die Bahn. Er verpasst dann aber das reizvolle Intyamon.

Routenstrecke: ca. 75 km
Velokarte 1 : 60 000, Blatt 14: Lausanne–Fribourg

Auf dieser Tour durchstreifen wir eine weitgehend unbekannte, aber ausgesprochen reizvolle Voralpenregion im freiburgisch-waadtländischen Grenzgebiet. Sie liegt westlich und östlich einer von den Gipfeln des Moléson, des Dent de Lys und der Rochers de Naye dominierten Gebirgskette. Auf dem Rückweg lernen wir das Greyerzer Hinterland, auch bekannt unter dem Namen Intyamon, näher kennen. Intyamon heisst das relativ flache

Tal, welches sich von Montbovon bis in die Gegend von Broc am Greyerzersee hinunterzieht. Links und rechts schmiegen sich schmucke Dörfer an die steilen Talhänge.

Wir starten im historischen Städtchen *Bulle*. Eine Quartierfahrstrasse führt uns vom Migros-Einkaufszentrum (auf der anderen Seite der Hauptstrasse befindet sich ein Denner) in nordwestlicher Richtung zu einem Industriekomplex (mit Gruyère-Käsefabrik) kurz vor der Autobahn. Wir folgen dem als Radweg signalisierten Strässchen bis nach *Vaulruz*, einer schlossbewehrten Ortschaft. Wir umfahren den alten Dorfkern auf der Hauptstrasse und zweigen am Ortsausgang rechts ab. Dem romantischen Bächlein La Sionge entlang führt uns wiederum ein schöner Radweg nach *La Verrerie*. Einige anstrengende Kurbelumdrehungen bringen uns gut «zwei Stockwerke» höher, nämlich auf die Krete des Hügelzuges bei Clos Devant und weiter nach *Progens*. In *Le Jordil* verlassen wir diese aussichtsreiche Panoramastrasse, stechen links hinunter, vorbei am Weiler *La Rogivue*, durchfahren die Ebene des Flüsschens Broye und erreichen nach einem leichten Anstieg eine winzige *Bahn-Haltestelle*. Wir zweigen links ab und gelangen auf die Hauptstrasse Bulle–Châtel-St-Denis. Kurz darauf wählen wir die Abzweigung nach links zu der auf einer Anhöhe liegenden Siedlung *Prayoud* und überqueren wenig später die Autobahn.

Beim Weiler *Maudens* erklimmen wir einen steilen Hang, wo uns das sozusagen unberührte Bergtal der Veveyse erwartet. Ständig leicht ansteigend passieren wir die Alpgebiete von *La Frasse, Bon Riau* und *Moillertson*. Wir überqueren den Bach und gelangen durch einen schattigen Wald auf die gegenüberliegende Talseite. Nach *Vieux Gîte* zweigen wir rechts ab und erreichen talabwärts das Touristik-Zentrum *Les Paccots*. Ein ungemein steil ansteigendes Strässchen (eventuell vorübergehend das Velo schieben!) führt uns links hinauf zur Alp *Corbetta*.

Nur noch leicht ansteigend geht's nun über schöne Alpweiden hinein ins abgeschiedene Tal der Veveyse de Fégire. Wir landen in einem breiten Talkessel am Fusse des Vanil des Artses und gewinnen durch ein schotteriges Bachbett den gegenüberliegen-

den Talhang. Die Fortsetzung des Weges ist wiederum asphaltiert und führt bald einmal talabwärts. Bevor wir bei *Fon-*

tanna David* den Wald verlassen, biegen wir links ab. Auf einer längeren Abfahrt passieren wir die Siedlungen *L'Alliaz, Villard, Saumont* und *Chamby*. Dort folgt die Strasse dem Bahntrassee der Montreux-Oberland-Bahn (MOB) hinauf nach *Les Avants*.

Da der Col de Jaman mit normalen Fahrrädern nicht passierbar ist, fahren wir mit einer der nächsten Zugskompositionen durch den Tunnel hinüber nach *Allières*. Dort laden wir unsere

KRAFTVOLL UM DEN MOLÉSON
Nach langer Fahrt auf und ab rund um den Moléson (im Hintergrund u.) gibt es nichts Herrlicheres als kühles Nass innen und aussen (z. B. im Brunnentrog, Mitte)! Daran ändert auch die schönste historische Szenerie nichts (Greyerz, o.).

Räder wieder aus und fahren durchs wildromantische Tal des Hongrin hinunter nach *Montbovon*. Wir benützen die talauswärts führende Hauptstrasse bis zum Ende des Stausees. Dort biegen wir rechts ab und radeln hinauf ins Dorf *Lessoc*, wo es einen originellen Dorfbrunnen zu besichtigen gibt. Auf einer aussichtsreichen Fahrt auf einem schmalen, dem steilen Talhang entlangführenden Radweg gelangen wir über *Grandvillard* hinüber nach *Estavannens* und wieder hinunter auf die Hauptstrasse. Von weit her grüssen uns die malerischen Türme des Schlosses *Greyerz*. Über Epagny und *La Tour-de-Trême* kehren wir zurück zum Ausgangspunkt.

Mit dem Mountain Bike durch die Areuse-Schlucht zum Chasseron

Hinreise:

*Mit dem **Auto** über Neuenburg nach Boudry. Parkplätze bei der Bahnstation im oberen Teil der Ortschaft. Mit der **Bahn** über Bern oder Olten nach Neuenburg und weiter mit dem Regionalzug nach Boudry. Auf dem Rückweg der Tour kann im Val de Travers in Fleurier, Môtiers, Couvet, Travers oder Noiraigue der Zug bestiegen werden.*

Routenstrecke: ca. 85 km
Velokarte 1 : 60 000, Blatt 12: Neuchâtel–Pontarlier, Trois Lacs

che Kontraste. Der Jura ist ein wahres Eldorado für Biker und Wanderer, und zwar nicht nur im Frühling und Sommer. Wenn sich im Herbst die kalten Nebel im Mittelland stauen, finden wir auf den sonnigen Jurahöhen immer noch angenehme Bedingungen mit reizvollen Ausblicken über das weite Nebelmeer bis hin zu den Hochalpen.

Ausgangspunkt ist *Boudry*, ein schmuckes Winzerdorf südwestlich von Neuenburg. Unmittelbar nach dem Start am Bahnhof tauchen wir einen steilen Talhang hinab und schliessen erstmals Bekanntschaft mit der Areuse, dem Flüsschen, das uns über weite Strecken begleiten wird. Auf der anderen Talseite erklimmen wir

IM SCHÖN-STEN WIE-SENGRUNDE möcht' ich ein Biker sein! Wir fahren von den Jurahöhen – auf dem Bild hinten rechts – hinunter in das grüne Val de Travers, das sich hier vor dem Chapeau de Napoléon ob Fleurier gegen Osten ausbreitet. Übrigens führt die Route unterhalb Couvent an einem Unikum der Schweiz vorbei: an den alten Asphaltminen.

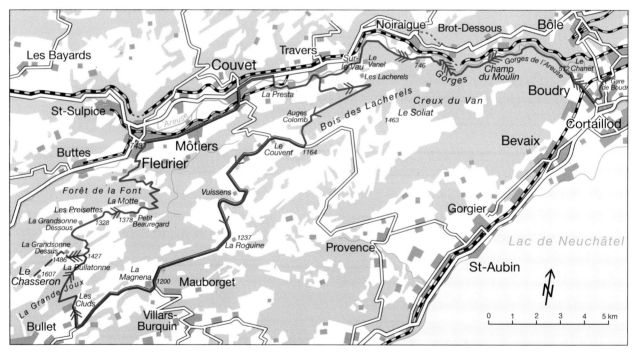

Die eigentümliche Landschaft des Faltenjuras fasziniert immer wieder von neuem. Sie ist geprägt von weiträumigen Hochplateaus, schattigen Fichtenwäldern, mit Steinen und Baumgruppen durchsetzten Weiden und abgeschiedenen Einzelhöfen. Tiefe felsige Schluchten und liebliche Täler bilden eindrückli-

ein von Rebbergen umsäumtes steiles, aber asphaltiertes Strässchen. Bei *Le Chanet* verabschieden wir uns vom Neuenburgersee mit einem letzten Blick zurück. Im Schatten des dichten Waldes gelangen wir nach einer leichten Abwärtsfahrt direkt in die wildromantische Areuse-Schlucht. In fast beängstigender

Art bäumen sich links und rechts vor uns die schroffen bewaldeten Kalksteinzacken auf. Wir folgen – von unten gesehen – immer linksseitig den unregelmässigen Windungen des Flusses, der manchmal in wilden Sprüngen über Felsstufen donnert, um dann wieder fast spiegelglatt träge dahinzufliessen. Über ver-

schiedene Steilaufstiege lassen wir sodann die wilden Wasser weit unter uns zurück.

Gegenüber dem Dorf *Noirai-gue* benützen wir dem Wald-saum entlang einen Naturweg, der bei *Sur le Vau/Le Vanel* wie-der in ein asphaltiertes Sträss-chen einmündet. Kurz nach *Vers-chez-Montandon*, ungefähr auf der Höhe von *Travers*, biegen wir links ab und pedalen oberhalb der Weiden von *Les Lacherels* zum gleichnamigen Bergwald hinauf, wo das Strässchen erneut in einen gut ausgebauten Natur-weg übergeht. Die Steigung ist absolut erträglich. Oberhalb von *Auges Colomb* erreichen wir die von Couvet herauführende Ver-bindungsstrasse, der wir einige hundert Meter abwärts folgen. Bei *Le Couvent* (Verpflegungs-möglichkeit) biegen wir noch-mals links ab und bewältigen den langen sanften, über typische Juraweiden führenden Anstieg hinauf nach *La Roguine*. An die-ser Kreuzung halten wir uns rechts. Nach einer langgezo-genen Abfahrt passieren wir bei *La Magnena* eine weitere Ab-

zweigung und wenig später ein Moto-Cross-Übungsgelände. Kurz vor der Ortschaft *Bullet* biegen wir rechts ab (Richtung *Les Cluds*) und fahren – vorbei an einem Campingplatz – die Stei-gung durch den lichten Berg-wald von *La Grande Joux* hinauf bis zur Krete des östlichen Aus-läufers des Chasseron. Nach dem

Die Areuse-Schlucht ist bei Bikern und Wanderern – auf die wir selbstverständlich Rücksicht nehmen – gleichermassen beliebt.

Scheitelpunkt führt ein Teer-strässchen über eine weitere Steigung hinauf zur Alphütte *La Grandsonne Dessus* (1448 m). Hier bietet sich eine weitere Ver-pflegungsmöglichkeit. Wir be-finden uns an der Nordostflanke des *Chasseron*, dem wir ebenfalls einen Besuch abstatten können. Das Bike müssen wir aber gröss-tenteils schieben.

Auf gleichem Weg fahren wir wieder zurück zur Strassenkreu-zung bei *La Bullatonne* und bie-gen links ab Richtung Buttes. In weiten Kurven sausen wir den

bewaldeten Abhang hinab und erreichen bei *La Grandsonne Dessous* wiederum ein Hochpla-teau mit wunderschönen urtypi-schen Juraweiden. Bei den Hüt-ten von *Les Preisettes* verlassen wir das geteerte Strässchen und folgen dem Naturweg, der uns über zwei kurze Steigungen zur Alp *Petit Beauregar*d (Pt. 1378) führt. Über eine Alpwiese (schmaler Fusspfad) streben wir in nordöstlicher Richtung auf eine Kalksteinmauer zu, die von einer Torlücke durchbrochen ist. Nach dem Passieren dieses Tores taucht unter uns die Alphütte von *La Motte* auf. Über einen steilen Bergweg holpern wir in mehreren Spitzkehren durch den *Forêt de la Font* talwärts. Bei *La Montagnette* wird der Weg bes-ser und geht etwas weiter unten in ein Asphaltsträsschen über. Kurz vor *Fleurier* erreichen wir wieder die Talebene des Val de Travers und am Dorfende die Vieille Areuse. Nun heisst es wie-der treten statt bremsen. Bei schönem Wetter dürfte uns tal-auswärts der Gegenwind ins Ge-sicht blasen. Über *Môtiers* gelan-gen wir nach *Couvet*, wo wir vorübergehend auf die andere Seite der Areuse wechseln. Über das Brücklein bei *La Presta* keh-ren wir wieder zum rechten Flussufer zurück, wo wir kurz darauf zu einem Unikum in der Schweiz gelangen: zu den alten Asphaltminen von Travers. Dem Flussufer folgen wir bis zu den Häusern von *Le Vanel*. Spätestens hier stellen wir fest, dass wir uns bereits wieder auf der Anfahrts-route befinden. Nach Überwin-den einer steilen Hangtraverse fahren wir durch die Areuse-Schlucht zum Ausgangsort zu-rück. Die Abfahrten erfordern viel Bremsarbeit, und wir sind er-staunt, wie steil die Rampen sind, die wir im Aufstieg bewältigt haben.

Schwarzenburger Hügeltour

Hinreise:

Mit dem **Auto** von Bern, Thun oder Freiburg nach Schwarzenburg. Parkplätze beim Bahnhof. Mit der **Bahn** von Bern nach Schwarzenburg.

Routenstrecke: ca. 35 km
Velokarte: 1 : 60 000, Blatt 10: Bern–Thun–Fribourg/Emmental

Topographisch weist das am Fusse des Gurnigels liegende Schwarzenburgerland viele Gemeinsamkeiten mit dem Emmental auf, da es von einer ähnlichen erdgeschichtlichen Entwicklung geprägt ist. Aussichtsreiche Hügelzüge kontrastieren auf faszinierende Weise mit tiefen, schluchtartigen Gräben. Das traditionelle Siedlungsbild weicht dagegen erheblich von jenem des Emmentals ab. Während die behäbigen und mächtigen Bauernhäuser des Emmentals vom einstigen Wohlstand der Bauern dieser Gegend zeugen, war das Schwarzenburgerland als Grenzgebiet über Jahrhunderte Spielball und Zankapfel der rivalisierenden Savoyer, Habsburger, Kyburger und später der Freiburger und Berner. Noch bis vor wenigen Jahrzehnten galt die Region als das Armenhaus des Kantons Bern. Die Architektur der älteren Häuser ist daher im Schwarzenburgerland im allgemeinen weit einfacher und die Ausstattung bescheidener als jene des Emmentals. Trotzdem weisen die schmucken Dörfer, Weiler und Einzelhöfe ihr eigenes besonderes Cachet auf. An einigen Orten finden wir noch die uralten Burgunderhäuser.

Im Dorfzentrum von *Schwarzenburg* folgen wir dem Wegweiser nach Guggisberg. Die relativ flache Fahrt, vorbei am Fussballplatz, ermöglicht ein kurzes «Anwärmen». Die erste sichelförmige Steigung hinauf zum Weiler *Waldgasse*, mit wundervoller Aussicht gegen Westen, bringt unseren Kreislauf erstmals in Schwung. Darauf folgt eine rund 1,5 km lange Erholstrecke und anschliessend ein langer gleichmässiger Anstieg über *Riedstätt* hinauf nach *Kalchstätten*. Hier wird die Sicht nach Süden frei, über die tiefe Sense-

Ruhepause in Rüschegg, etwa auf halbem Weg, bei der Ruine der alten Kirche des Cluniazenserpriorats aus dem 11. Jh.

schlucht hinweg ins Schwarzseetal und in die Freiburger Alpen. Dem steilen südseitigen Berghang entlang lässt es sich wieder in einem grösseren Gang nach *Guggisberg* hinaufpedalen. Wer in Turnschuhen fährt oder solche mitführt, macht vielleicht einen Abstecher hinauf aufs Guggershörnli (einen bekannten Aussichtspunkt auf einem schroffen Nagelfluhfelsen).

Nach weiteren 2 km Fahrt auf der Sonnenterrasse Guggisbergs

erreichen wir *Riffenmatt*. An der Kreuzung halten wir uns zunächst rechts und zweigen dann schon beim grossen Gasthof links ab. Eine zunächst sehr steile und dann immer flacher auslaufende Abfahrt bringt uns hinunter nach *Gambach*, *Rüschegg* und weiter zu den Häusern von *Rüschegg-Graben*. Dem linken Ufer des Schwarzwassers entlang gelangen wir wenig später bei *Wislisau* auf die Verbindungsstrasse Schwarzenburg–Riggisberg–Thun. Wir folgen dieser nach rechts bis zur Siedlung *Rohrbach*, biegen kurz darauf links ab und erklimmen über einige steile Serpentinen die sonnige Anhöhe von *Rüeggisberg*. Einige Mauerreste sind Zeugen des einst mächtigen Klosters. Wir passieren den verträumten Ort in nordöstlicher Richtung und biegen an der nächsten Kreuzung erneut links ab. Ein leichter Anstieg bringt uns bei *Teufenbrünnen* zum letzten Kulminationspunkt unserer Tour. Vor der Einfahrt in dieses Waldstück blicken wir nochmals zurück und betrachten die einmalig schöne Aussicht auf die Berner Alpen. Im Herbst oder bei Föhnstimmung erscheinen sie uns zum Greifen nahe.

Abwärts, auf weiterhin aussichtsreicher Strasse sowie entlang der Krete einer langgezogenen Egg erreichen wir *Vorder-* und wenig später *Hinterfultigen*: eine abgeschiedene Gegend, wo sich wirklich Fuchs und Hase gute Nacht sagen. Links und rechts trennen uns die tiefen Gräben des Schwarzwassers und des Büt-

schelbachs von den benachbarten Anhöhen. Eine in weiten Schleifen angelegte Abfahrt bringt uns schliesslich hinunter in die Schwarzwasser-Schlucht zur Schwandbach- und weiter hinab zur *Rossgrabenbrücke*. Für den Aufstieg durch den Spilmannswald hinauf nach *Elisried* legen wir nochmals den «Berggang» ein und beissen ein letztes Mal auf die Zähne. Auf topfebenem Radweg, vorbei an den stählernen Masten des Kurzwellensenders, erreichen wir bei *Schönentannen* wieder die Hauptstrasse und wenig später unseren Ausgangsort.

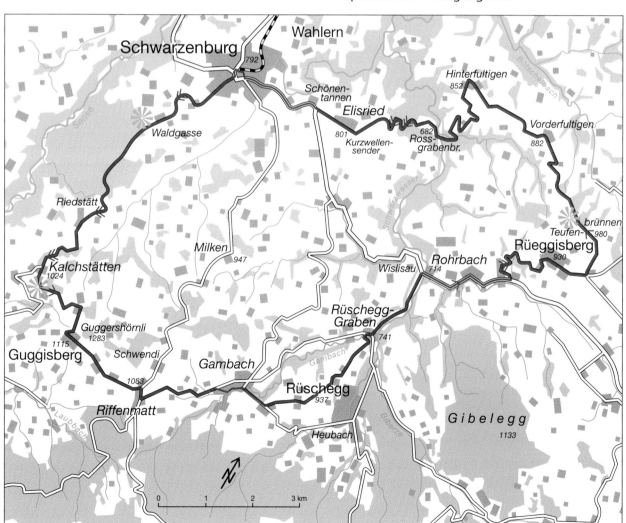

Auf Jeremias Gotthelfs Spuren

Hinreise:

*Mit dem **Auto** nach Worb östlich von Bern, Autobahnausfahrt Muri. Über Gümligen–Rüfenacht ist Worb in ca. 10 Min. erreichbar. Mit der **Bahn** bis Bern und mit dem Regionalzug der RBS nach Worb.*

Routenstrecke: ca. 60 km
Velokarten: 1 : 60 000, Blatt 9: Biel–Solothurn/Oberaargau und Blatt 10: Bern–Thun–Fribourg/ Emmental

Das hügelige Emmental mit seinen idyllischen Dörfern, Weilern, Einzelgehöften und bodenständigen Gasthäusern ist wie gedie malerischen Stöckli und Speicher, fügen sich harmonisch in diese Hügellandschaft ein. Hier wirken menschliche Siedlungen

AUFTAKT
Im Vorland des eigentlichen Emmentals, gegen das Aaretal, erstrecken sich angenehme weite Hügelzüge, die sich so recht zum Einfahren für das mit grösseren Höhendifferenzen aufwartende Emmental eignen.

nen Zivilisation noch fast unberührten Täler und Höhen eine Vielzahl faszinierender Veloerlebnisse. Das ständige Auf und

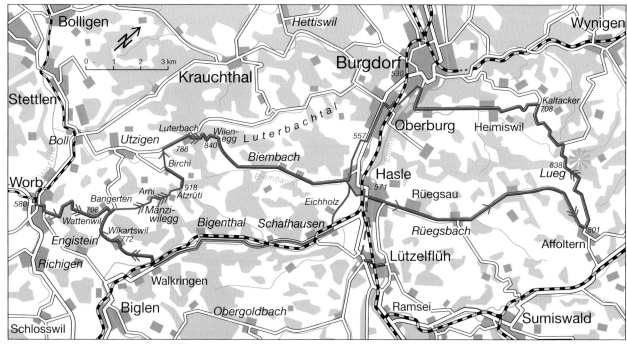

schaffen für den sportlichen Velofahrer. Die über Jahrtausende von der Wassererosion geprägten Hügelzüge und «Eggen» sind durch enge Täler und tiefe Gräben, sogenannte «Chrächen», voneinander getrennt. Die stattlichen, blumengeschmückten Bauernhöfe mit ihren weit heruntergezogenen Walmdächern, nicht als Fremdkörper, sondern als Bestandteil der Natur. Grössere Ortschaften zeigen allerdings, dass das Emmental längst nicht mehr nur von der Landwirtschaft lebt. Industriebauten und Wohnblocks aus Beton und Stahl relativieren das Bild einer schönen «heilen Welt». Trotzdem bieten die von der moderAb bedingt allerdings eine solide Kondition. Touren im Emmental empfehlen sich insbesondere im Frühling, wenn die Obstbäume in voller Blüte stehen, oder aber im Herbst, wenn sich die Mischwälder in ihrer buntesten Pracht zeigen.

Dieser Radausflug ist eine regelrechte Hügeltour. Nur über

seine aussichtsreichen Höhenzüge lässt sich das Emmental in
seiner ganzen Eindrücklichkeit
erleben. Wir starten im Zentrum
von *Worb*. Auf der Ausfallstrasse
Richtung Burgdorf/Enggistein
biegen wir links ab (Wegweiser
«Mänziwilegg–Wattenwil») und
kurbeln im Berggang, vorbei am
Weiler *Hubel*, hinauf zum Wald
des Worbberges. Nach den Häusern von *Hasli* beansprucht der
Anstieg weiterhin unsere Bein-
muskeln, bis wir über *Wattenwil,
Bangerten* und *Arni* die aussichtsreiche Anhöhe von *Ätzrüti*
erreichen. Auf der Fahrt hinunter nach Schönbrunnen, Ängi
und *Birchi* können wir uns wieder erholen. Von Birchi führt uns
ein schmales, auf der Velokarte
nicht als Radweg markiertes
Strässchen hinauf nach *Bächi* und
Luterbach. Spätestens hier sind
Landschaft und Architektur der
schmucken Bauernhäuser typisch emmentalisch. Das in nördlicher Richtung abwärts führende Luterbachtal verlassen wir
noch vor dem stärkeren Gefälle
an der nächsten Abzweigung
nach rechts und gelangen nach
einem erneuten Anstieg und
der Überquerung der *Wilenegg*
hinüber ins liebliche Biem-
bachtal. In flottem Tempo steu-
ern wir abwärts der Ortschaft
Hasle bei Burgdorf zu, welche
wir in nordöstlicher Richtung
durchqueren.

Das langgezogene, von Hügeln
und Wäldern flankierte Tal
bringt uns über *Rüegsauscha-
chen, Rüegsau, Rüegsbach* und
Rinderbach hinauf nach *Affoltern*. Wer Lust hat, stattet dort
der Emmentaler Schaukäserei
einen Besuch ab. Da wir in diesem Fall am Wegweiser «*Lueg*»
bereits vorbeigefahren sind, radeln wir ein kurzes Stück zurück
und erreichen mit einem sanften
Anstieg den bekannten Aussichtspunkt. Das Lueg-Denkmal,

welches an die während des
Ersten Weltkrieges an einer
berüchtigten Grippe verstorbe-
nen Wehrmänner erinnert, steht
etwas oberhalb der Strasse und
ist nur zu Fuss erreichbar.

Von nun an können wir es für
eine ganze Weile sausen lassen.
Vorbei am Lueg-Gasthaus geht's
in westlicher Richtung bis zur
Kreuzung bei *Kaltacker*. Dort
biegen wir links ab und «landen»
über *Heimiswil* unten im Talboden kurz vor *Burgdorf*. Auf
einem Nebensträsschen gelangen wir nach *Oberburg*. In Richtung Hasle sind wir für rund 2 km
gezwungen, die verkehrsreiche
Hauptstrasse zu benutzen. Bei
Tschamerli *(Pt. 557)* können wir
diese rechterseits wieder verlassen. In *Hasle* halten wir uns weiterhin rechts. Über *Ober-Eich-
holz* und *Uetigen* gelangen wir
bei *Schafhausen* zum Nordein-
gang des Bigentals. Dort befin-

den wir uns in unmittelbarer
Nähe von *Lützelflüh,* dem Wir-
kungsort von Pfarrer Albert Bitzius, der von 1831 bis 1854 unter
dem Pseudonym Jeremias Gotthelf seine gesellschaftskritischen
Erzählungen über das bäuerliche
Leben im Emmental verfasst hat.
Wer den kleinen Umweg auf sich
nehmen will, besucht in Lützelflüh dessen Grabstätte und das
ihm gewidmete Museum.

Von Schafhausen streben wir
dem Biglenbach entlang zügig
Walkringen zu. Statt über Metz-
gerhüsi und Enggistein bequem
nach Worb hinüberzufahren,
verlassen wir im Dorfzentrum
von Walkringen die Haupt-
strasse, um rechter Hand dem
steilen Hang entlang nach *Wi-
kartswil* und *Bangerten* aufzu-
steigen. Dort erwartet uns erneut ein überwältigender Ausblick bis zu den Schneeriesen der
Berner Alpen. Dieser Abstecher
lohnt sich! So quasi als Dessert
geniessen wir die Abfahrt hinunter nach *Worb*, und zwar auf der
Strecke, die uns zu Beginn der
Tour so sehr ins Schwitzen gebracht hat.

Erst bei der Mänziwilegg – und schon wird die Velokette Nadja zum Verhängnis ...

Gemütlich Biken dem jungen Rhein entlang

Hinreise:
Mit **Bahn** *(SBB, RhB) oder mit dem* **Auto** *bis Thusis (Parkplätze in Bahnhofnähe.*

Rückfahrt:
Ab allen Bahnhöfen an der Strecke mit **Bahn** *nach Chur oder Thusis.*

Strecke *bis Sargans: ca. 54 km*
Velokarte *1 : 60 000: Graubünden–St. Galler Oberland*

Auf einer über 120 km langen Strecke folgt ein Radweg dem Rhein von Thusis über die Bündner Kantonshauptstadt Chur bis nach St. Margrethen an den Bodensee. Eine leichte und eine sportlich-steilere Variante im Bereich des Fläscherbergs bieten für alle Biker, von Gemütlich bis Ambitioniert, Velospass.

Das Teilstück Thusis–Sargans ist als Tagesausflug für Velofahrer gedacht; einzelne Passagen sind ideal für jene, die es beschaulich mögen, sowie für Familien mit Kindern.

Im *Domleschg* mit seinen grossen Obsthainen verläuft die mit roten Wegweisern markierte Route zunächst zwischen der Bahnlinie der Rhätischen Bahn und dem linken Rheinufer. Bei *Realta* überquert man den Rhein in Richtung *Paspels* und folgt dann dem rechten Ufer. Es geht ebenaus durch lichte Wäldchen und über Wiesenwege, vorbei an der stolzen Anlage von Schloss Ortenstein.

Das Domleschg ist die burgenreichste Region Graubündens. Rund ein Dutzend Burgen und Schlösser in mehr oder weniger gut erhaltenem Zustand stehen zwischen Thusis und Rothenbrunnen. Einige sind noch immer bewohnt oder wieder bewohnt,

wie Schloss Ortenstein, das einen Gutsbetrieb beherbergt, und Ehrenfels oberhalb von Sils, in welchem eine Jugendherberge untergebracht ist. Einige sind renoviert worden oder werden derzeit renoviert, wie Hoch Rialt (Hohenrätien) hoch über dem Ausgang der Viamalaschlucht bei Thusis. Diese Burg hat der Dichter und Schriftsteller Conrad Ferdinand Meyer zum Schauplatz seiner spannenden Novelle «Die Richterin» gemacht. Bei anderen Burgen trotzen nur noch Mauerreste den Unbilden der

schlucht, der Ruinaulta am Vorderrhein zwischen Ilanz und Bonaduz. Der Autofahrer bekommt diesen idyllischen Abschnitt des Flusses nie zu Gesicht, da die N 13 in Tunnels verschwindet. Eine rauhe Abfahrt bringt uns in die Ebene von *Domat/Ems*, vorbei an den Anlagen des grössten Bündner Industrieunternehmens «Emser Werke». Vor uns liegt *Chur*, der Kantonshauptort.

Unser Weg umfährt die Stadt über den Waffenplatz Rossboden und die Aussenquartiere. Im Bereich der Hochhäuser des

Wem es gegen Ende der Flachlandfahrt am Rhein noch unternehmungslustig in den Muskeln juckt: Ein Abstecher hinauf nach Guscha schafft Abhilfe!

Natur, wie etwa der Turmrest von Hoch Juvalta oberhalb von Rothenbrunnen.

Eine kurze Steigung von 20% im schattigen Wald bringt uns hoch über den Rhein und nahe an ihn heran. Es ist eine malerische Strecke, die Ähnlichkeit hat mit der berühmteren Rhein-

Rheinquartiers und des Campingplatzes «Obere Au» lohnt es sich, genau den Wegweisern zu folgen, besonders wenn man sich nicht auskennt. Sonst findet man sich plötzlich an der vielbefahrenen Ringstrasse oder hat das Stadtzentrum vor sich. Auf dem Rossboden schwitzen im Som-

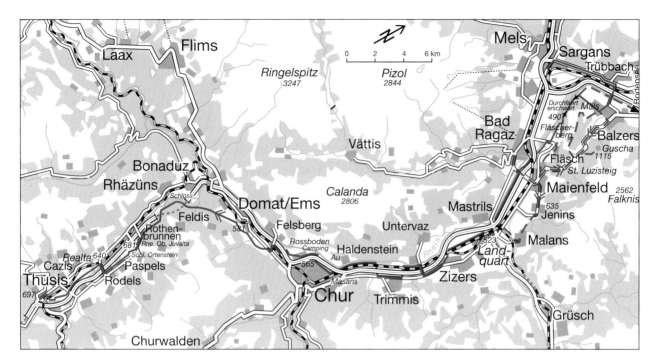

mer und frieren im Winter die Rekruten der Churer Infanterieschulen.

Ab dem Bahnhof *Haldenstein* – dort lädt die Sonnenterrasse des Restaurants «Bahnhof» zum Verweilen – sollte es keine Orientierungsprobleme mehr geben. Der vielbenützte Radweg folgt im wesentlichen der Autobahn, über- und unterquert sie mehrmals. Vor *Zizers* machen Autobahn und Rhein eine weitere Linksschleife, während der Radweg geradeaus über weite Felder führt. Hier befinden sich grosse Obst- und Gemüsekulturen, wo man im Sommer zu niedrigen Preisen Erdbeeren und Bohnen selbst lesen kann.

Nach dem Bahnhof *Landquart* muss die N 13 wieder unterquert werden. Ab der Tardisbrücke, einer alten Eisenkonstruktion, verläuft die Strecke eben und sehr schön direkt neben dem Rhein. Bei der Brücke, die *Maienfeld* mit Bad Ragaz verbindet, bietet sich die Möglichkeit, beide Orte zu besuchen. Auch die vier Orte der Bündner Herrschaft, Malans, Jenins, Maienfeld und

Fläsch, können alle auf vielen Feldwegen und Nebenstrassen gut mit dem Velo besucht werden. Sie liegen malerisch inmitten von Weinbergen. Gemütliche Gasthäuser gibt es genügend. Maienfeld ist auch der Ausgangspunkt für eine *Variante über die Luzisteig.*

Die Luzisteig, ein alter historischer Passübergang zwischen dem Bündner und dem St. Galler Rheintal, verlangt einen «Aufstieg» von knapp 200 m Höhenunterschied. Dafür kann man danach ebenso weit ins liechtensteinische *Balzers* abfahren.

Sportlichen Mountain-Bikern bietet sich ab der Luzisteig-Passhöhe eine *weitere Variante* an: der *Fläscherberg* oder Regitzer Spitz. Bis beinahe auf den Gipfel des 1135 m hohen Berges (Höhendifferenz ab Luzisteig: 400 m) führt eine gut befahrbare Schotterstrasse. Man zweigt unmittelbar vor den Pferdestallungen der Kaserne auf eine geteerte Strasse links ab und folgt dieser Strasse in mehreren Haarnadelkurven bis zum höchsten Punkt. Die Strasse ist teil-

weise steil und kiesbedeckt, bietet sportlichen Bikern aber keine Schwierigkeiten und verläuft in schöner Landschaft. Achtung: Bei Schiessbetrieb auf dem Waffenplatz St. Luzisteig ist diese Strasse gesperrt!

Wasser ist fast wie ein lebendiges Wesen – es wechselt häufig das Gesicht.

Die markierte Originalstrecke folgt – an der Autobahnraststätte «Heidiland» vorbei – weiter dem rechten Rheinufer bis nach Balzers, wo sie auf die Luzisteig-Variante trifft. Bei Balzers kann man den Rhein überqueren und den Ort *Sargans* erreichen oder weiter auf dem Rheindamm bis an den *Bodensee* pedalen.

Ins Reich des Mountain Bikes: Geführte Seentour ab Andermatt

Hinreise:
*Mit **Bahn** nach Andermatt, dann organisierte Tour durch Bergsteigerschule Uri (Team A).*

Die Tremulastrasse, die sich wie eine Pflanze am Hang windet, galt seinerzeit als Wunder des Strassenbaus. Auf der Bikeroute am Abgrund sieht man sie in ganzer Grösse. Für die Reisenden aus dem Norden war früher die Tremula die Schwelle zum Süden.

Strecke: ca. 27 km
Karte: Wanderkarte 1 : 60 000 Uri, Spezialkarte Team A

Andermatt im Herzen der Alpen ist das Mountain-Bike-Eldorado schlechthin. Armee- und Alperschliessungsstrassen sowie ein riesiges Netz an kaum begangenen Wanderwegen sind das Kapital dieser einmaligen Mountain-Bike-Welt. Dabei können Touren aller technischen und konditionellen Schwierigkeitsstufen ausgewählt werden.

Das Postauto bringt uns jeweils an den Ausgangsort der unzähligen, vom Team A organisierten

Routen, und die Bikes werden vom speziellen Mountain-Bike-Bus des Veranstalters transportiert. Somit wird ein Minimum an Aufwand und Verkehr für unser MTB-Abenteuer betrieben.

Die Seentour ist ein Superlativ unter den MTB-Routen: Sie erfüllt jegliche Anforderungen an Erlebnis und Landschaft. Eine kurze Postautofahrt auf den 2091 m ü. M. gelegenen *Gotthardpass,* die Bikes vom Team A geliefert, und schon kann unser MTB-Abenteuer beginnen. Der Pass selber lädt uns für kurze Zeit ein, unsere fahrerischen Fähigkeiten zu verbessern oder anzu-

wenden. Langgezogene, vom fliessenden Wasser über lange Zeit geschliffene Granitplatten, die natürliche kleine Hindernisse bilden, prägen unseren Parcours. Slick Rock aus Granit steht auf dem Gotthardpass an, so dass der begeisterte Biker ein wenig Anklänge ans Sandsteineldorado von Moab (USA) findet! Bevor wir unsere Tour zu den Stauseen antreten, zieht uns ein Gebäude direkt am Horizont in seinen Bann. Kurze Zeit später stehen wir bei der Festung aus den beiden Weltkriegen, und der Blick weit abwärts durch die Leventina kann aus dem Flugzeug nicht eindrücklicher sein.

Wir stehen an der Wetterscheide der Alpen, und diesen Vorteil können wir je nach Wettersituation voll ausnützen. Darf es ein bisschen mehr Sonnenschein sein, dann bitte, lasst uns in den Süden ziehen. Von der Gotthardfestung aus, wo wir uns noch kurz gestärkt haben, geht es zurück zum Hospiz und dann Richtung *Sella-Stausee.* Nach einer halben Stunde Fahrt kommen uns die kleinen MTB-

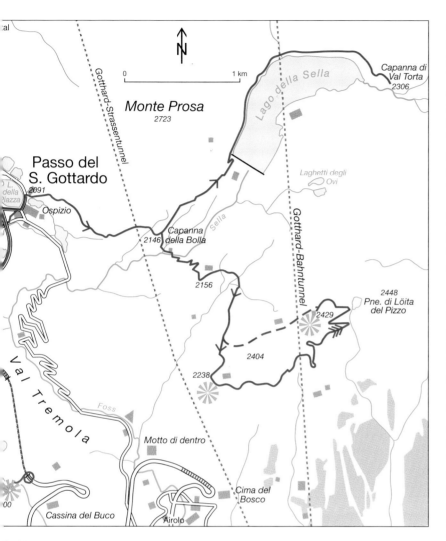

Gänge zustatten, denn ein kleiner steiler Aufstieg zwingt uns zum Herunterschalten. Wir sind rund 1100 Höhenmeter über Airolo: grandios und frustrierend zugleich. Grandios, diesen Punkt mit dem unglaublichen Tiefblick erreicht zu haben, frustrierend, den Bergdohlen zuschauen zu müssen, die in völliger Perfektion ihre luftigen Kunststücke zum besten geben. Da kommt der Wunsch zum Fliegen wieder auf, ein Wunsch, den sich die Gleitschirmflieger erfüllen können.

Aber noch wartet gerade das anstrengendste Teilstück auf uns: der Aufstieg zum *Gipfelpunkt 2429 m* westlich des Posmeda. Nur die letzten Meter müssen geschoben werden, und unsere Leistungskraft steht auf des Messers Schneide – an der Wetter- und Wasserscheide der Alpen! Bis weit nach Italien reicht unser Blick, und die Dreitausender des Furkagebietes bilden die Kulisse. In den Pedalen stehend, geniessen wir, indem wir das Spiel mit der Balance und der Abfahrtstechnik ausreizen, die faszinierende Abfahrt und den anschliessenden kleinen Aufstieg zum *Sellasee*, von wo wir eventuell je nach Können und Lust diverse weitere Touren und vor allem Abfahrten unternehmen, um den Tag abzuschliessen.

Die Tour lässt sich normalerweise von Ende Juni bis Mitte Oktober ausführen.

Als Ausrüstung ist eine normale MTB-Ausstattung nötig, die auch beim Team A gemietet werden kann. Dieses stellt ebenfalls eine spezielle MTB-Karte zur Verfügung.

Weitere Informationen und Anmeldung beim Veranstalter: Team A / Bergsteigerschule Uri, Postfach 24, 6490 Andermatt; Tel. 044/2 09 19, Fax 044/2 55 53.

FAHRGE-FÜHL

Von Insidern wird das Fahrgefühl auf den von Gletschern glattpolierten Rundhöckern aus Gotthardgranit in hohen Tönen gelobt!

Rundfahrt am Ceresio

Hinreise:

*Nach Lugano mit dem **Auto**. Im Falle eines Tagesausfluges empfiehlt sich die Hin- und Rückreise aber per **Bahn**.*

Da wir zu einem guten Teil italienisches Gebiet befahren, ist unbedingt die Identitätskarte mitzuführen.

Routenstrecke: ca. 80 km
Velokarte: 1 : 60 000, Blatt 16: Locarno–Bellinzona–Lugano–Varese

Dass es uns die guten Verkehrsverbindungen heute problemlos erlauben, der Südschweiz auch nur kurz über ein Wochenende

einen Besuch abzustatten, ist nicht neu. Weniger bekannt dürfte aber die Tatsache sein, dass sich so eine Stippvisite in unsere Sonnenstube – sogar verbunden mit einer längeren Velotour – in einem einzigen Tag realisieren lässt. Wer das offizielle Kursbuch der SBB konsultiert, stellt fest, dass sich Lugano beispielsweise von Basel, Zürich oder Bern am späteren Vormittag erreichen lässt. Die Räder mieten wir in Lugano am Bahnhof (unbedingt rechtzeitig vorbestellen!). Wer nur auf eigenes Material vertraut, nimmt den Drahtesel selber mit. Da ein solcher Ausflugstag doch recht lang wird, empfiehlt sich auf jeden Fall die Reise per Bahn. Zudem

sollten wir aus Gründen der Verkehrsdichte Radtouren im Tessin nicht während der warmen Jahres- und Hauptreisezeit, sondern im Frühling oder Herbst unternehmen. Im frühen Frühling, wenn es an den Gestaden des Luganersees bereits grünt und blüht, oder im Herbst, wenn sich die Wälder bunt verfärben und die Kastanien reifen, wird die nachstehend beschriebene Rundfahrt zu einem ganz besonderen Erlebnis.

Der Ceresio oder Lago di Lugano lässt sich nicht überall direkt dem Ufer entlang umrunden. Auf der Lugano gegenüberliegenden Seeseite, an den schroffen Hängen des Monte Caprino und des Monte Pinzer-

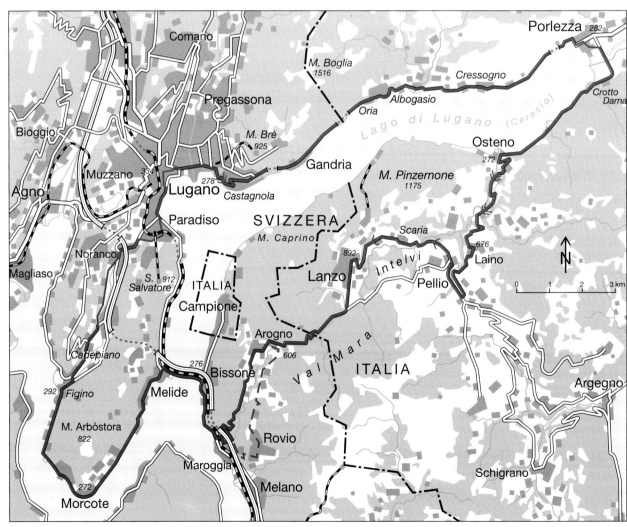

none, existiert keine Strasse. Dies zwingt uns zu einem Abstecher ins italienische Intelvi, ein etwas abgelegenes, aber sehr reizvolles Gebiet, in welches man bei einem «normalen» Tessin-Ausflug nicht unbedingt hinkommt.

Wir starten beim Hauptbahnhof *Lugano*. Die Fahrt mit dem Velo quer durch die Stadt kann bei starkem Verkehr recht lästig sein. Am besten fahren wir auf möglichst direktem Weg Richtung See und dann östlich der breiten Uferstrasse entlang nach *Castagnola*. Am steilen Ausläufer des Monte Brè winden wir uns über eine weit ausholende S-Kurve hoch und erreichen schon bald das malerische Fischerdorf *Gandria*. Kurz vor *Oria* geben uns die Zöllner den Weg frei nach Italien. Bei *Porlezza* gelangen wir zum östlichen Ende des Cereşio. Wir halten uns nach rechts, durchqueren die Flussebene des Cuccio und erreichen bei *Crotto Darna* erneut das Seeufer. In *Osteno* verlassen wir für eine Weile die lieblichen Gestade des Sees. In engen Kurven gewinnen wir am westlich exponierten Talhang mehr und mehr an Höhe. Dieser Aufstieg bildet das anstrengendste Teilstück unserer Tour. Es ist keine Schande, ab und zu eine Atempause einzuschalten und die herrliche Gegend zu geniessen. Die typischen oberitalienischen Dörfer mit ihren markanten Kirchen fügen sich harmonisch ins Landschaftsbild ein. Ein Teil der Strasse ist mit roten Steinen gepflastert. In *Laino* haben wir das Schlimmste überstanden. Nur noch leicht aufwärts geht's in vielen Windungen hinüber auf die gegenüberliegende Talseite ins Dorf *Pellio* und weiter nach *Lanzo*. Hier haben wir den höchsten Punkt erreicht.

Hinunter durchs Val Mara erwartet uns eine lange und aus-

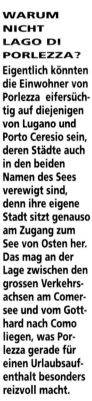

Hinunter zum Luganersee: über Arogno oder Rovio.

sichtsreiche Abfahrt. Kurz vor dem Zollposten sind 25 Gefällprozente signalisiert. Wer Lust

WARUM NICHT LAGO DI PORLEZZA?

Eigentlich könnten die Einwohner von Porlezza eifersüchtig auf diejenigen von Lugano und Porto Ceresio sein, deren Städte auch in den beiden Namen des Sees verewigt sind, denn ihre eigene Stadt sitzt genauso am Zugang zum See von Osten her. Das mag an der Lage zwischen den grossen Verkehrsachsen am Comersee und vom Gotthard nach Como liegen, was Porlezza gerade für einen Urlaubsaufenthalt besonders reizvoll macht.

hat, kehrt einmal um und fährt ein Stück weit die äusserst steilen Serpentinen hinauf. Von der Sonnenterrasse von *Arogno* mit seiner markanten Barockkirche lassen wir uns am rechten Talhang nach *Maroggia* hinuntergleiten. Dem See entlang nach *Bissone* und über den Damm von *Melide* fahren wir schliess-

lich nach *Morcote*. Dieses Dorf mit seinem unverwechselbaren romantischen Ortsbild und den herrschaftlichen Häusern muss kaum mehr näher vorgestellt werden.

Nachdem wir uns dort vielleicht eine Weile genussvoll in einem Ristorante an der Strasse oder am See erholt haben, setzen wir unseren Weg fort und erreichen über *Figino*, *Cadepiano* und *Noranco* den mondänen Luganeser Vorort *Paradiso* am Fusse des Monte S. Salvatore. Unter normalen Umständen sollte es uns

gelingen, bis gegen 16.30 Uhr am Bahnhof von *Lugano* einzutreffen. Damit wäre auch gewährleistet, dass wir noch zu einer einigermassen vernünftigen Zeit zu Hause ankommen. Auf der langen Rückfahrt durch den Gotthard lassen wir in Gedanken die kontrastreichen Eindrücke dieser Rundfahrt Revue passieren.

Warm ums Herz in Eis und Schnee

Gletschertrekking im «Tal der Bären»

Hinreise:
Mit dem **Zug** nach Göschenen und weiter per **Postauto** auf den Furkapass

Heimfahrt:
Mit dem **Postauto** ab Göscheneralp nach Göschenen und dann per **Bahn**

Die vorgeschlagene Gletschertraversierung ist von ganz besonderer Art – ein Erlebnis für jeden Naturliebhaber. Sie fin-

det in der Region Urserental–Furka–Albert-Heim-Hütte–Lochberg–Göscheneralp statt.

Auf dem *Furkapass* angekommen, die Bergschuhe geschnürt, haben wir den ersten Überblick über unsere Trekkingroute. Bereits jetzt reicht unser Rundblick auf die eindrücklichen Walliser und Berner Oberländer Viertausender. Gegen Norden erkennen wir klar unser erstes Tagesziel, das Chli Bielenhorn. Leicht steigt unser Weg direkt auf dem Pass Richtung Sidelengletscher an. Schon früh wird der Lärm der Autos auf der Furkapassstrasse leiser, und man hört nur noch das regelmässige Atmen der Wanderer und das leise Säuseln des Windes. Nach 1½ Std. Wandern auf markierten Wegen stehen wir am Fusse des *Sidelengletschers,* und im Hintergrund bäumt sich

AUF HALBEM WEG
Nach dem Abstieg vom Chli Bielenhorn und nach der Gletscherbegehung nähert man sich der Albert-Heim-Hütte und schaut nochmals voller Eindrücke auf ein prächtiges Stück des bereits zurückgelegten Weges zurück. Über der ganzen Szenerie thront der Galenstock, der namengerecht typisch «stockartig» aussieht.

die Südwand des Galenstocks (3585 m ü. M.) auf, des eindrücklichsten Gipfels weit und breit.

Ab jetzt heisst es, eine gute Nase für den richtigen Weg zu haben. Dass wir für den Gletscher die richtige Ausrüstung dabei haben und auch benützen, versteht sich von selbst. Über Geröll und Gestein, umgeben von imposanten Felswänden, führt der Weg zur *Unteren Bielenlücke* und dann direkt aufs *Chli Bielenhorn* (2940 m ü. M.). Die kurze Kletterstelle am Ende kostet noch ein bisschen Überwindung, aber angesichts des Rundblicks über die Walliser, Berner, Zentralschweizer und Bündner Alpen ist jegliche Anstrengung vergessen.

Der Abstieg zur Albert-Heim-Hütte führt in weiten Teilen über den Tiefengletscher, vorbei an eindrücklichen und schauerlichen Spalten und Gletschermühlen. Hier wird vorsichtiges Gehen und je nach Verhältnissen eine alpine Ausrüstung verlangt.

Unter kundiger Führung auf Eis und Schnee geht's wie am Schnürchen: gesichert mit Seil.

Von weitem sieht man das Ziel der ersten Tagesetappe: die *Albert-Heim-Hütte* (2541 m), die trutzig auf einem Felssporn zu Füssen des mächtigen Galenstocks thront. Vor dem währschaften und köstlichen Abendessen in der gemütlichen Stube bleibt genügend Zeit, den Tag in Musse noch einmal zu erleben, denn weit hinten erkennt man den Ausgangspunkt am Furkapass und anschliessend das ganze abgewanderte Wegstück wie auch den imposanten Gipfel, den wir heute bestiegen haben.

Am nächsten Tag ist früh Tagwacht, und wir nehmen nach einem ausgiebigen Frühstück den Aufstieg zur *Lochberglücke* unter die Füsse. Wer Lust und genügend Kondition hat, kann noch den 3074 m hohen Lochberggipfel besteigen. Der Weg über die Lochberglücke ist gut markiert; dennoch braucht es ein wenig Erfahrung, denn schnell kann es passieren, dass der Nebel wie ein Wasserfall über den Grat drückt und die Orientierung immer schwerer fällt.

Während der Mittagsrast haben wir viel Zeit, die herrliche Landschaft zu geniessen. Der Abstieg zur *Staumauer* des Göscheneralpsees führt im ersten Teil über unwegsames Glände und durch die verschiedenen Stufen alpiner Vegetation. Ein letzter Blick zurück zum Lochberg, ein paar Gedanken an ein einzigartiges Trekking inmitten der Schweiz, und schon ist es Zeit, mit dem Postauto die Fahrt zurück ins Tal nach Göschenen anzutreten. Leider haben im «Tal der Bären» (= Urserental) die Bären gefehlt, aber die Spuren haben wir gesehen, oder etwa nicht?

Voraussetzung: Kondition für Tagesetappen von 5–6 Std. Bei geführten Touren keine alpinen Vorkenntnisse. Durchführung prinzipiell möglich von Juni bis Oktober je nach Witterung.

Ausrüstung: gutes Schuhwerk, je nach Verhältnissen alpine Ausrüstung. Empfohlen: Wanderkarte Uri 1 : 60 000 (Kümmerly + Frey).

Informations und Anmeldung: Bergsteigerschule Uri, Postfach 24, 6490 Andermatt, Tel. 044/2 09 19, Fax 044/2 55 53.

Zu Ehren des grossen Alpengeologen Albert Heim (1849–1937), der mit seiner Deckentheorie entscheidendes Licht in Aufbau und Entstehung der Alpen gebracht hat, wurde diese Hütte benannt.

Einmalige Gletscherwanderung auf dem Aletschgletscher

Hinfahrt und Route:
Mit der **Bahn** oder dem **Auto** bis nach Interlaken Ost. Weiter mit der Bahn über Lauterbrunnen–Kleine Scheidegg auf das Jungfraujoch.
Wandern: Jungfraujoch–Konkordiahütte (Übernachtung)–Märjelensee–Kühboden.

Rückfahrt:
Mit der Luftseilbahn vom Kühboden nach Fiesch und mit dem Zug über Brig–Lötschberg–Spiez zurück nach Interlaken Ost.

Die äusserst eindrückliche und besonders bei schönem Wetter unvergessliche Gletscherwanderung in der Jungfrauregion erfordert von den Teilnehmern keine aussergewöhnlichen Anstrengungen oder Fähigkeiten. Dennoch: Um den Ausflug voll zu geniessen, sind eine gewisse Marschtüchtigkeit und gutes Schuhwerk zweifelsohne von Vorteil. Nach der Fahrt von Interlaken Ost auf das Jungfraujoch (3454 m) und einem Aufenthalt von rund 1 Std. erfolgt um 13.15 Uhr die Besammlung beim Stollenausgang zum Jungfraufirn, wo anschliessend die Seilschaften formiert werden.

Die Wanderung beginnt über den *Jungfraufirn* hinaus auf den Gletscher, wo an warmen Tagen eine Nassschneeschicht über dem Eis liegt. Nach 4 Std. Wanderung erreichen wir den *Konkordiaplatz,* an dessen Rand die Konkordiahütten, unser Nachtlager, liegen. Die alten, mühsam

zu ersteigenden Zugangsleitern hinauf zu den Hütten über dem Gletscher wurden 1975 durch moderne Leichtmetalltreppen ersetzt; nur die unterste Holzleiter blieb wegen der Gletscherbewegungen bestehen.

Der Gletscher und die Hochalpen rings um unser Nachtlager ergeben ein überwältigend schönes Bild.

Nach dem Nachtessen schreibt das Hüttengesetz um 21.30 Uhr allgemeine Nachtruhe vor. Doch den Schlaf finden nur die wenigsten, denn auf 2850 m ist die Luft so dünn, dass selbst gewohnte Bergführer mit dem Einschlafen Mühe haben.

Nach einem zeitigen Frühstück geht die Wanderung am nächsten Morgen inmitten der eigentümlich bizarren Eiswelt des Gletschers weiter. Beim *Märjelensee* (2300 m) verlassen wir den Aletschgletscher und wandern über Alpweiden zum Berggasthaus am gestauten Vordersee

entlang und den vom imposanten Eggishorn abfallenden Hängen nach *Kühboden.* Je nach Lust und Laune kann von hier aus noch ein Ausflug mit der Luftseilbahn auf den Gipfel des Eggishorns unternommen oder ganz einfach die weite Bergwelt und ein Mittagessen aus dem Rucksack oder im Gasthaus genossen werden. Anschliessend geht's mit der Bahn zurück zum Ausgangspunkt nach *Interlaken Ost.*

Dauer: 2 Tage. Am ersten Tag wird rund 4 Std., am zweiten rund 6 Std. gewandert. Die Wanderung wird von Anfang Juli bis Mitte Oktober dreimal wöchentlich durchgeführt. Frühzeitige Anmeldung beim Bahnhof Interlaken Ost (Tel. 036/22 27 92) oder beim Bergsteigerzentrum Grindelwald (Tel. 036/53 52 00) erforderlich. Bei diesen Stellen ist auch ein ausführliches Programm mit Routenbeschrieb erhältlich.

GEWUSST
WO

Die Fliessbewegung des Eises lässt mehrere Typen von Eisspalten entstehen, die sich in verschiedenen Regionen des Gletschers bilden. Die Spalten bewegen sich mit dem Eis vorwärts und verändern sich, während an ihrem Ursprungsort wieder neue Spalten entstehen. Die Bergführer, die uns sicher durch die begehbaren Zonen des Gletschers geleiten, kennen die Spaltenentwicklung und ebenfalls die jahreszeitlichen Einflüsse auf den zu begehenden Weg.

Das Pauschalarrangement umfasst: Tourenführung durch patentierte Bergführung, Luftseilbahn und Bahnfahrt 2. Klasse ab Interlaken Ost und wieder zurück, Nachtessen, Übernachtung im Matratzenlager und Frühstück in den Konkordiahütten. Für Sicherheit und Bergerfahrung sind die begleitenden Bergführer verantwortlich.

Siberian Husky «Farouk» beim Faulenzen.

«Nordisch» einmal anders: Schlittenhunderennen bei Lenk

Hinreise:

*Mit **Bahn** oder **Auto** nach Lenk im Simmental.*

Ein Bild wie im hohen Norden: eine stiebende Schneewolke, in der ein Spezialschlitten mit Fahrer von temperamentvollen Schlittenhunden mit beachtlichem Tempo vorwärtsgezogen wird. Möchten Sie diese einma-

Bis 20 Schlittenhunde dürfen vorgespannt werden. Aber in der Beschränkung gilt: Kein Gespann zu klein, um dabei zu sein, d. h. vier Hunde im Minimum. Im Bild dabei: Alaskan Huskies.

lige Stimmung miterleben? In der Schweiz ist dies an verschiedenen Orten möglich.

Was in Übersee im grossen Stil durchgeführt wird (Iditarod, Yukon Quest usw.), findet hier ein Echo in bescheidenerem Rahmen. Als Beispiel schlagen wir Ihnen die Veranstaltung in Lenk vor. Die zunehmende Popularität, die steigende Zahl an Rennanlässen und nicht zuletzt das zunehmende Interesse und Engagement der Verkehrsvereine und Sponsoren haben in den ver-

gangenen Jahren diesem Sport Auftrieb und öffentliche Akzeptanz verliehen. Es gibt in der Schweiz nun schon mehrere Rennorte, die z. T. bereits mit Tradition, d.h. seit Jahrzehnten Schlittenhunderennen mit Erfolg durchführen, und es gelangt jährlich etwa ein Dutzend Rennen zur Austragung.

Im Vordergrund der Veranstaltungen steht weder Ruhm noch Geschwindigkeitsleistung oder der gefahrene Rang. Viel wichtiger ist die Tier-Mensch-Beziehung, bei der Vorbereitung das

regelmässige Arbeiten in der freien Natur, das teilweise unter extremen klimatischen Bedingungen stattfinden muss – das alles birgt eine spezielle Faszination in sich.

Andere Rennorte: Andermatt, Arolla, Lenzerheide, Les Mosses, Saignelégier, Ste-Croix, Studen, Urnerboden, Splügen.

Bitte erkundigen Sie sich jeweils bei den Verkehrsvereinen oder den durchführenden Sportverbänden (SVS, SSK, SKS, Trailclub, Musherklub).

Schlitteln bei Bergün am Albulapass

Hinreise:
*Mit der **Bahn** (SBB und RhB) bis Bergün.*

Die Eisenbahn gewährleistet nicht nur den Kurztransport vom Ziel- zum Startpunkt der Schlittelbahn. Günstige Fernverkehrsverbindungen ermöglichen ei-

kehrswerbung. Schlittelbahnen gibt es im Ferienort des Albulatals gleich zwei: die berühmte, mit über 5 km Länge und 500 m Höhendifferenz von *Preda* nach *Bergün* und die etwas weniger bekannte von *La Diala*, im Skigebiet Darlux, nach *Bergün*.

Bergün auf der Nordseite des Albulapasses ist vor allem ein bekannter Eisenbahnort. Auf 12,5 km langer Strecke, durch Kehrtunnels, über Brücken und

gens: Wenn Sie Gefallen finden an der Idee, die Bündner Bergwelt mit dem Schlitten zu erobern oder Ihre bereits gesammelten Erfahrungen gern in einem weiteren Bündner Gebiet mit offizieller Schlittelpiste anwenden möchten, seien Ihnen auch die **Fideriser Heuberge** empfohlen.

Selbstverständlich finden Sie vielerorts auch Wege zum Schlitteln, die nicht abgesichert sind: *Hier muss man immer grösste Vorsicht walten lassen, um nicht von Fahrzeugen überrascht zu werden!*

PLAUSCH AUF KUFEN
Die Leute auf Skiern – die Alpinskifahrer schon seit geraumer Zeit und die Langläufer in den letzten Jahren – sind von den Strudeln der technischen Revolutionen und der umwerfenden, alljährlich tobenden Modeströmungen erfasst worden. Mit dem Schlitten befindet man sich diesbezüglich in «ruhigerem Wasser» und kann sich ungestört dem Amusement im Schnee hingeben.

Schussfahrt im Eiskanal St. Moritz: Nervenkitzel garantiert!

Hinreise:
*Mit **Bahn** oder **Auto.***

Garantierten Nervenkitzel verspricht eine Fahrt auf dem berühmt-berüchtigten «*Cresta-Run*», dem Eiskanal von St. Moritz. Das Gefühl von Geschwindigkeit im eisigen Bob Run des Nobelkurortes lässt sich als Passagier im von einem erfahrenen Piloten gesteuerten Schlitten erleben. Und damit das Erlebnis möglichst nachhaltig wirkt, werden gleich 5 Fahrten vorgesehen!

nen Tages-Schlittelplausch auch ab weiter entfernten Orten, zum Beispiel aus der Region St. Gallen, Bodensee oder Zürich. Mit der Tageskarte lässt es sich so lange rodeln, wie das Herz begehrt. Das Spezialangebot «Bahn plus Schlittelabenteuer Bergün» ist am Bahnschalter erhältlich. Wichtig: Erkundigen Sie sich vor dem Start nach den Schlittelverhältnissen: Tel. 081/ 73 14 14.

Das Schlitteln habe man zwar in Bergün nicht erfunden, aber ohne Schlittler wäre man hier «wie Venedig ohne Gondolieri», sagt die hiesige Fremdenver-

künstliches Trassee schlängelt sich die Rhätische Bahn in zwanzigminütiger Fahrt hinauf zum Scheitelpunkt Preda, bevor sie in den Tunnel verschwindet, der sie erst wieder im Engadin entlässt. Es ist eine der interessantesten und spektakulärsten Bahnstrecken Europas, ein Stück Eisenbahngeschichte.

Der Schlittelplausch selbst wickelt sich auf der im Winter für den Verkehr gesperrten Albula-Passstrasse ab. Die Bahn wird präpariert und an den neuralgischen Stellen mit Sicherheitspuffern, Leitplanken und Holzwänden abgesichert. Übri-

Rasanter Start der «Profis»: Ihr Vorbild?

Die landschaftlichen Gegensätze haben das Engadin berühmt gemacht. Hohe, schnee- und eisbedeckte Berge treffen hier auf

hältnisse entsprechend gut sind, steht die tadellos präparierte Loipe allen Langläufern zur Verfügung. Auch wenn Sie den

GLEITEN UND GLEITEN LASSEN
Die rasende Fahrt im Eiskanal ist ein aufregendes Abenteuer (o.). Mit den Langlaufskiern auf der Marathonstrecke kann man dagegen Ausdauer üben – mitten in der herrlichen Gebirgsnatur (grosses Bild: bei Sils).

Der Spass kostet Fr. 400.– für die ersten 5 Fahrten. Diese Fahrten dienen vor allem auch der Instruktion. Jede weitere Fahrt kostet Fr. 42.–.

Die notwendige Spezial-Ausrüstung wie Sturzhelm, Spikestiefel, Handschuhe wird zur Verfügung gestellt.

Anmeldung im Clubhaus, Tel. 082/3 31 17.

Langlaufen auf berühmter Strecke im Engadin

Hinreise:
*Mit der Rhätischen **Bahn** von Chur ins Engadin (St. Moritz) und mit dem **Postauto** nach Maloja. Oder mit dem **Auto** von Chur über den Julierpass nach Silvaplana und Maloja.*

Rückfahrt:
Von jedem Dorf an der Strecke mit RhB nach St. Moritz oder Maloja.

sanfte Seelandschaften und Hochebenen. Das Tal im Herzen der Alpen profitiert von der Nähe der Berge und der Alpensüdseite: reine, saubere Luft, intensive Sonne, wenig Bewölkung und kein Nebel. Besucher treffen im auf rund 1800 m ü. M. gelegenen Tal durchschnittlich 322 Sonnentage im Jahr an.

Alljährlich am zweiten Sonntag im März zieht sie über die Ebenen und gefrorenen Seen des Oberengadins: die zehntausendköpfige Schlange der Marathon-Langläufer. Seit 25 Jahren ist das Hochtal und insbesondere die 42 km lange Strecke zwischen Maloja und S-chanf Austragungsort des Engadiner-Skimarathons.

Die Marathonstrecke ist aber auch ausserhalb dieser Grossveranstaltung einen Besuch wert. Besonders im Vorfeld dieses Wettkampfs sind es vor allem Trainierende, welche die Strecke benützen; aber während des ganzen Winters, wenn die Ver-

Wettkampfstress nicht lieben und es lieber individuell und gemütlich mögen, ist die Marathonstrecke etwas für Sie!

Die Strecke führt immer wieder an Dörfern vorbei, so zum Beispiel *St. Moritz Bad, La Punt-Chamues-ch* und *Zuoz,* wo gemütliche Gasthäuser zu Rast, Speis und Trank einladen.

Sie müssen also kein Rennläufer sein, um die gesamten 42 km oder auch nur Teile davon zu laufen. Man kann sie auch geniessen: die schönen Seen von Sils und Silvaplana, die Dorfdurchquerung bei St. Moritz Bad, den berühmt-berüchtigten Aufstieg zum Stazer Wald, das Tal von Pontresina und die weiten Ebenen von Bever, La Punt-Chamues-ch und Zuoz ... oder die Bäche und die Wälder, die frische Luft und den Schnee. Tiefe Temperaturen bis in den Frühling halten die Loipen im Talgrund lange in gutem Zustand.

Und für diejenigen, welche die Langlaufskier noch mehr einsetzen wollen: Loipen führen auch in die **Seitentäler des Oberengadins:** Ausflüge ins Fextal bis auf 2100 m, ins Val Roseg oder zum Morteratschgletscher führen durch rauhe, aber faszinierende Berglandschaften. Rund 150 km gespurte Loipen lassen keine Wünsche offen. Sogar in der Nacht lässt sich im Oberengadin laufen: auf Nachtloipen in St. Moritz, Pontresina und Samedan. In Silvaplana gibt es eine Gleitstrecke mit Zeitmessung, und auch in Pontresina bietet ein Langlaufzentrum Infos und Auskünfte für «angefressene» Loipensportler.

Ski-Trekking durch den Jura: Im Gebiet des Mont Soleil

Hinreise:
Bis St-Imier mit **Bahn** *oder* **Auto** *und von St-Imier mit der* **Standseilbahn** *auf den Mont Soleil.*

Langlaufbegeisterte haben es längst gemerkt: Der Jura insgesamt und seine Freiberge im speziellen sind nicht nur im Sommer ein einzigartiges Erholungsgebiet, sondern bieten auch für Wintersportler unzählige Möglichkeiten zur Freizeitgestaltung. Das Langlaufnetz, angefangen auf dem Solothurner Hausberg Weissenstein bis nach Vallorbe, ist sehr gut vernetzt und bietet unzählige Übernachtungs- und Verpflegungsmöglichkeiten. Zudem sind die einzelnen Gebiete mit einer Langlaufkarte äusserst gut erschlossen und oft leicht mit öffentlichen Verkehrsmitteln zu erreichen.

So ist etwa das Plateau des Mont Soleil von Biel aus in einer knappen Dreiviertelstunde mit

VERNETZT UND MARKIERT

Der Jura ist das grösste zusammenhängende Langlaufgebiet der Schweiz, das sich vom La Dôle bis zum Weissenstein erstreckt. Viele Rundstrecken sind miteinander verbunden, vor allem in der Längsachse des Gebirges. Die meisten Strecken werden maschinell gespurt und gewisse Verbindungsstücke immerhin markiert. Zum Langlaufglück mangelt es in gewissen Wintern nur noch am Schnee!

Jura-Hochflächen, ein Paradies: viel Raum und doch nicht in der Weite verloren!

Zug und Standseilbahn erreichbar. Dieses Gebiet mit rund 70 km Loipen liegt im Herzen des Berner Juras. Bekannt für die gesunde, reine Luft und die sonnige Lage – vor allem in den Wintermonaten, wenn der Nebel oft tagelang über dem Flachland liegt, – breitet sich die wellige Hochebene majestätisch unter blauem Himmel aus: gegen Norden zu den weitläufigen Freibergen; im Süden begrenzt der

Chasseral den Horizont. Wer gleich eine ganze Woche dort verbringen will, hat keine Mühe, ein Bett in einem Hotel oder in einer Gruppenunterkunft zu finden.

Die Weite des Juras mit den Langlaufskiern zu erleben bedeutet auch, sich von den Kleinigkeiten des Alltags zu lösen und sich im Rhythmus des Gleitens auf dem Schnee von Grund auf zu erholen. Ein mehrtägiges

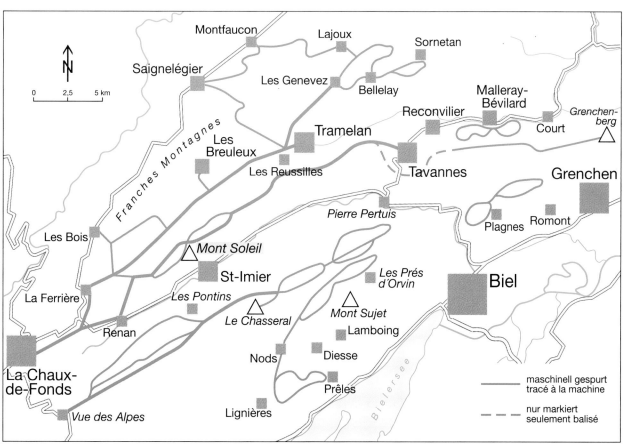

Trekking im Jura bedingt keine spezielle Ausrüstung und kann von jedermann in jedem Alter unternommen werden, wenn man etwas Übung in der Technik des Langlaufens hat. Selbstverständlich ist bei längerer Laufdauer auch eine gewisse Kondition gefragt, so wie dies auch für Sommerwanderungen gilt. Und die Ausrüstung muss auch wie dort den Witterungswechseln gewachsen sein.

Für weitere Auskünfte – z. B. über die Möglichkeit einer von einem Führer bzw. Trainer begleiteten Skiwanderung – sowie für Unterlagen über Routennetz, Übernachtungsmöglichkeiten usw. wende man sich an das Office du tourisme du Jura bernois OTJB, av. de la Liberté 26, 2740 Moutier, Tel. 032/93 64 66. Über den westlich anschliessenden Jura erhält man unter folgender Adresse Auskunft: Communauté romande pour le ski nordique CRSN, secrétaire général: Franz Sidler, Loclat 1, 2013 Colombier, Tel. 077/37 34 18.

Wasser und Luft so richtig zum Schnuppern

Kajakfahren auf dem Vierwaldstättersee

Hinfahrt:
*Mit der **Bahn** nach Luzern. Treffpunkt ist jeweils um 9.15 Uhr der Ostausgang des Hauptbahnhofs, Seite «Kunsthaus» (Stirnperron Gleis 14/15). Veranstalter des vergnüglichen Kajakfahrens sind die SBB.*

Wer hat sie nicht schon beim Wandern entlang eines Flusses oder Sees beobachtet, die leich-

PIONIERGE-FÜHL UND HOCHSTIM-MUNG

Mit dem kleinen Kajak das Wasser des grossen Sees teilen, nach Belieben ferne Ufer-streifen anpeilen oder sich dem nahen Ufer widmen, mit Sinn für viele Details: Das lässt Pionierge-fühl aufkommen! Oder aber das gemeinsame unge-wohnte Gruppen-erlebnis fördert höchst vergnügli-che Hochstim-mung. Was beliebt?

ten, schnittigen und scheinbar problemlos zu steuernden Kajaks, die den Booten der Eskimos nachempfunden sind? Das Wasser mit einem Fahrzeug zu bezwingen und zu neuen, unbekannten Ufern aufzubrechen ist ein uralter, immer aufs neue verwirklichter Menschheitstraum. Auf dem Vierwaldstättersee bietet sich von Luzern aus die Möglichkeit, unter kundiger Leitung und Einführung sich selber mitten hinein in das grandiose Alpenpanorama der Innerschweiz zu paddeln und Sonne, Wasser und Wind hautnah zu erleben. Das Ziel wird je nach Wind und Wetter flexibel bestimmt. Ob quer durch den See bis hinunter nach Brunnen, nicht ganz so weit bis nach Gersau oder auch lediglich nur bis nach Vitznau, entscheidet man ganz allein. Natürlich bietet sich unterwegs die Gelegenheit, für eine Verschnaufpause und ein Picknick auch mal an Land zu gehen und sich die Füsse zu vertreten. Das SBB-Angebot umfasst den Transport

Ihres Gepäcks bis zum Zielort sowie die Rückfahrt per Dampfschiff zur nächsten Bahnstation. Das nötige Material für die vergnügliche Paddelfahrt wird zur Verfügung gestellt. Mitzubringen gilt es lediglich die nötige Fitness, Badezeug, Turnschuhe, Sonnenhut, Picknick, Wollpullover, Regenschutz und Sonnenbrille.

Dauer: je nach Wetter und selbstbestimmtem Zielort. Der Ausflug wird von Ende Mai bis Ende September täglich angeboten. Kinder ab 12 Jahren in Begleitung Erwachsener willkommen.

Ganz leise hoch hinaus – als Gleitschirmpassagier

Hinreise:

*Mit **Bahn** oder **Auto** nach Interlaken zum Alpin Zentrum. Weitertransport zum Startpunkt in Absprache mit dem Veranstalter.*

Beim Wandern irgendwo in den Bergen begegnet man heute manchmal den Gleitschirmfliegern, denen man neidvoll zuschaut, wie sie den Rückweg ins Tal mühelos mit Hilfe ihres «Luftkissens» zurücklegen; Sie brauchen keine sportliche Topform und keinerlei fliegerischen Vorkenntnisse aufzuweisen, um als Gleitschirmpassagier ebenfalls in die Luft gehen zu können. Die vom Veranstalter vorgesehenen Startplätze ermöglichen problemlose sanfte Starts und Landungen. Neben diesen Startplätzen können eventuell auch noch andere, nach individuellem Wunsch, berücksichtigt werden, falls die verantwortlichen Piloten dafür grünes Licht geben.

Sofern Sie in normal guter körperlicher Verfassung sind, wird Ihnen der kurze Anlauf beim *Start* sicher keine Probleme bieten. Am Startplatz breiten Sie zuerst gemeinsam mit dem Piloten den Gleitschirm auf dem Boden aus. Danach werden die Leinen

... und dann zum Tagesabschluss, wenn der Bergwind sanfter wird, weggleiten heim ins Tal ...

sorgfältig sortiert. Die Verbindung von Passagier und Pilot zum Gleitschirm erfolgt durch Gurten und eine speziell für diesen Zweck entwickelte Aufhängung. Nach einer kurzen Startinstruktion sind Sie schon für den Flug vorbereitet. Mit dem Traggurten zieht der Pilot den Gleitschirm in die Höhe. Um die nötige Abhebegeschwindigkeit zu erreichen, laufen Sie neben dem Piloten wenige Meter hangabwärts, bevor Sie sanft dem Boden entschweben.

Während des *Fluges* dürfen Sie fotografieren! Im Sommer, bei guten thermischen Bedingungen, können Sie unter Umständen sogar erleben, wie die warme aufsteigende Luft Ihren Flug verlängert.

Je nach Windstärke erfordert die *Landung* ein erneutes Mitlaufen des Passagiers mit dem Piloten. In der Regel setzen Sie jedoch ihren Fuss wieder sehr sanft auf den Erdboden.

In diesem Teil des Berner Oberlandes befindet man sich in einem idealen Fluggebiet. Dank der vielen gut erreichbaren Startplätze ist es brevetierten Piloten möglich, den Flug optimal Ihren Wünschen anzupassen.

Vorgesehene Startplätze:

Luegibrüggli–Lehn

Der Startplatz befindet sich knapp unterhalb von Beatenberg und bietet eine wundervolle Aussicht ins Oberländer Hochgebirge sowie über den Thuner- und Brienzersee. Das Startgelände ist geradezu ideal. Nach kurzem Anlauf entschweben Sie bereits in die Luft. Höhendifferenz: 500 m, Flüge ganztags durchführbar.

Breitlauenen–Wilderswil

Mit der idyllischen Schynige Platte-Bahn erreicht man den Startplatz knapp oberhalb der Station Breitlauenen. Nach einem kleinen Fussmarsch gleiten Sie schon kurz nach dem Start in ein Gebiet mit grandiosem Ausblick auf das Lauterbrunnental und zur Jungfrau. Höhendifferenz: 1300 m; Flüge nachmittags durchführbar.

AUCH SCHWERGEWICHTE ZUGELASSEN

Die für den Doppelflug bestimmten Gleitschirme sind speziell zu diesem Zweck konstruiert. Um mit der grösseren Last ohne Abbau der Gleiteigenschaften fliegen zu können, ist die Schirmfläche von rund 25 m² des Normalschirms auf 35–40 m² vergrössert. Die Personenlast darf insgesamt etwa 200 kg betragen – genug für einen Tandemflug auch mit einem schwergewichtigeren Passagier! Im übrigen handelt es sich bei den Tandemschirmen um Geräte, die sehr stabil sind und unproblematisch in der Handhabung. Besonders wichtig sind die ausgezeichneten Start- und Landeigenschaften.

Mürren–Stechelberg

Mitten im Dorf Mürren liegt der Startplatz, von wo der Flug über das eindrückliche Lauterbrunnental beginnt. Über den steilen Felswänden erleben Sie ganz besonders das unvergessliche Gefühl der Freiheit in der Luft. Höhendifferenz: 800 m; Flüge je nach Jahreszeit ganztags durch-

führbar. Für Ihre Sicherheit wird empfohlen, hohe knöchelfeste Schuhe und warme, winddichte Bekleidung zu tragen. Buchen Sie Ihren Flug nach Möglichkeit mindestens einen Tag zum voraus. Die Reservation kann telefonisch erfolgen: Alpin Zentrum, Postgasse 16, 3800 Interlaken,

Tel. 036/23 47 46. Hier wird auch das Flugticket ausgestellt. Die Preise der aufgeführten Flüge liegen zwischen Fr. 100 und Fr. 160, Transport zum Startplatz und Ausrüstung inbegriffen.

Egal, für welchen Startplatz Sie sich entscheiden: Ein Gleitschirm-Passagierflug bleibt ein unvergessliches Erlebnis!

RUND-HERUM

Das letzte Bild ruft in Erinnerung, dass die Schweiz ein Land ist, das mit einer besonders hohen Dichte an Naturschönheiten einerseits und mit einer Vielzahl von Einrichtungen zur Erschliessung dieses natürlichen Tresors andererseits aufwartet. Die Berninabahn mit ihren zahlreichen Kehrschleifen zur Überwindung des enormen Höhengefälles von rund 1800 m zwischen Pass und Tirano ist hierfür ein Beispiel; das Bild zeigt den berühmten engen Kreisviadukt der 360°-Schleife unterhalb von Brusio. Über die Einwohner des Puschlavs hinaus, die auf die Bahnverbindung angewiesen sind, können sowohl an Technik Interessierte wie Naturfreunde, denen hiermit ein Stück Alpenland erschlossen wurde, daran ihre Freude finden – und Ideen für die Freizeit!

Autoren und Bearbeiter   Daniel **Anker,** Bern. Gerhard **Binggeli,** Dr., Hindelbank. Alex **Clapasson,** Andermatt. Willy **Dietrich,** Schmitten. Peter **Donatsch,** Mastrils. Beat **Felber,** Biel. Stephan **Friedli,** Interlaken. Werner **Gfeller,** Dr., Langenthal. Beat **Hächler,** Bern. Hildegard **Loretan-Mooser,** Brig. Robert und Claudia **Schnieper,** Herlisberg. Erika **Schumacher,** Bern. Kurt **Wieland,** Bern. Rainer **Winkler,** Mamishaus.

Grafik/Illustrationen   **Bütler & Partner AG,** Zürich: Umschlag. Heinz **von Gunten,** Thun: S. 53, 212. Eva **Styner,** Villejuif (F): S. 34/35, 122/123, 156. *Kartographie*   **GEO Atelier,** Münchenbuchsee. Sabine **Houtermans,** Bern.

Fotos   Emanuel **Ammon,** Luzern: S. 36 l., 51. Daniel **Anker:** S. 25 u., 149 u. (Enrico Bellasi). Othmar **Baumli,** Meggen: S. 124 o.,127 o.l.,128 l.,145, 147, 148/149, 155 o., 156, 174, 175. **Beatushöhlen,** Sundlauenen: S. 30. **Bergbahnen Engelberg-Trübsee-Titlis,** Engelberg: S. 126/127. Gerhard **Binggeli,** Dr., Hindelbank: S. 48,49. **Brienz-Ballenberg-Rothorn-Tourist,** Brienz: S. 121. **Amministrazione Isole di Brissago:** S. 23. Daniel **Burren,** Gasel: S. 180 l., 197, 200–203. Alex **Clapasson,** Andermatt: S. 206, 207, 210, 211. Giosanna **Crivelli,** Montagnola: S. 64 u. **Crossair,** Basel: S. 192 l. H.+ B. **Dietz,** Merlischachen: S. 78, 92/93, 101 u. Peter **Donatsch,** Mastrils: S. 204, 205, 220. **Eurotrek:** S. 218/219. **Flughafendirektion Zürich**/Werner **Loosli:** S. 190 u. Stephan **Friedli,** Interlaken: S. 221. **Furka-Oberalp-Bahn,** Brig: S. 144 o. Werner **Gfeller,** Dr., Langenthal: S. 54, 55, 166, 167, 185, 188, 190 o., 193 u. Hugo **Grossenbacher,** Dr., Olten: S. 11. **Grottes de Vallorbe**/Speleosub S.A., Eclépens: S. 32 o. C. **Guler,** Thusis: S. 27 l. Arno **Hofmann,** Worb: S.65, 29 o. **Höllgrotten,** Baar: S. 31. **Bahnen der Jungfrauregion,** Interlaken: S. 106. **Lac souterrain St-Léonard:** S. 33. Herbert **Maeder,** Rehetobel: S. 47. Amelia **Magro,** Herisau: S. 97 u. **Montreux-Oberland Bernois MOB,** Montreux: S. 116. Markus **Niederhauser,** Münchenbuchsee: S. 6/7,16,19, 32 u., 58, 59, 60, 102 u., 107, 110, 111, 112/113, 114, 117–119, 120 l., 130, 132 l., 138, 144 u., 146 u.,150/151, 151 o., 154 l., 164, 169, 170 o./u., 171–173, 189, 191, 192/193, 198/199, 209 u. **Office du Tourisme du Jura Bernois OTJB,** Moutier: S. 216/217. Thierry **Palaz,** Lausanne: S. 71 u., 72/73, 113 u. **Paratte films,** Le Locle: S. 180/181, 182 u. **Photo-report/Eric Leuba,** La Chaux-de-Fonds: S. 182 o. **Pro Jura,** Association Jurassienne de Tourisme, Moutier: S. 194/195. **Rhätische Bahn RhB,** Chur: S. 222/223. Klaus **Robin,** Dr.: S. 27 r., 28/29. **SBB Werbedienst,** Bern: S. 190 M. Christof **Sonderegger,** Rheineck: S. 8, 9, 10, 13 o., 14,18, 20, 21, 22, 25 o., 26, 36/37 r., 38, 39, 43 o., 56, 57, 62, 63, 64 o., 66/67, 69, 75, 76 o., 79–83, 86, 87, 99, 101 o., 104/105, 109, 115 r., 128 r., 129 u., 134, 135, 137, 139, 140 l., 141 r., 152/153, 176, 214 u., 215 l. Rolf Albin Stähli, Winterthur: S. 13 u., 40, 41, 67 r., 68, 70/71, 72 o., 74, 76 u., 84, 85, 88–91, 93 u., 94, 95, 97 o., 98, 102 o., 109, 154/155, 162/163, 199 r. Ludwig **Suter-Brun,** Beromünster: S. 50. **Verkehrsverband Berner Mittelland,** Bern: S. 43 u., 44. **Verkehrsverband Berner Oberland,** Interlaken: S. 46. Ruth **Vögtlin,** Zürich: S. 124 u., 127 o.r., 128/129, 157. **Verkehrsverein Bergün:** S. 214 o. **Verkehrsverein Davos:** S. 140/141. **Verkehrsverein Maloja:** S.152 l. **Verkehrsverein Silvaplana:** S. 142, 143. **Verkehrsverein Sils:** S. 215 r. **Verkehrsverein Zermatt:** S. 115 l. Armin **Wey,** Luzern: S. 120 r. Eduard **Widmer,** Zürich: S. 132/133, 158/159, 159 u., 160. Rainer **Wiederkehr,** San Pietro: S. 146 o., 161, 168, 170 M.,176/177 o./u., 178, 179. Rainer **Winkler,** Mamishaus: S. 186/187, 213.

Druck   **Kümmerly + Frey AG,** Bern
Reprotechnik   **Kreienbühl AG,** Luzern   *Satz*   **Bubenberg Druck- und Verlags-AG,** Bern (Yvonne Hänni)   *Einband*   **Schumacher AG,** Schmitten

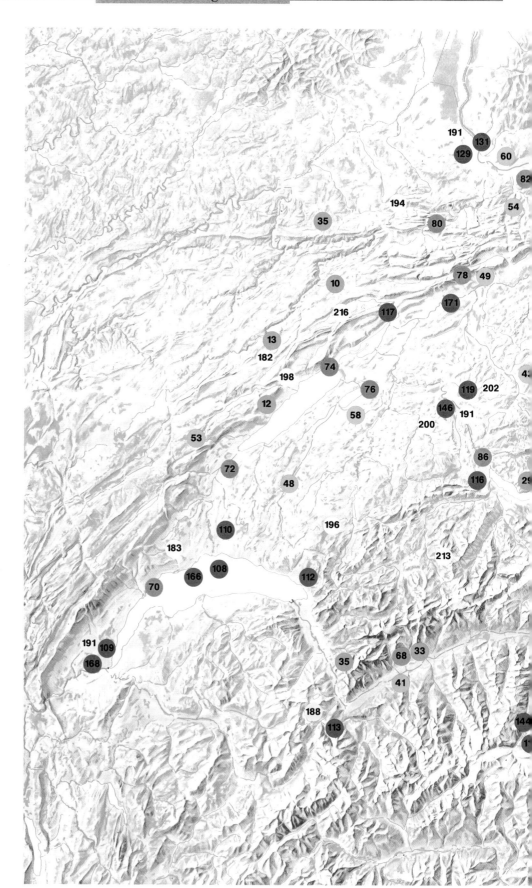

WO, WAS UND WIE

In der Karte sind die im Buch gemachten Vorschläge markiert. Dabei bezeichnen die farbigen Marken den Ausgangsort, während die darin enthaltene Zahl die Seite angibt, wo der Ausflug zu finden ist.

KAPITEL

- Hinaus in die Natur
- Vergnügliche Streifzüge durch Folklore, Geschichte und Kultur
- Auf in die Stadt
- Wenn einer ein Vehikel nimmt, so kann er was erreisen ...
- Dies und Das